A TELEVISÃO NA ERA DIGITAL

Dados Internacionais de Catalogação na Publicação (CIP)
(Câmara Brasileira do Livro, SP, Brasil)

Cannito, Newton Guimarães
  A televisão na era digital: interatividade, convergência e novos modelos de negócio / Newton Guimarães Cannito. – São Paulo: Summus, 2010.

  Bibliografia
  ISBN 978-85-323-0658-6

  1. Comunicação e tecnologia - Políticas públicas 2. Cultura digital 3. Mídia digital 4. Televisão – Brasil 5. Televisão digital - Brasil I. Título.

10-00531   CDD-384.550981

Índice para catálogo sistemático:

1. Brasil: Televisão digital: Comunicações   384.550981

www.summus.com.br

Compre em lugar de fotocopiar.
Cada real que você dá por um livro recompensa seus autores
e os convida a produzir mais sobre o tema;
incentiva seus editores a encomendar, traduzir e publicar
outras obras sobre o assunto;
e paga aos livreiros por estocar e levar até você livros
para a sua informação e o se entretenimento.
Cada real que você dá pela fotocópia não autorizada de um livro
financia um crime
e ajuda a matar a produção intelectual de seu país.

NEWTON CANNITO

A TELEVISÃO NA ERA DIGITAL

Interatividade, convergência e novos modelos de negócio

A TELEVISÃO NA ERA DIGITAL
Interatividade, convergência e novos modelos de negócio
Copyright © 2010 by Newton Cannito
Direitos desta edição reservados por Summus Editorial

Editora executiva: **Soraia Bini Cury**
Editoras assistentes: **Andressa Bezerra e Bibiana Leme**
Capa: **Alberto Mateus**
Imagem da capa: **Derek Berwin/Getty Images**
Projeto gráfico e diagramação: **Casa de ideias**
Impressão: **Sumago Gráfica Editorial**

Summus Editorial
Departamento editorial
Rua Itapirucu, 613 – 7º andar
05006-000 – São Paulo – SP
Fone: (11) 3872-3322
Fax: (11) 3872-7476
http://www.summus.com.br
e-mail: summus@summus.com.br

Atendimento ao consumidor
Summus Editorial
Fone: (11) 3865-9890

Vendas por atacado
Fone: (11) 3873-8638
Fax: (11) 3873-7085
email: vendas@summus.com.br

Impresso no Brasil

AGRADECIMENTOS

Um livro como este não teria sido feito sem a ajuda e as ideias de muitas pessoas. O tema é recente, e a bibliografia, escassa, o que nos obrigou a entrar no debate e a participar de inúmeros seminários.

Este livro é uma nova versão de minha tese de doutorado. Agradeço à minha orientadora, Maria Dora Gennis Mourão, com quem trabalho há mais de dez anos, desde a graduação. Tive o prazer de trabalhar com ela no Cinusp (Cinema da USP) e de ser seu orientando de mestrado (sobre *Vertov, Eisenstein e o digital*) e doutorado. Ela exerceu importante papel na definição e nos rumos de minha pesquisa e foi sempre um exemplo de empreendedorismo na área acadêmica. Considero o isolamento intelectual o maior empecilho para a efetivação de uma pesquisa inovadora. E a professora Maria Dora ajuda a superar isso, pois, além de acadêmica, é mestre na criação de ambientes de reflexão (como o Cinusp e o festival internacional de documentários "É tudo verdade", entre outros) que possibilitam as trocas necessárias ao surgimento de ideias inovadoras. Agradeço também aos professores que formaram a banca de qualificação e, posteriormente, a banca da defesa de tese. Cada um deles fez importantes críticas que me ajudaram a aperfeiçoar o texto final. São eles: Marcelo Zuffo, Esther Hamburger, Gilson Schwartz, Roberto Moreira, Bia Abramo e Rogério da Costa.

Agradeço também aos meus alunos que acompanharam o desenvolvimento dessas ideias, ouvindo-as quando ainda em forma embrionária. Sempre acreditei que uma boa aula é algo vivo, um espaço de exercício intelectual, que é melhor lançar hipóteses instigantes do que apenas reproduzir supostas verdades já sedimentadas. No exercício do magistério – na Faculdade Cásper Líbero, nos cursos de extensão na USP e principalmente em meus cursos livres –, pude exercitar a mente, interagindo com alunos ativos e críticos, que, ao discordar de muitos pontos, colaboraram para o aperfeiçoamento do método. Sou eternamente agradecido àqueles que tiveram a paciência de dialogar comigo sobre esses assuntos.

Não posso deixar de estender os agradecimentos a outras pessoas e instituições que foram fundamentais para este trabalho.

A dois parceiros, que também me ajudaram a criar ambientes de pesquisa, prática e reflexão: Roberto Dávila, meu sócio na FICs (Fábrica de Ideias Cinemáticas), e Nelson Hoineff, com quem fundei o IETV (Instituto de Estudos de Televisão). Ambos são companheiros intelectuais constantes nessa jornada de reflexão sobre a televisão brasileira.

A dois amigos que trabalharam com afinco na pesquisa deste livro: Marcos Takeda e Patricia Guimarães. Sem tal auxílio e parceria eu não conseguiria escrever um livro tão abrangente.

À Capes, que forneceu a bolsa que me permitiu dedicar-me com afinco à pesquisa, e a Leonardo Brant, do Instituto Pensarte, com quem gosto de trocar pensamentos sobre políticas públicas e que me apresentou ao editor deste livro.

Ao jornal *Folha de S.Paulo* e à *Revista de Cinema* (na pessoa do editor Hermes Leal), órgãos da imprensa que abriram espaço para que eu publicasse ensaios sobre televisão. Muitos desses ensaios foram reescritos para esta obra, e o exercício da crítica periódica colaborou muito para minha formação.

A meus colegas Alfredo Manevy, Leandro Saraiva, Manoel Rangel, Maurício Hirata, Mauro Baptista e Paulo Alcoforado. Juntos, ainda na graduação, publicamos a revista *Sinopse*, que foi fundamental na definição de meu pensamento sobre o audiovisual. Muitas reflexões que fizemos lá foram recuperadas e repensadas aqui. Todos eles têm lutado na mesma batalha, ocupando funções públicas e realizando projetos importantes para a televisão brasileira, muitos aqui citados. Tenho orgulho de militar ao lado dessas pessoas.

Por fim, a meu pai, meu primeiro e principal leitor, que sempre me motivou a estudar e a me esforçar para criar as condições para minha constante formação intelectual. E a minha mãe, que, mesmo preocupada com um filho que estuda tanto, sempre me compreendeu, apoiou e, principalmente, inspirou.

SUMÁRIO

Prefácio – Esquecer para lembrar 11
Nelson Hoineff

Introdução 15
Desconstruindo os mitos apocalípticos 16
A TV desaparecerá, pois o público vai migrar para mídias
   como games e internet 17
A narrativa está com os dias contados.. 17
O espectador do futuro não aguenta a passividade e vai
   querer interagir sempre.. 18
A TV será toda individualizada, toda customizada 19
Todos serão realizadores de televisão 21
Mídias – Quem concorre com o quê? 22
O debate sobre os aparelhos: televisão e computador 24
Diferenciações entre TV, cinema e internet.. 26
Como ler o livro?.. 28

1. Sobre os conceitos de TV e mídia digital 31
A televisão imaginada: conceitos de qualidade em televisão................... 31
O Padrão Globo de qualidade... 32
Qualidade e "valor cultural" 32
Qualidade *versus* "baixaria": a campanha "Quem financia
   a baixaria é contra a cidadania"... 33
Qualidade é educação! 34
O cinema.. 35
O que é TV? 38
O modelo de recepção do cinema e da televisão.. 41
Narrativa, enciclopédia e jogo.. 45
O jogo como paradigma: formatos e interatividade..................................... 46
Fluxo *versus* arquivo 49

TV e *pop art* 53
Gêneros e formatos 55
Serialidade, repetição e fragmentação 57
A recepção televisiva 59
A "máquina zen" 62
"Dar assunto" 63
TV dialógica *versus* TV monológica 66
Algumas conclusões 69
O que é mídia digital? 72
Os princípios da mídia digital 74
O banco de dados e a tradição da enciclopédia 77
Conceito de banco de dados 78
A importância dos sistemas de busca 79

2. A televisão no ambiente da convergência digital 81
O ambiente da televisão atual 81
Modelos em outros países 81
O caso brasileiro 82
O ambiente da convergência digital 84
Por que não chegamos ainda à convergência total? 86
As várias plataformas da TV digital 87
O sistema genérico da TV digital 87
Cabo, satélite, IPTV 88
A TV digital terrestre 89
A diferença entre padrão, sistema e modelo 90
O canal de retorno ou bidirecionalidade 92
A disputa entre padrões no Brasil 92
Cronologia da TV digital no Brasil 94
O SBTVD 95
A TV na internet 96
O caso YouTube 96
Outros modelos 98
A possibilidade de ser realizador 100
A segmentação do conteúdo 101
A TV móvel 102
Mobilidade e portabilidade 102
O comportamento do mercado e a tecnologia 3G 102
O mercado brasileiro 104
O indivíduo diante da mobilidade 107
Portabilidade e conteúdo intrusivo 107
O celular como câmera olho 108
Modelos de TV e modelos de negócio na TV digital 109
As grandes tendências nos modelos de negócio 111
Ibope e sucesso comercial 113
Audiência em TV paga 115
Tendências de financiamento no ambiente da convergência 116
O fim do *break* 116
O espectador que paga a própria conta 117

Pagamento por interatividade 118
Várias saídas para o mesmo produto 119
Branding entertainment 119
Economia afetiva 121
Reestruturação do mercado 122
A criatividade nos modelos de negócio 123
Políticas e empresas no mundo digital 124
Políticas públicas para TV digital: formas de ação do Estado 126
As ações afirmativas e o mercado audiovisual digital 127
Como o poder público pode incentivar o surgimento de uma webTV? 129

3. Hipóteses de como será a TV na era digital 134
Relações entre tecnologia, cultura e televisão digital 135
Tecnologia, formatos e processos de produção 135
A imagem digital e a realização na televisão digital 136
A manipulação da imagem digital 136
Simultaneidade no audiovisual 137
Captação *versus* "finalização" 139
Qual o verdadeiro impacto da alta definição? 141
Interatividade 144
Interatividade que cola 144
Histórico de interatividade em TV 145
Obstáculos da interatividade em televisão 145
Classificações de interatividade 146
Interatividade e usabilidade 149
Entrar na imagem 151
Os aplicativos atuais 152
Da interação à participação 154
Multiprogramação 156
Tendências da cultura digital 156
Digital 2.0 157
Reciclagem e remontagem de imagens de arquivo 157
Os blogues e as narrativas confessionais 159
Humor na cultura digital 161
Jogos de identidade e confusão entre realidade e ficção 162
Intervenção documental 164
The Office e estética documental 165
O reflorescimento da narrativa 167
Princípios na construção de universos 169
Narrativa transmidiática 170
Jogos e universos paralelos 172
Comunidades 175
Jogos de suspense e decodificação 177
Spoilers e os jogos de detetive 178
Pedagogia da imaginação e usuário criador 178
Democratização e conteúdo colaborativo 180
Democratização digital 181
O histórico do conteúdo colaborativo 181

Colaboração em TV e em internet..183
O jornalismo como exemplo de conteúdo colaborativo......................184
Do colaborativo ao coletivo..185
Da colaboração voluntária à catalisação criadora 186
O projeto *Ponto Brasil*..187
Apostando em um modelo...190

4. Gêneros e formatos que colam......................................193
Dois formatos de televisão na era digital...............................193
Ficção: o caso *Lost* 193
Reality show: o caso *Big Brother*...198

Conclusões: A televisão no ambiente digital – A TV 1.5 211
A tecnologia a serviço da expressão audiovisual........................211
As matrizes humanas 212
Uma nova era para a comunicação...214
A maior audiência continuará sendo da TV..................................215
Um exemplo de televisão atual: a qualidade no padrão da MTV 216
TV 2.0 ou 1.5?...218

Anexo: Proposições para a TV brasileira........................220
TV e políticas públicas e culturais...220
Regulamentação pública: censura ou controle social? 221
A mudança do modelo em que "vive" a televisão brasileira 222
**Diagnóstico da TV brasileira comercial de hoje: a autoritária
medição de sucesso e seu consequente fracasso** 224
Diversificação dos produtores!...228
TV por assinatura: multiplicação dos produtores, diversidade estética
e conquista do público..228
O papel da televisão pública...231
Produção interna nas emissoras e crise criativa...............................233
Produção independente..235
Empresas cooperativadas 237
O caso dos roteiristas de teledramaturgia e a relação com
a produção independente 239
FICTV..243
TV e políticas culturais 247
Conclusão cultural: encarar a diversidade!......................................248
Pesquisa e inovação como paradigmas para a TV digital..................250
O poder estará nos conteúdos...251
Conclusão..255

Bibliografia..256

PREFÁCIO

▸ ESQUECER PARA LEMBRAR

Há alguns anos, um e-mail seco chegou ao Instituto de Estudos de Televisão. Continha apenas uma indagação: "Existe alguma coisa para ser estudada em televisão?"

Livros como o que o leitor verá a seguir estão entre as esporádicas respostas a essa dúvida. É um texto que estuda televisão e mostra que há razões de sobra para isso, mas não é uma coleção de devaneios. O que o autor propõe é, na verdade, um estudo bem abrangente sobre uma questão específica e premente: o impacto da televisão digital terrestre sobre o próprio meio.

Novidades geram mitos, especulações e, quase sempre, exercícios atrozes de futurologia. Há muitas razões, então, para que, no processo de migração da televisão analógica para as plataformas digitais, tais flertes sejam levados ao paroxismo. Uma dessas razões é o fato de que a televisão digital terrestre chega a todo o mundo não para aprimorar, mas para substituir a televisão que conhecemos, e ainda por cima com data marcada – uma transição de cerca de dez anos. No caso brasileiro, em 2017 as frequências analógicas serão devolvidas ao Estado. Outra razão importante é que muitas das propriedades da televisão digital chegam com sua implantação – a mobilidade, a capacidade de gerenciamento do espectro de 6 MHz, seja para abastecê-lo com multiprogramação, seja para ocupá-lo, como preferem as emissoras privadas, com transmissões em alta definição. Outras propriedades, contudo, só poderão vir depois, como as que lançam mão das ferramentas interativas. Mas nenhum desses conceitos é acabado, estático. Todos têm uma dinâmica própria. O que significa hoje uma televisão móvel é muito diferente do que significará amanhã. Cannito reflete sobre isso a cada momento e elege uma metodologia singular: está permanentemente empenhado em informar o leitor sobre o que representa cada tecnologia, mas não vai adiante sem contextualizar cada uma. O que vale não é o *gimmick* tecnológico, mas sua aplicação. O meio não poderá se tornar o fim, ou todo o estudo sobre as plataformas digitais não terá servido para muita coisa.

Assim, o autor constrói seu texto sobre diversas camadas simultâneas: a da informação tecnológica, a da reflexão sobre as mudanças operadas no meio por elas e, de um modo bem pragmático, a do comportamento da produção e do mercado em função dessas transformações.

Não é surpreendente, vindo de quem vem. Quando conheci Newton Cannito, há exatos dez anos, era disso que falávamos: a ausência de complementaridade entre o fazer televisão e o pensar televisão. Para muitos pensadores, o próprio veículo – antes mesmo de se observar o que ele difundia – já era suficiente para causar transtornos neurológicos na plateia. Por outro lado, para muitos realizadores, televisão era o mero exercício da prática. Os dois discursos, combinados, colaboraram previsivelmente para que a televisão se visse – e, o que é pior, continue se vendo – como um veículo de segunda classe.

Na época, Newton já pensava um bocado sobre ela. Durante esse tempo, tornou--se um bom roteirista, particularmente interessado na convergência midiática. Essa é uma das chaves do texto oferecido ao leitor. O que está em jogo não é o surgimento de tecnologias que simplesmente aumentem o número de sinais oferecidos em televisão aberta, ou melhorem a qualidade da imagem, ou permitam que a televisão saia da sala e entre no bolso. Nem sequer é relevante o diálogo bidirecional que se inaugura entre o meio e o usuário. Estamos falando de algo maior do que isso: do surgimento de um novo meio, que gera novas demandas de produção, novos modelos de negócio, e de uma relação entre o meio e o espectador radicalmente diferente do que existe até hoje.

O termo "digital" já foi suficientemente banalizado para que nos entreguemos a ele com leviandade. Até entre os camelôs tornou-se sinônimo de modernidade e eficiência. O "digital" resolve tudo, eleva o objeto à contemporaneidade. Em muitos casos, essa não é uma ideia completamente absurda. O não linear interfere na lógica oposta, tornando até um bichinho de pelúcia que acenda os olhinhos mais operacional.

Uma das armadilhas que se instalam no entendimento da televisão que se faz – ou melhor, que se exibe – com base nessas plataformas consiste justamente no reducionismo da ação do "digital" sobre o meio. Quando os mecanismos de produção e distribuição convergem – porque o bit é a base única e todo bit é igual –, quando todas as formas de comunicação eletrônica operam sobre uma mesma base, nascem daí inúmeros afluentes de um mesmo rio. Vistos como um mesmo sistema hídrico, não há como pensar em um sem perceber – e forçosamente incorporar – o outro.

A compreensão desse fato é uma das virtudes do livro de Cannito. Em alguns momentos, ele pinça tecnologias para levantar hipóteses sobre elas; em outros, torna-se escancaradamente propositivo; em algum outro lugar, discorre criticamente sobre gêneros, formatos e linguagens existentes. Antes e depois, contextualiza suas hipóteses sobre os próximos passos da televisão com base num exame consistente da cultura digital. Não é um discurso acadêmico, tampouco resguardado pelo empiricismo. Da mesma forma como é hoje difícil pensar na construção de conteúdos que não sejam multiplataforma, que não façam parte do sistema que interliga todos os rios, que não atravessem uma sucessão indeterminada de mídias, tornou-se obsoleto o discurso que sustenta a hegemonia de uma forma sobre outra.

Esse é, aliás, um carma da televisão: a cada vez que evolui sua linguagem, até mesmo sua sintaxe e, mais recentemente, seus modelos de produção, acaba incorporando elementos de outros meios que por muitas razões se tornam preponderantes. O que há da essência da televisão, por exemplo, nas centenas de redes de TV por assinatura que invadem todo o planeta? Visto desse ângulo, pode-se acreditar que a organização em redes internacionais na verdade desorganizou as possibilidades de expressão autônoma de um meio que refluiu para a mera distribuição de conteúdos em detrimento da possibilidade de construção de uma linguagem própria. Sou tentado a acreditar que o videoteipe chegou muito cedo, menos de trinta anos depois da distribuição das primeiras imagens de TV e apenas uma década depois de sua implantação no Brasil. Se tivesse demorado mais um pouco, a televisão seria mais madura.

O videoteipe jogou a televisão nos braços de muitas outras mídias – e não são poucos os que, por enxergar nisso um fato consumado, sempre viram a TV como um serviço, não como um meio de expressão. O autor faz bem em zombar do que chama de "mitos apocalípticos", mas não há como deixar de admitir que hoje o próprio termo "televisão" já não remete ao que até semana passada ele significava – o que nunca aconteceu, diga-se de passagem, com o cinema, a música, a poesia.

No mundo digital, a televisão assume várias formas – e talvez não valesse a pena escrever um livro sobre a televisão digital terrestre se fosse de outra maneira. É emblemático o fato de que estejamos sempre à beira de excluir – não de integrar – muitas dessas formas, como as derivadas da internet, para não ir longe demais, ou como as várias maneiras pelas quais o conteúdo audiovisual se expressa, inclusive os *video games*.

O grande acontecimento é que todas essas formas propõem relações distintas com o espectador – que, aliás, não é mais espectador, mas usuário; que, aliás, não é mais usuário, mas criador. Não me parece demasiadamente reiterativo repetir que isso nunca aconteceu com o cinema, no qual, desde o final do século XIX, desde os Lumière, o espectador se reúne ritualisticamente em torno de uma forma praticamente inalterada de expressar o conteúdo.

Mas não na televisão, de modo algum depois das plataformas digitais. O jovem que fugiu da televisão fugiu mesmo de uma forma idiotizante de manipular a antiga capacidade massificante do meio. Fugiu de uma tela, mas foi para muitas outras. Cada uma dessas telas exigiu do jovem um comportamento diferente, mas elas se interligaram, estão se interligando todos os dias, e a todo esse universo podemos dar vários nomes, inclusive televisão.

Essa me parece a essência do desafio a que Newton Cannito se propõe nas próximas páginas. Há nelas uma boa dose de sarcasmo e também a exposição de conceitos polêmicos. W. P. Blatty ensinava que, para esquecer, pode ser necessário lembrar. Em nossos dias, é provável que, para lembrar da televisão, seja preciso esquecer.

Nelson Hoineff
Presidente do Instituto de Estudos de Televisão (www.ietv.org.br)

INTRODUÇÃO

Vivemos um período de profunda transformação social e política, e a tecnologia digital é a maior revolução que já ocorreu na história das mídias. O digital é mais que uma mídia: é uma tecnologia – e, principalmente, uma cultura – que contamina todas as outras mídias. A internet é uma mídia especificamente digital, muitas vezes confundida com o digital em si. Mas o digital é maior que a internet e está transformando também o cinema, o rádio, a televisão e o telefone. Mesmo outras mídias "físicas" começam a sofrer a influência da nova cultura digital. Nos livros, por exemplo, houve uma revolução no modo de trabalhar a imagem.

A mudança é simultânea em todas as mídias e tem uma nova e fundamental característica: a convertibilidade. "Bits são bits", dizia Negroponte em *A vida digital*. Essa simples definição muda tudo. No digital tudo pode ser reduzido a código binário, a zero e um, então é fácil converter de uma mídia para outra. Surge assim uma nova possibilidade: a convergência de mídias, uma revolução sem precedentes que é a verdadeira chave para entender o que acontecerá com a televisão do futuro.

Em um momento de grandes mudanças como o atual, parece difícil imaginar o que acontecerá. Empresas e profissionais ficam ansiosos, tentando descobrir onde investir esforços, talento e dinheiro. Os seminários sobre o tema lotam de pessoas aflitas para conhecer as novas tendências e, com elas, orientar sua empresa e sua carreira. Grande parte dos palestrantes trabalha com a ideia de que a televisão vai acabar e algo completamente novo surgirá em seu lugar. Alguns acham que a televisão se tornará cinema (alta definição); outros, internet (interatividade e conteúdos personalizados); outros, celular (total mobilidade). A grande maioria defende a chegada de um apocalipse completo e a transformação da televisão em algo completamente novo. Este livro vai na contramão de tal tendência e mostra que o digital tornará a televisão ainda mais televisão.

Se quisermos realmente acertar os rumos do futuro, precisamos tomar cuidado com as ondas novidadeiras e com as falas apocalípticas dos tecnólogos desejosos de vender suas inovações tecnológicas para os fundos de capital de risco.

As pessoas não existem para servir à tecnologia, a tecnologia é que existe para servir às pessoas. A tecnologia que prospera é a criada pelas necessidades culturais dos seres humanos. Também o desenvolvimento de linguagens e formatos ideais para cada tipo de mídia deve ser feito em consonância com os hábitos culturais do público, pois não basta existir a possibilidade tecnológica para que programação e estética se transformem. O público de televisão quer consumir conteúdos televisivos agradáveis e diversificados. Ele não se preocupa com a tecnologia em si mesma, mas sim com a melhora dos conteúdos e com a facilidade de acessá-los. Quem manda, portanto, é o conteúdo. E, para analisá-lo, temos de ficar atentos e não nos perdermos no fascínio pela novidade tecnológica do momento.

Na aurora de uma nova tecnologia são produzidos programas inovadores e vanguardistas, em um processo de pesquisa de tendências e experimentação. No entanto, apenas se sedimentam os programas que se relacionam com o uso social e com os hábitos de consumo dos receptores. Nossa intenção não é, portanto, listar as possibilidades tecnológicas e as inovações de conteúdo que ocorrem na nova televisão digital, e sim especular sobre quais inovações vão realmente se consolidar na programação.

A hipótese deste livro é que a experiência cultural de ver televisão não será extinta pelas possibilidades da internet caseira e de fenômenos como o vídeo na internet (o YouTube). Nossa hipótese é que a experiência de assistir à televisão tem características próprias que continuarão existindo mesmo no ambiente da convergência, e que os novos sucessos serão programas que dialoguem com – e potencializem – os hábitos tradicionais do público. Portanto, para entender o futuro da televisão, será necessário compreender seu presente e seu passado.

Antes de avançarmos em nossa hipótese, vale a pena, ainda nesta introdução, limpar um pouco o terreno do debate, desconstruindo alguns mitos que surgiram nos últimos anos e vêm confundindo empresas e profissionais.

▶ DESCONSTRUINDO OS MITOS APOCALÍPTICOS

Vou listar cinco mitos apocalípticos que têm inebriado o debate sobre televisão digital.

A TV desaparecerá, pois o público vai migrar para mídias como games e internet

"Qual mídia vencerá? A televisão, o cinema, a internet ou os games?"

Nos últimos anos, a indústria de games (jogos eletrônicos) cresceu muito. Mas, ao contrário do que muitos pensavam, seu crescimento não contribuiu para a queda da indústria de cinema. O hábito cultural de ver uma história contada por imagens já se consolidou e ganha adeptos a cada dia. Mesmo que boa parte desse mercado tenha sido transferida para a forma de exibição em DVD, o cinema e a televisão narrativa continuam sendo a matriz do imaginário, e, muitas vezes, é daí que surgem personagens para alimentar a indústria de games. Esse simples exemplo mostra como, em numerosos casos do ambiente de convergência, mais do que "concorrer" entre si, as diferentes mídias se retroalimentam.

Portanto, não é o caso de perdermos tempo especulando sobre quem vai ganhar a batalha das mídias. É um falso debate, baseado na antiga teoria de que uma nova mídia destrói a anterior. Ou seja, a internet, por estar em ascensão, eliminaria a mídia anterior, a televisão. Tal hipótese é sempre aventada quando surge uma nova mídia, mas nunca se efetivou. O cinema não eliminou o teatro, a televisão não eliminou o cinema. Da mesma forma, a internet não vai eliminar a televisão. Todas as mídias permanecem, interagem e se complementam.

Na verdade, essa conversa toda sobre "qual mídia vai vencer na era digital" ainda é um debate analógico. O debate digital é convergente. Esse papo de que a TV vai "perder" para a internet é teórico. Na prática, tudo vai confluir.

Quem vai ganhar a batalha não é uma das mídias em si, mas sim o produtor de conteúdo que souber criar obras que atuem simultaneamente em todas as mídias. E não apenas as mídias digitais. Falar de convergência digital ainda é limitante. A convergência abrange todas as mídias, inclusive as não digitais. Mesmo teatro, livros, intervenções públicas, outdoors, bonecos, camisetas etc. são mídias importantes. O poder e o sucesso estarão nas mãos daqueles que entendem realmente de conteúdo e podem criar universos suficientemente complexos para atuar em todas as mídias ao mesmo tempo. São exemplos de sucesso (como o do seriado *Lost* e do *reality show Big Brother*) que analisamos neste livro.

A narrativa está com os dias contados

"A narrativa está com os dias contados, pois é autoritária e retira do público a liberdade de escolher seus caminhos (interatividade). A narrativa é um modelo do século XIX que vai se tornar cada vez menos importante no século XXI. O que vai realmente 'colar' no futuro é a interatividade dos jogos eletrônicos." E por aí vai...

Essa discussão em torno de uma suposta "crise da narrativa" teve seu auge há alguns anos e ainda é comum em muitos debates. Mas tal crise não tem se comprovado na prática. Ao contrário do que previam os futuristas de plantão, a chegada do digital trouxe um novo florescimento da televisão narrativa.

A queda de audiência das novelas brasileiras está mais ligada à decadência do formato telenovela entre o público jovem do que à perda de importância da narrativa. Basta observar a crescente qualidade e audiência internacional das séries americanas. Do ponto de vista da estética, muitos também afirmavam (desde os anos 1980) ser o digital uma cultura da fragmentação, que daria um fim às grandes narrativas. Não é ao que assistimos na prática. Nunca antes na história as séries de televisão foram tão narrativas. Enquanto as séries de televisão do período analógico eram fragmentadas e baseadas em episódios independentes, as atuais têm cada vez mais links entre os episódios. Esse fenômeno ocorreu porque a tecnologia digital trouxe uma novidade importante: a facilidade do acesso.

Hoje, quando escrevo episódios para a série que criei (*9mm: São Paulo*) posso contar com a certeza de que todos os fãs assistirão a todos os episódios, seja na televisão ao vivo, seja na reprise em muitos canais, seja no site da Fox (que os oferece gratuitamente), seja nas listas de fãs que vendem DVDs e disponibilizam os episódios para download livre. Eu e outros criadores da série ainda temos uma preocupação com o espectador esporádico, mas temos também a percepção de que os espectadores fiéis são fundamentais para a fidelização da audiência e para a propaganda da série, e que eles adoram ver os links que existem entre episódios distantes, adoram acompanhar a curva longa de personagens secundários que somem por quatro episódios e reaparecem subitamente em uma cena importante, entre outros recursos narrativos que as séries usam frequentemente.

O digital fez algo que ninguém esperava: tornou a televisão muito mais narrativa. O roteiro para séries de televisão jamais foi tão narrativo e tão interligado. A presença de bons roteiristas tornou-se fundamental. O poder deslocou-se para as mãos dos contadores de história.

O espectador do futuro não aguenta a passividade e vai querer interagir sempre

Sem dúvida a televisão do futuro será interativa. Isso é um fato, mas não uma questão moral. A interatividade não pode ser considerada, em si mesma, um critério de qualidade. Muitos acreditam que a interatividade seja sempre positiva e a passividade sempre negativa. Quer dizer, o conceito de interatividade é geralmente tratado como algo bom por definição, algo que se opõe ao suposto "autoritarismo" do emissor não interativo. Esse é um debate moralista e primário. Há interatividades que podem ser consideradas antiéticas. Um programa como *Linha Direta*, sucesso na Globo por anos, era interativo. O público era incitado a denunciar anonimamente foragidos, numa atitude que podia incitar-lhe a vontade de fazer "justiça" com as próprias mãos. No caso, o programa tomava o cuidado de só escolher casos de criminosos já condenados pela Justiça, o que ao menos justifica a atitude. Entretanto, é um precedente que tornaria possível, por exemplo, a um Estado fascista implementar um programa de televisão para incitar pessoas a denunciar vizinhos que fossem contra o sistema. Seria um caso típico de interatividade eticamente questionável.

Além disso, os programas não interativos podem ter alta qualidade. Ninguém reclama do "autoritarismo" dos romances e dos filmes. Por que não? Afinal, são obras não interativas. Por outro lado, muitos reclamam da não interatividade da televisão. Há algo estranho aí. A confusão entre democracia e interatividade, e a consequente sacralização desta são equívocos conceituais que dificultam o debate. Podemos e devemos debater a interatividade na televisão, mas é necessário ter claro que não se trata de uma questão moral e que o fato de uma obra ser mais interativa não garante a sua qualidade.

Muitos também defendem que o público do futuro não suportará mais o papel de espectador passivo. O argumento vai mais ou menos nesta linha: "Os jovens e as crianças não saem da internet e dedicam seus dias aos jogos eletrônicos". Dessa constatação – bastante verdadeira – deduz-se que a próxima geração não aguentará permanecer passiva diante da televisão. No entanto, a história nos faz lembrar que o ser humano sempre se dedicou a jogos lúdicos mais na infância do que na vida adulta. Considero esse um dado determinante e pouco citado pelos que acreditam que no futuro a televisão vai virar *video game*. O exemplo pessoal de cada leitor pode ilustrar bem esse fenômeno. Quem de nós não jogava mais na infância do que na vida adulta? Eu jogava o dia todo e agora o faço raramente.

Na verdade, o *video game* concorre mesmo é com o brinquedo do mundo físico (os jogos de baralho, tabuleiro, RPG e outros), não com a televisão tradicional. A televisão vai, sim, ter interatividade, mas, como veremos mais à frente, há vários tipos de interatividade. A que se desenvolverá na televisão é a que sempre vingou, mesmo na televisão analógica: aquela baseada na participação do público, diferente da interatividade dos jogos eletrônicos.

A TV será toda individualizada, toda customizada

Esse argumento é mais ou menos o seguinte: "Ninguém precisará continuar se submetendo aos poucos canais e não haverá mais programação generalista (feita para atender ao grande público, o público genérico). A TV do futuro será toda customizada. Mecanismos sofisticados de busca detectarão suas preferências e você verá algo que é exatamente a sua cara. Um conteúdo personalizado. Você nunca mais precisará ser um anônimo na 'boiada' e se submeter à programação generalista. Agora cada um vai ver o programa que escolher, na hora que quiser".

Tudo parece muito bonito, e a tese tem impressionado públicos à esquerda e à direita no debate sobre televisão. Mas uma única pergunta destrói o argumento: se eu tiver uma programação totalmente individualizada, com quem poderei conversar sobre as coisas a que assisti?

É uma questão importantíssima. Assistir à televisão, antes de tudo, configura a experiência de construção de uma esfera pública de debates em uma comunidade, uma experiência de interação (física inclusive) com outras pessoas que assistiram ao mesmo programa. Se a programação for totalmente personalizada, esse aspecto tipicamente interativo se perderá.

O fato é que, ao contrário do que defenderam alguns estudos dos anos 1980 e 1990, tais como os de Giddens (2006), não estamos entrando na era do individualismo, em que todos os conteúdos podem ser customizados. Estamos entrando é na era das redes. Como afirmou Jenkins, em um dos melhores livros sobre cultura da convergência já escritos: "A maior mudança talvez seja a substituição do consumo individualizado e personalizado pelo consumo como prática interligada em rede" (Jenkins, 2008, p. 312).

Ou seja, mais que uma customização completa, a tendência é a construção de novas comunidades. Não é mais o público genérico indefinido (ou definido pela emissora, único emissor). É diferente. Agora é uma comunidade na qual cada um entra por livre escolha. O digital rompeu a falsa dicotomia entre ser tudo coletivo (tudo genérico, a mesma TV para todos) e ser tudo individual. Essa dicotomia é típica do século XIX e gerou debates entre marxistas e liberais. O conceito de comunidade rompe a dicotomia entre coletivismo e individualismo e começa a conceber agregações sociais em que todos decidem juntos o que querem. A comunidade é um coletivo de indivíduos. É uma nova forma de pensar a mídia.

A verdade, portanto, é que o público quer participar de comunidades. O público quer participar da esfera pública e quer ter pessoas que assistam ao mesmo programa para ter assunto para conversar. Afinal, a televisão e a internet (e tudo que mencionamos) são meios de comunicação. Comunicação entre pessoas. Não teria sentido consumir conteúdos que nos afastassem das outras pessoas. A graça toda dos meios de comunicação é conhecer mais gente, conhecer gente nova, conversar cada vez mais. A televisão sempre foi principalmente isso: uma mídia que fornece conteúdo para um público genérico, que dá assunto para conversas. Ela sempre foi isso e é isso que ela sempre será.

O que está em crise, portanto, não é o modelo da TV genérica, e sim até que ponto ela é genérica. Está em crise o modelo antigo de coletivo, ou a comunidade imaginada nos anos 1970: a comunidade de "todos os brasileiros". Nessa utopia maluca, todos os brasileiros assistiriam ao mesmo conteúdo. Essa proposta não se sustenta mais. Hoje se percebe que as comunidades não desapareceram, apenas são menores e mais segmentadas. Em outras palavras, o foco deve ser a segmentação das comunidades que constituem o público, não a individualização e a customização dos conteúdos de televisão.

Todos serão realizadores de televisão

Por fim, outro mito muito divulgado é o da total democratização. Todos serão realizadores. A nova televisão será feita por todos.

Esse mito parte de dois pressupostos bastante estranhos. O primeiro é de que todos conseguem realizar obras televisivas. É claro que qualquer um pode pegar a câmera e filmar alguma coisa. Mas será mesmo que todos conseguirão um dia fazer um programa de televisão que interesse a um grupo um pouco maior que o de seus amigos próximos? Posso ser acusado de elitista, mas duvido muito dessa possibilidade. Assim como creio que eu jamais seria um médico, um advogado ou milhares de outras coisas, duvido que todas as pessoas possam ser boas contadoras de histórias audiovisuais. Acredito que existem pessoas com vocações específicas. Lembro que fazer um programa que realmente interesse a todos também tem relação com técnicas de construção dramática (seja de ficção, seja em reportagens), conhecimentos que demandam anos de estudos e/ou talento excepcional. É bem difícil supor que todos tenham realmente esse talento.

O segundo pressuposto é ainda mais inusitado: o de que todos querem ser realizadores. De que todos os espectadores só assistem à televisão feita por outros porque a programação lhes é "imposta", mas na verdade gostariam mesmo é de assistir ao que eles próprios produzissem. Isso, obviamente, não é verdade. As pessoas comuns são muito menos egocêntricas do que os artistas. Acreditar que todos os espectadores querem ser realizadores é uma nova manifestação de delírio egoico de artistas que ainda acreditam fazer trabalhos tão especiais que todos deveriam fazer também. Nunca vi um médico pensando assim. Eles são mais humildes. Sabem que sua especialidade é apenas mais um trabalho.

Deixando de lado a ironia, há nessa teoria de que "todos vão ser realizadores" uma clara confusão. Uma coisa é fazer um vídeo caseiro, para uso de seus amigos. Outra é produzir realmente uma obra artística que interesse a outras pessoas. Em literatura, uma mídia mais antiga, isso fica bem claro: uma coisa é escrever cartas para amigos; outra é escrever romances. Todos (os alfabetizados) escrevem e-mails. Mas ainda há – e sempre haverá – poucos romancistas. Em televisão e cinema ocorrerá o mesmo.

O fato é que audiovisual está se tornando – também – uma tecnologia de comunicação interpessoal, que muitas vezes substitui a escrita e/ou a foto impressa. As pessoas começam a compartilhar vídeos caseiros. É um ótimo hábito, mas se resume nisso. A foto caseira não vai para exposição fotográfica nem é publicada em livro. E o vídeo caseiro não vai para a televisão, a não ser como "pegadinha" ou para ilustrar algum acontecimento excepcional (registro de um crime captado por cinegrafista amador, por exemplo). Enfim, fotos ou vídeos de viagem e produção audiovisual caseira interessam apenas a amigos. Continuará existindo o consumo de audiovisuais profissionais, realizados por artistas que conhecem as técnicas de construção de uma boa narrativa.

▶ Mídias – Quem concorre com o quê?

Para resumir esse debate todo, faremos uma rápida descrição dos tipos de mídia e quem concorre com o quê. O critério que usamos, como poderá ser percebido no conjunto deste livro, não é a mídia ou o aparelho empregado. É o uso social que o público faz dos conteúdos:

» A produção de vídeos caseiros tende a aumentar cada vez mais. Mas ela concorre com a fotografia caseira, e não com o conteúdo televisivo. O uso social do vídeo caseiro é o mesmo que o da fotografia caseira: compartilhar momentos íntimos que só interessam a amigos e parentes.

» *O video on demand* (VOD) vem crescendo em ritmo acelerado. Mas concorre mais com a videolocadora do que com a televisão. É claro que o crescimento do VOD ganha também o público que usava a televisão como videolocadora, e submetia-se, por falta de opção, a restrições – como o horário variável de programas como *Oito e Meia no Cinema* (do SBT), filmes dublados e intervalos comerciais. Mas esse público está diminuindo desde os anos 1980, quando surgiu o videocassete caseiro e, depois, com a venda de DVDs piratas pelos camelôs. O VOD é o golpe final na transmissão de filmes pela TV. Entretanto, há alguns anos as videolocadoras já vinham conquistando esse público, e o próprio modelo de negócio é similar (o público paga por filme assistido). Por isso, o VOD concorre mais com a locadora de vídeos do que com a televisão. Porém, mesmo a loja de locação de vídeos continuará existindo, como aconteceu com as livrarias, que não desapareceram com o evento da venda de livros on--line. Nem todos os espectadores sabem a que filme querem assistir e, por isso, ainda existe o interesse do público em circular por uma loja a fim de escolher o título na hora.

» É crescente a demanda por projeção em alta definição nos telões montados na própria residência. Essa mídia torna-se cada vez mais popular, embora os aparelhos sejam ainda caríssimos para a maioria da população. Entretanto, o barateamento é uma tendência, ampliando a possibilidade de acesso a essa tecnologia. Esta concorre mais com o cinema do que com a televisão. Muitas pessoas já têm essas telas em casa e usam-nas principalmente para assistir a filmes. Na grande maioria dos casos, eles mantêm uma televisão menor, para o dia a dia, na qual assistem a conteúdos especificamente televisivos, que prescindem de uma imagem cinematográfica.

» A oferta de jogos eletrônicos está crescendo. Atendem, porém, à demanda por jogos, não por televisão. Portanto, como já dissemos, concorrem mais com os brinquedos do mundo físico do que com a televisão.

» O uso da internet generalizou-se. Essa mídia é usada com várias finalidades, dentre as quais destacamos três tendências.

  » Busca de informações. A internet, ao funcionar como um imenso banco de dados, concorre mais com as enciclopédias impressas do que com a televisão. A *Barsa* (*Enciclopédia Barsa Universal*) e a *Encyclopædia Britannica* ganharam versões on-line e perderam muita força, pois agora concorrem com milhares de outras fontes de informação disponíveis na internet. O buscador Google é mais utilizado do que qualquer enciclopédia e apresenta um diferencial impossível no livro: a atualização permanente. A televisão nunca se destacou como fonte de informações sob demanda. Portanto, tal uso da internet não implica tirar público da televisão, mas sim diminuir o mercado das editoras de enciclopédias impressas. Os livros autorais, entretanto, continuam prosperando.

  » Uso de ferramentas de comunicação entre internautas, como chats, Messenger, Skype e similares, as quais concorrem mais com o telefone e com os espaços públicos físicos de encontro social do que com a televisão. A graça de todos esses meios é a conversa interpessoal, o que nada tem que ver com televisão. Esta é, justamente, o tema de muitas das conversas on-line.

» Uso da internet para assistir a vídeos e filmes. Mais uma vez, a concorrência aqui é com a videolocadora, com a vantagem de, na internet, ser possível acessar conteúdos gratuitos. A videolocadora, portanto, terá de se destacar cada vez mais pelo atendimento pessoal e a presença no espaço físico, pois, como afirmamos antes, nem todos os espectadores sabem ao que querem assistir, e a conversa na loja, o contato físico com o DVD e a praticidade (não precisar baixar arquivos) serão ainda pontos importantes na decisão de consumo.

▶ O DEBATE SOBRE OS APARELHOS: TELEVISÃO E COMPUTADOR

É claro que até aqui discorremos sobre a televisão que conhecemos hoje. Por vários anos, esse modelo atual de televisão foi o único de acesso democrático. O telefone por muito tempo permaneceu caro, e até hoje são poucas as pessoas com acesso a um computador pessoal (à internet, portanto), a aparelhos de *video game*, de DVD etc. Para as classes menos abastadas, restou o uso da televisão. E foi por ser, para muitas famílias, o único aparelho eletrônico possível de ser adquirido que a televisão ganhou uma importância maior do que a necessidade real dos espectadores. No futuro, com a convergência, isso vai, aos poucos, diminuir. Mantendo-se a tendência de redução de preços dos aparelhos mais sofisticados, mesmo as pessoas de baixa renda terão acesso a outras mídias. E será desse modo que o digital levará a televisão a se concentrar em seu conteúdo específico.

Muitos analistas, fundamentando-se na constatação de que hoje há aparelhos de televisão em quase todas as casas, afirmam que ela será, no futuro, usada para acessar a internet. A ideia não é absurda. É perfeitamente possível que a televisão seja usada para conexão com a internet, para games, para assistir a filmes etc. Ela pode propiciar amplo acesso a conteúdos culturais digitais. O problema é que essa crença vem agregada a outra: a ideia de que, com a possibilidade de acessar a internet pela televisão, as pessoas deixarão de consumir conteúdo televisivo. Tal hipótese é um erro. As pessoas não deixarão de assistir à televisão, ainda que também usem o aparelho para acessar a internet.

Além disso, esse pacote de ideias tem duas complicações pouco debatidas:

» É claro que o aparelho de TV pode ser usado para acessar a internet. Mas, quando isso ocorre, trata-se de outro aparelho, com *set top box* com canal de retorno embutido. A pergunta é: será mais fácil juntar tudo no mesmo aparelho ou usar uma série deles? Tudo indica que a tendência da convergência será especializar os aparelhos e mantê-los em comunicação permanente (em rede sem fio). Acredito que, para o usuário, essa alternativa seja muito melhor. Seria possível, por exemplo, que na mesma residência existisse um único HD centralizando a informação, o que pouparia a televisão de precisar de um canal de retorno no modelo internet – algo caro e difícil de obter.

» E fica a pergunta: o que sairá mais barato? Pode ser que seja mais barato implementar uma política pública de inclusão digital e financiamento para que os mais carentes tenham micro do que fazer grandes investimentos para que a televisão seja usada como internet. E para o usuário, o que é melhor? Hoje eu tenho em casa o HD de meu micro e o modem de uma empresa de televisão a cabo. Não seria mais barato e simples se tudo estivesse interligado? Infelizmente, o grande motivo para a não integração é impedir a pirataria e o desrespeito aos direitos autorais: com a integração, seria possível retransmitir (piratear) um evento *pay-per-view* da televisão para a internet, com defasagem de poucos minutos. É preciso que se chegue a uma solução para que haja a integração e, ao mesmo tempo, a preservação do direito autoral dos criadores e do direito patrimonial dos produtores. Pode ser, portanto, que em vez de investir numa televisão cheia de apetrechos, seja melhor investir na comunicação entre os aparelhos da casa.

Pessoalmente, acredito que usar a televisão como terminal de acesso à internet será, quando muito, uma solução transitória e para o público mais carente. Porém, investir em soluções transitórias num mundo de tão rápida evolução é um equívoco. Em vez de aparelhos especializados e baratos que se comuniquem em rede, teremos aparelhos caros que duplicam funções, o que pode não agradar os consumidores e acabar sendo rejeitado pelo público. Trata-se de uma área ainda nova e não é possível prever como o mercado se organizará. Entretanto, é importante que as políticas públicas não se deixem levar pelos interesses comerciais das empresas de tecnologia (que disputam o mercado e querem vender seus aparelhos) e incentivem o mercado a se organizar da forma que mais interesse ao cidadão.

O debate sobre aparelhos eletrônicos não é o objetivo deste livro. Nosso foco é o conteúdo. Levantei essas questões ainda na introdução para que limpemos o terreno. É importante separar as discussões: há o debate sobre os aparelhos eletrônicos e o debate sobre o conteúdo das mídias digitais. O que nos interessa é que, seja usando um computador como aparelho matriz, seja usando uma televisão (que será, também ela, um computador com menos recursos), o público do futuro assistirá a todo tipo de conteúdo, inclusive o televisivo. E meu objetivo é discorrer especificamente sobre o conteúdo televisivo.

O importante, portanto, é entender que, mesmo quando se usa o aparelho de televisão para acessar a internet, a televisão não se torna internet. A tela de televisão já é usada, em muitas casas, como tela para exibição dos jogos eletrônicos. Porém, todo usuário continua sabendo a diferença entre um *video game* e uma televisão. Não é porque a tela da TV exibe games que o espectador a confunde com *video game*. Após jogar o game, o mesmo usuário aciona um botão de seu aparelho e assiste a um dos programas das emissoras.

O mesmo acontecerá com a internet. O usuário até poderá, eventualmente, usar a televisão para acessar a internet, para pagar uma conta no banco, por exemplo. Já ocorreu de meu micro quebrar e eu acessar a internet do meu celular. Mas sei que acessei a internet do meu *aparelho celular*. Logo a seguir voltei a usar o celular para o que ele mais se presta: conversas a distância com mobilidade absoluta. O mesmo acontecerá com a televisão. O usuário às vezes acessará a internet por ela. Mas continuará usando a televisão para o que ela faz de melhor: exibir bons programas televisivos. E o público continuará sabendo, intuitivamente, qual a diferença entre o conteúdo *televisivo* e os conteúdos *da internet*.

Nosso objetivo, portanto, não é estudar os usos do aparelho de televisão na época da convergência. Com certeza ela poderá ter, tal como todos os outros aparelhos, todos os usos. Assim como se joga game no celular, se jogará game na televisão. Assim como se assiste à televisão na internet, poderemos acessar internet na televisão. E por aí vai. Isso é um fato, embora a porcentagem de cada coisa na vida das pessoas seja algo muito difícil de prever, que não me cabe debater aqui. O que eu sei é que o conteúdo televisivo permanecerá – e posso afirmar que terá mais audiência que qualquer outro tipo de conteúdo audiovisual de qualquer outra mídia. Por um motivo simples: a televisão visa às grandes audiências genéricas, enquanto internet e celular visam ao conteúdo segmentado. É uma característica intrínseca dessas mídias, conforme demonstrarei no transcorrer do livro. A televisão continuará tendo, portanto, grande importância.

O objetivo deste livro é estudar o que vai acontecer com o conteúdo de televisão, seja ele exibido no aparelho que for: televisão, celular, computador. Mas, para isso, é claro, precisamos entender o que é a programação de televisão, qual é o específico televisivo.

▶ DIFERENCIAÇÕES ENTRE TV, CINEMA E INTERNET

A ausência de um conhecimento mais profundo da linguagem televisiva leva alguns autores que discutem a televisão digital a afirmar que o digital transformará a linguagem dos programas de televisão a tal ponto que deixará de ser televisão.

Três tendências são enfatizadas: há os que insistem na alta definição e na aproximação da televisão com o cinema; há os que apostam numa interatividade baseada na ideia de busca de informações pelo espectador/usuário, próximo ao que acontece na linguagem da internet, tornando a televisão mais enciclopédica, cheia de dados extras e televendas; e, por fim, há os que valorizam a mobilidade e querem reduzir a televisão a um celular, enfatizando que todo conteúdo será acessado, *on demand*, de qualquer lugar.

Minha hipótese é diferente das três anteriores: em vez de se tornar "mais cinema", "mais internet" ou "mais celular", a televisão será ainda *mais televisão*. Acredito que a televisão que está surgindo trabalhará com formatos que potencializarão digitalmente os procedimentos já existentes no modelo analógico. É o mesmo que aconteceu com o cinema digital. O digital, como sabemos, propicia a interatividade, mas o cinema digital não se tornou interativo. Os filmes digitais caminharam em duas direções diferentes, porém complementares: o aprimoramento dos efeitos especiais e a aproximação do gênero documentário. Em ambos os casos, o cinema digital tornou o cinema ainda mais cinema, potencializando tendências estéticas que já existiam desde os primórdios: a construção de mundos ficcionais (Méliès) e o registro documental (Lumière). Outra inovação importante do cinema digital foi a introdução do som Dolby, que permite a construção de salas com som tridimensional, o que contribui para a imersão no enredo que o cinema sempre buscou. O cinema digital é o cinema com seu potencial máximo. Com a televisão se dará o mesmo.

Portanto, para saber como será a televisão do futuro, é necessário entender como ela é no presente e o que sempre sonhou ser. Há, ainda hoje, grande resistência em entender a televisão como mídia de linguagem própria. A TV não é apenas um meio de exibição de obras geradas para outras mídias, seja um filme, seja uma ópera. Com efeito, a televisão pode exibir filmes produzidos para cinema, da mesma forma que o cinema pode exibir uma partida de futebol ou um programa de auditório. Mas cada mídia tem linguagens e formatos mais adequados ao uso que o público faz dela. No caso da televisão, o debate fica mais difícil, pois ainda são pouco divulgados no Brasil os estudos que discutem suas especificidades. Por isso, este livro começa com um debate sobre a especificidade do conteúdo televisivo, oferecendo ao leitor um repertório importante para compreender como será a televisão do futuro.

Se quisermos prever os formatos que vingarão na televisão digital do futuro, precisamos pensar no que a televisão sempre fez com mais eficiência do que as outras mídias. Para quem busca conteúdos informativos, a internet é a interface por excelência, pois é uma imensa enciclopédia digital que a televisão jamais chegará a ser. Para quem quer fazer compras on-line, a internet também é a melhor opção, pois conta com a interface de interação mais adequada. A interatividade da televisão nunca será igual à da internet. A televisão é uma mídia que permite – e promove – a recepção coletiva, enquanto o computador é de uso pessoal. Para dar "todo o poder ao usuário" (lema da internet atual, da Web 2.0), a internet é – e sempre será – superior à televisão.

Mas a televisão também tem seus segredos e qualidades. Acredito em sua importância como mídia apta à expressão artística, assim como mídia fundamental para catalisar a comunicação entre as pessoas, contribuindo para a construção de uma sociedade mais democrática. Entretanto, a televisão não é tudo, é apenas mais uma mídia. Para que realize bem seu papel, deve se especializar no que faz de melhor, deixando para outras mídias tarefas mais ligadas às suas próprias especificidades. É justamente a especificidade da televisão que buscamos neste livro. Mostramos que a televisão digital comportará novidades sem com isso se descaracterizar. A televisão não está com seus dias contados. Ao contrário. Na era digital, poderá efetivar ainda mais suas particularidades. Para nomear essa nova televisão criamos o termo "TV 1.5", recusando a denominação 2.0, que pressupõe domínio de características típicas da internet.

A "TV 1.5" defendida neste livro é a televisão no máximo de seu potencial. Ela mantém características herdadas da tradição analógica e agrega possibilidades do digital sem se tornar um meio totalmente novo. A "desvantagem numérica" em relação ao 2.0 da internet não traduz tipo algum de juízo de valor. Nesse critério numérico, o cinema e a literatura, por exemplo, continuariam sendo 1.0, sem que tenham se tornado mídias "inferiores" à internet. O termo "TV 1.5" é empregado apenas para definir uma televisão com a coragem de descobrir seu verdadeiro potencial e explorá-lo ao máximo. É dessa televisão que falamos neste livro.

▶ COMO LER O LIVRO?

Para falar da TV 1.5 fizemos um caminho que percorreu diferentes perspectivas. Nosso objetivo final é discorrer sobre conteúdo, entender como a criatividade pode aflorar na televisão digital. Temos consciência de que, em qualquer forma de expressão artística, a criatividade associa-se sempre a modos inovadores de explorar o potencial tecnológico e à maneira como o artista financia seus produtos. Mesmo a arte "não comercial" recebe algum tipo de financiamento. Van Gogh podia até não vender quadros, mas arrumou recursos com um irmão que financiava seu trabalho. É um "modelo de negócio inovador". Uma variação de um modelo muito atual, o "pai-trocínio". Ou seja, não há arte sem investimento financeiro, alguém paga a conta. Até existe arte fora do mercado, gratuita, mas há sempre alguma forma de financiamento. Em televisão, não é diferente. Um conteúdo artístico televisivo inovador está sempre associado a formas inovadoras de explorar o potencial tecnológico e a maneiras inovadoras de financiar o produto.

O conteúdo da televisão é resultado de três fatores: a) a criatividade de seus realizadores, organizada para que surja uma criatividade coletiva; b) possibilidades e limites da tecnologia; c) formas de financiamento do produto.

Em toda e qualquer arte, é dentro das possibilidades definidas pela tecnologia e pelo modelo de financiamento que se desenvolvem a autoria e a expressão. Na arte televisiva é igual. Ela pode até mesmo ser artesanal, como era o modelo de produção de Van Gogh e outros pintores. Mas está mais próxima de artes coletivas que demandam grande investimento – como a construção de catedrais, que envolvem muitos talentos e artistas trabalhando coletivamente, em constante diálogo com poderosos financiadores (muitas vezes conservadores e ciosos de seu poder – tal como os papas do passado, ou os grandes anunciantes do presente). O interessante é que essa produção industrial também faz surgir grandes obras, sejam grandes conteúdos para televisão, sejam grandes catedrais. Por isso, em vez de simplesmente reclamar do modelo de produção da televisão, tentamos entender como é possível que os artistas se expressem dentro dele.

O objetivo deste livro assemelha-se ao da boa televisão: pretendemos atender a um público genérico que tem interesse na televisão de diferentes perspectivas: cultural, comunicacional, artística, tecnológica, comercial, afetiva etc. A ideia é que todos se motivem a entender um pouco das várias abordagens possíveis na análise dessa mídia, para que os diferentes setores dialoguem mais entre si e entendam as diferentes perspectivas. Por fim, trabalhamos principalmente com um público-alvo que perpassa todos os outros: os amantes da televisão. Este livro é escrito por alguém que gosta de televisão, que teve grandes momentos em frente à telinha e quer se comunicar com outros amantes da televisão para, juntos, pensarmos em saídas para que nossa "amada mídia" viva momentos ainda melhores, tenha mais espaço para a criatividade e volte a seus grandes dias. Estou convencido de que o digital nos ajudará nisso.

No primeiro capítulo, voltamos aos conceitos básicos e definimos a especificidade da televisão e da mídia digital. Depois, tratamos do ambiente no qual acontecerá a televisão digital, debatendo tecnologia e novos modelos de negócio. Por fim, entramos no debate sobre tendências da cultura digital, analisando caminhos concretos na área de conteúdo. Concluímos com a análise de alguns casos de sucesso da nova televisão.

Cada um dos capítulos, ou subcapítulos, pode ser lido de forma independente. Gosto de imaginar meus livros como um site, de forma modular e autônoma para propiciar a interatividade com o leitor. Por exemplo, se o leitor considerar muito básico o debate sobre as especificidades da televisão, ele pode simplesmente pular esse capítulo. O mesmo se dá com qualquer outro trecho. Fãs de determinadas séries podem ler apenas a análise desse conteúdo e, se sentirem motivação, ler outros trechos.

Em termos gerais mostramos como, após uma evidente reacomodação do mercado, a tendência é que a televisão continue com força, gerando produtos que tenham sinergia e/ou catalisem as outras mídias. *Lost*, um dos maiores sucessos da televisão atual (e da mídia em geral), é um exemplo disso. Mais do que concorrer com a internet, *Lost* é um seriado de televisão que catalisa um jogo de adivinhação com continuidade no ambiente da web.

Não existe a intenção de encontrar respostas definitivas para as inúmeras possibilidades que poderão delinear a televisão na era da convergência. Temos consciência do risco de opinar e fazer previsões em uma área em constante movimento. Mas corro esse risco com tranquilidade, pois me amparo numa variável fixa: o público. Parto do pressuposto de que, por trás das mudanças tecnológicas, continua existindo o "espectador", um animal da espécie humana que continua procurando as diversas mídias para suprir suas necessidades culturais. Tenho consciência de que uma nova tecnologia ajuda a transformar a percepção de mundo da espécie humana, mas também sei que, desde a Idade da Pedra, os homens ouvem histórias reunidos em torno de um foco de luz (seja a fogueira ou um aparelho televisivo). É, portanto, num constante balançar entre as inovações de hoje e o tradicionalismo de sempre que teço minhas hipóteses. Meu diferencial é que meu ponto de partida não é a tecnologia. É o público, o espectador. Não discuto qual programa poderá ser feito com a tecnologia emergente. Afinal, nem tudo que pode ser feito deve ser feito. O que me interessa é o que *deve* ser feito, é discutir qual programa poderá despertar o interesse do espectador, conquistar a audiência e se propagar socialmente. Ou, no termo utilizado por Malcolm Gladwell, que tipo de programação vai "colar" (Gladwell, 2002).

CAPÍTULO 1

Sobre os conceitos de TV e mídia digital

▶ A TELEVISÃO IMAGINADA: CONCEITOS DE QUALIDADE EM TELEVISÃO

O objetivo deste capítulo é entender o que a televisão realmente é, como se diferencia das outras mídias e quais são suas especificidades. Mas, antes de entrarmos no tema, vale a pena discutir o que os críticos acham que a televisão deveria ser. Qual seria a televisão ideal?

Desde que surgiu, a televisão é um inegável sucesso popular. Esse sucesso, entretanto, vem incomodando muita gente, e ela se tornou a mídia mais criticada da história. O debate sobre a "qualidade da programação" é uma constante entre a elite intelectual – que é quem realmente lidera essa discussão – e mostra o que esse grupo sonha assistir. Entender a televisão por eles imaginada nos ajudará a compreender os caminhos que essa mídia pode – mas nem sempre deve – seguir.

Vou listar alguns debates sobre qualidade em televisão para, em paralelo, demonstrar como se costuma partir de valores morais e/ou de comparações com outras mídias. Ao mesmo tempo, enfatizarei o que é específico da televisão e o que considero ser uma televisão de qualidade, que utilize de forma criativa seus inúmeros potenciais.

Antes, é necessária uma advertência: a qualidade é um conceito ideológico, socialmente escolhido e utilizado por determinadas pessoas para defender determinados gostos e/ou interesses. Como toda ideologia, o conceito de "qualidade" pretende ser algo naturalizado. Cada "padrão de qualidade", portanto, é tratado como se fosse "óbvio". Não é. Mostraremos aqui justamente a base ideológica por trás desses padrões, para que o leitor possa escolher racionalmente o padrão de qualidade (e a ideologia) que mais lhe agradar. Ao mesmo tempo, por trás de cada padrão existe uma definição implícita de televisão, que vale ser debatida e nos ajudará a entender o que a televisão realmente é e o que ela poderá ser.

O Padrão Globo de qualidade

Nos anos 1970, a Globo implantou seu padrão de qualidade e trabalhou muito para consolidá-lo. Até hoje, em alguns momentos, ele é lembrado, mas apenas em parte.

Esse padrão poderia ser definido por duas características: apuro técnico e "bom gosto". Hoje, depois de a Globo entrar na era *Big Brother*, esse padrão restringe-se ao apuro técnico. Este está na qualidade das imagens, dos figurinos, das locações. Isso, por um lado, é bom; por outro, é obviamente uma tendência centralizadora, por diferenciar o próprio conteúdo dos demais com o poder financeiro e a possibilidade de obter os melhores equipamentos e a melhor qualidade técnica. A estratégia atual da Globo, de tentar "acostumar" o público à imagem em alta definição, faz parte dessa tendência.

O "bom gosto" está relacionado com uma estética de classe média. Na época em que esse padrão foi implantado, a Globo tirou o programa do Chacrinha (*Cassino do Chacrinha*) dos sábados à tarde e estreou, aos domingos, o *Fantástico*. Chacrinha, cujo programa é hoje considerado um clássico com reconhecida qualidade artística, era então acusado de "baixaria", de não ter "qualidade". Também a música "brega" de compositores populares foi praticamente proibida na emissora, e a trilha das novelas só tocava música considerada de bom gosto, da MPB clássica (Chico, Caetano). Essas escolhas mostravam uma vontade de atingir um público mais refinado, das classes A e B, mantendo ao mesmo tempo o público mais popular, que sempre tem pretensões a ascensão social e cultural. A resistência da Globo a implantar o *Big Brother* foi pelo mesmo motivo. A emissora tinha receio da espontaneidade do programa. Apenas após o sucesso de *Casa dos Artistas* é que a Globo aceitou entrar na onda e implantar o *Big Brother*. Uma nova era se abriu para a emissora, que agora tenta se equilibrar entre o "bom gosto" e o popularesco. Pessoalmente, sou daqueles que sempre consideram o "bom gosto" questionável, e a vontade de impô-lo como único modelo de qualidade, uma atitude tipicamente autoritária, de mau gosto. Prefiro as emissoras que não ficam presas a esse padrão.

Qualidade e "valor cultural"

Há quem ache que a boa televisão é a que exibe óperas, ou "boa música", ou "bons espetáculos" etc. Esse padrão de qualidade não reconhece a televisão em sua especificidade estética e artística – e, por acreditar que nada produzido para a televisão possa ter real qualidade, procura a qualidade em outros produtos culturais já legitimados. Até hoje, boa parte da TV pública é pautada por esse padrão.

Não acredito que a qualidade da televisão possa ser definida pela qualidade do conteúdo que ela transmite. Por esse critério, uma boa televisão seria a que transmitisse uma boa partida de futebol. E uma televisão de baixa qualidade seria a que transmitisse uma partida ruim. Essa lógica não faz sentido. A televisão tem atributos próprios, e uma boa transmissão relaciona-se com especificidades televisivas, como o uso e o posicionamento das câmeras e a narração do locutor. Um bom locutor pode tornar interessante mesmo uma partida ruim de futebol, e um mau locutor pode destruir qualquer espetáculo. Silvio Luiz (nome artístico de Sylvio Luiz Perez Machado de Sousa) é um locutor que, com sua narração minimalista e seus inteligentes comentários irônicos, transforma um jogo ruim em um magnífico espetáculo televisivo. A televisão, portanto, deve ser avaliada em seus aspectos tipicamente televisivos. Uma transmissão de música erudita pode ter qualidade, mas apenas se tiver atributos tipicamente televisivos em sua transmissão, como a criação pelo posicionamento de câmera, a relação entre som e imagem etc.

Qualidade *versus* "baixaria": a campanha "Quem financia a baixaria é contra a cidadania"

Em geral, grupos que definem qualidade pelo critério anterior criticam a "espetacularização" e o conteúdo apelativo, chamados de baixaria.

Esse conceito, apesar de bem intencionado, pode também ser mal utilizado. Há grandes obras que trabalham com o grotesco e cujo conteúdo poderia ser considerado baixaria. As análises de Bakthin sobre cultura popular (Bakhtin, 2008) mostram o potencial artístico do grotesco, da recriação do sexo, das vísceras, das partes baixas.

Além disso, precisamos ficar atentos. Se estudarmos um pouco de história da cultura, veremos que o discurso desses grupos organizados é o mesmo do regime militar brasileiro, que queria tirar as "baixarias" da televisão, censurava pornochanchada e música "brega" popular.

Esse debate tem longa história. A televisão é uma arte popular, e sempre que dialoga com a estética popular é acusada pela elite de exibir baixaria. O cinema, em seus primórdios, era também uma arte popular, e pelos mesmos motivos foi criticado pela elite cultural da época. Depois que surgiu a televisão, o cinema passou a ser considerado de "bom gosto" e as críticas moralistas da elite se voltaram para essa arte popular.

A questão não é simplesmente condenar toda e qualquer representação da violência e do sexo, mas refletir sobre as formas como esses temas são representados. Há grandes obras artísticas que trabalham com essa matriz.

Mesmo a espetacularização pode ter um bom uso estético (e também um mau uso, obviamente). Uma boa crítica de televisão sobre esse tipo de conteúdo deveria analisar a televisão tal como analisa um circo, e com os mesmos critérios. Não teria sentido ir ao circo e criticar o excesso de "espetacularização", o grotesco e outros aspectos semelhantes. Não teria sentido cobrar do circo a sutileza do cinema europeu, ou que as peças melodramáticas que costumavam ser representadas (o que hoje seria a novela) tivessem sutis leituras duplas etc. Não podemos, em suma, cobrar do circo que ele seja mais literário ou cinematográfico. Mas com a televisão é isso que ocorre. Se lembrarmos que a televisão é herdeira e sucessora do circo, poderemos nos aproximar de uma avaliação adequada de seus conteúdos.

Qualidade é educação!

Esse é, dentre todos, o argumento mais comum.

Inconformados com o baixo padrão educacional brasileiro, muitos querem que a televisão atue como educadora. A educação é, sem dúvida, uma causa nobre. Mas exatamente por ser nobre merece mais que a televisão. É preciso ter consciência de que a televisão não resolverá o problema educacional do país, pois não é um meio feito para isso. É claro que pode e deve exibir conteúdos educativos em determinados momentos, e pode ser utilizada em casos excepcionais para educação a distancia. Atualmente, com as possibilidades transmidiáticas e a imersão dos jovens em uma cultura que valoriza o conhecimento, é possível realizar programas que incitem o público a conseguir conteúdos extras na internet e em outras mídias. Hoje, mais do que nunca, os realizadores de televisão devem ter consciência do potencial educativo de seus programas. Mas a educação não se dá durante a transmissão televisiva. Nem todo programa tem obrigação de ser educativo. Aqueles que a isso se propõem deveriam catalisar a vontade do espectador de estudar em outras mídias, em vez de pretenderem ser, em si mesmos, programas educativos.

O importante é saber que, apesar do potencial televisivo para catalisar ações pedagógicas, a educação não pode ser o paradigma principal da criação televisiva. Tentar aprisionar a TV na esfera da educação limita seu potencial expressivo. Ninguém hoje defende que o cinema seja educativo, pois é evidente que isso limitaria seu maravilhoso potencial estético. Mas vale lembrar que, até recentemente, muitos defendiam um cinema educativo. Getúlio Vargas criou o Ince (Instituto Nacional de Cinema Educativo). O cinema como um todo seria comprometido caso esse paradigma fosse adotado.

A televisão é uma arte e, tal como o cinema, não pode ficar restrita à educação como paradigma. Em alguns casos, pode até mesmo ir contra a educação formal. A arte serve, às vezes, para se contrapor a valores tradicionais e questioná-los. Enquanto o ensino formal estuda a língua culta, uma forma de comunicação importante para a padronização das conversas, a arte pode e deve expressar a língua do povo, cheia de "erros gramaticais" que assustariam qualquer professor. O cinema e a literatura de Pasolini, por exemplo, poderiam ser condenados pelo critério educativo. A arte também está, em muitos casos, no limite da moral aceita pela maioria. Pois a arte serve justamente para discutir as fronteiras morais e os modos de alargá-las. A televisão tem essas mesmas funções. Mas reenfatizemos: mesmo em casos em que ela seja usada como contraponto aos padrões da educação formal, seus programas têm grande potencial para catalisar ações educativas que vão além de sua exibição. Usar os programas como motivadores de debates, produzir conteúdos extras e outros recursos semelhantes são iniciativas muito bem-vindas.

O cinema

Diversas análises de televisão ainda usam o cinema como padrão de qualidade.

A ficção televisiva, por exemplo, costuma ser questionada por não ser filmada com várias câmeras. As novelas recebem críticas por serem muito longas (enquanto o cinema dura só duas horas), por repetirem informações e mudarem a narrativa de acordo com o gosto do público.

Tais críticas à novela são baseadas no padrão do cinema clássico. Condenar uma novela por não ser parecida com cinema é como condenar uma maçã por não ter gosto de banana. Você pode até dizer: não gosto de maçã! Ok. Então não se discute mais isso, todas as maçãs são de "baixa qualidade" e a televisão deve ser totalmente condenada. Mas eu gosto de alguns programas de televisão, acho que há novelas boas e ruins. Para diferenciá-las, preciso ter critérios televisivos definidos.

A mudança de rumo no enredo das telenovelas, por exemplo. Pelo padrão cinematográfico, os autores podem ser criticados por quebrar a coerência narrativa da história. Entretanto, de outro ponto de vista, eles poderiam ser elogiados pelo talento de dialogar com a vontade do público. Todo contador de "causo" popular, aliás, compartilha esse talento. Todo palhaço de circo também, pois são artes expressivas que jogam e interagem com o público. "Interação", aliás, é um bom termo. Não é estranho observar que os mesmos críticos que defendem uma televisão mais interativa censurem os autores por interagir com a vontade do público? Nesse sentido, o cinema está mais para a literatura, com suas narrativas imutáveis em obras fechadas. Já a televisão está mais para as obras abertas, para a arte popular de contação de histórias ao redor da fogueira, com sua tradição de dialogar com os interesses da audiência.

Também outras características comumente condenadas na televisão baseiam-se no critério estético do cinema. A repetição é uma necessidade narrativa para um produto cujos espectadores podem ter perdido capítulos anteriores e/ou não ter prestado atenção em determinados trechos. A linguagem preponderantemente verbal (em detrimento da linguagem visual do cinema) também é boa para um público que, muitas vezes, tem um aparelho pequeno e com péssima qualidade de imagem ou dedica-se a outra tarefa, como cozinhar, enquanto assiste à televisão (tal como ainda acontece com o rádio). Nesse aspecto, o cinema está para a linguagem visual das boas histórias em quadrinhos, enquanto a telenovela está para o rádio, companheiro das donas de casa e dos motoristas no trânsito.

Criticar uma telenovela por ser repetitiva ou por não ter uma narrativa visual nos levaria a condenar toda e qualquer telenovela. Mais interessante é observar as soluções criativas que os artistas criam para solucionar esses limites e expressar uma obra de arte. Toda mídia tem limitações. O cinema também tem o limite do tempo-padrão, de no máximo quatro horas de exibição. Quem quer combater isso se coloca à margem da realidade. Lembro um debate político sobre cinema, no qual um militante criticou a imposição dos editais públicos que limitavam o tempo dos curtas-metragens. Ele queria ter liberdade de fazer curtas-metragens de duas horas. Foi um fato real, mas tem cabimento? Fora esse caso excepcional, nunca vi ninguém criticar o cinema por ele ter um tempo limitado. Da mesma forma, não faz sentido criticar a telenovela por repetir informações e/ou ter linguagem predominantemente verbal. Você pode até não gostar de ver obras de duas horas por achá-las muito curtas, mas aí é melhor desistir do cinema. Afinal, são limitações da mídia, e o que importa mesmo é como cada artista lida com elas.

Há ainda outras maneiras de definir o padrão de qualidade, menos usadas, mas igualmente importantes. Se considerarmos a televisão uma forma de expressão artística, poderemos usar conceitos de arte para avaliar o veículo. Conceitos como inovação, transgressão e dialogismo, por exemplo, seriam mais valorizados na qualidade televisiva. Outro padrão possível parte do conceito de interatividade com o público-alvo. É, por exemplo, o que orienta a programação da MTV-Brasil.

Por fim, ressalto que todas as definições de qualidade citadas são estéticas e ideológicas. Ao listá-las, aproveitei para também desconstruir a ideologia por trás delas. Ao mesmo tempo, tentei deixar evidente que eu mesmo, como qualquer pessoa, tenho uma ideologia que norteia minha definição de qualidade televisiva. Minha posição aproxima-se da última, ou seja, acredito em procurar a especificidade da mídia televisiva, por valorizar a televisão como meio de expressão artística e, assim, usar critérios tipicamente artísticos para avaliá-la, como inovação, transgressão e dialogismo. O que fiz anteriormente foi um exercício de desconstruir as ideologias (gostos) de outras pessoas para afirmar a minha. Espero assim motivar o leitor a fazer o mesmo. Se, por acaso, o leitor não concordar com minha definição de qualidade, pode desconstruí-la para valorizar a sua. Isso faz parte do jogo cidadão de qualquer Estado democrático.

O que concluímos, então? Que tudo é relativo e não se deve discutir televisão, pois é assunto íntimo, restrito às escolhas privadas? Assim como futebol? Sim. É uma boa conclusão. Democrática.

Mas é possível, mesmo assim, pensar em alguns consensos, orientados por valores que, acredito, sejam comuns a todos nós: a democracia e seus princípios irmãos, a liberdade de expressão e a diversidade cultural. Tal como não se pode discutir gosto religioso, mas se deve defender a liberdade religiosa, acredito que não se deva discutir gosto em televisão, mas defender a liberdade de expressão e a diversidade estética desse veículo. Um dos modos de identificar a liberdade de expressão é observar se há diversidade de gostos e tendências na programação televisiva. Um Estado democrático deve assegurar que o serviço público de TV (que inclui a televisão pública e a comercial) atenda a todos os gostos e escolhas ideológicas presentes na sociedade.

As definições de qualidade citadas analisam a qualidade dos programas ou, no máximo, do conjunto da grade de uma emissora. Nenhuma delas abarca a "qualidade do conjunto" da programação disponível ao público. Mas pensar na definição de qualidade para o conjunto da programação é fundamental quando falamos de regulamentação pública da programação. A definição de qualidade para o conjunto da programação não é uma escolha individual, e sim um consenso público. Nesse sentido, não tenho dúvidas nem relativismos: qualidade é diversidade.

A regulamentação pública da programação televisiva jamais pode impor um critério estético de qualidade único. O Estado deve sempre defender a diversidade de tendências estéticas (e de definições de qualidade) no conjunto da programação, com a presença de inúmeras vozes – inclusive aquelas que eu ou você possamos não "curtir".

Quem quer defender a diversidade na televisão precisa ter claro o seguinte: uma boa programação vai sempre, *sempre*, transmitir alguns programas que alguém *odeia*. Que despreza. Que considera de mau gosto, baixaria. Ou que julga careta (isso é bem o meu caso, pois odeio programa careta, acho "brega", "de mau gosto", "de péssima qualidade"). Sempre vai ser assim. Imaginar que todos os programas da televisão serão adequados ao meu gosto pessoal seria imaginar que existe uma padronização cultural em que todas as pessoas compartilham do meu gosto pessoal. Isso, espero eu, nunca acontecerá. Por isso é preciso ter claro: a prova da qualidade da programação televisiva é ela exibir alguns programas que eu odeio. E outros que eu adoro. A televisão de qualidade é o espaço do conflito cultural, que permite a renovação.

Por fim, uma afirmação. Este livro tem um princípio claro: procuro o específico televisivo. Procuro valorizar o que a televisão faz de melhor, e não o que ela "deveria ser". Muitas definições de qualidade em televisão tentam transformá-la em "outra coisa", outra mídia. Considero essas definições autoritárias, pois querem neutralizar uma forma de expressão, destruir uma mídia para que ela vire outra considerada superior. Acredito que, se a televisão virar outra coisa, o mundo será menos diverso. Quero que a televisão seja televisão, pois acredito que ela pode colaborar com a diversidade de meios de expressão humana. Parto do princípio que a TV deve procurar sua especificidade. Não para superar ou vencer outras mídias, mas para dividir com elas a responsabilidade de melhorar a comunicação entre os homens e promover uma sociedade com mais diversidade estética e mais liberdade.

No restante deste primeiro capítulo, portanto, discuto o que sempre foi a televisão, para, nos próximos, avaliar como essa mídia tão rica poderá se adaptar à era digital.

▶ O QUE É TV?

Durante a era analógica, a televisão era um conceito relativamente simples. Até uma criança podia responder à pergunta "O que é televisão" sem hesitar e com clareza. "É aquela caixa na sala de estar", ou algo parecido. (Pavlik, 2007, p. 23)

Agora vamos voltar ao passado. Vou começar com uma historinha. Uma vez, participei de um debate supercomplexo para discutir o documentário. Quem é da área sabe que existem inúmeras teorias e uma verdadeira luta ideológica no setor, com tentativas de diferenciar o documentário da reportagem e, até mesmo, de impor um formato estético ao "verdadeiro documentário". Nesse dia, minha mãe estava na plateia. Eu costumo levar minha mãe a lugares inusitados, como debates intelectuais, e ela é citada algumas vezes neste livro. Ao final do debate, perguntei o que ela havia achado e ela respondeu, meio de saco cheio, que não entendera bem o que tínhamos debatido ali. Estranhara os quatro intelectuais da mesa não saberem o que é documentário, quando ela sabia muito bem. O questionamento me surpreendeu. Mas compreendi que minha mãe tinha razão. Para ela e para o público, é tudo óbvio. Basta ligar a televisão e ver 30 segundos de programação para dizer se aquilo é documentário, ficção, *reality show*, programa de auditório. Não é estranho que minha mãe saiba e os especialistas não saibam? Será que os intelectuais estudam para saber menos que minha mãe?

Essa pergunta também se aplica à questão que debatemos aqui: o que é televisão? Para solucionar esse dilema, alterno dois pontos de vista: o do público e o do especialista. Acredito que a discussão intelectual é importante, pois é nela que se trava o debate ideológico sobre o que a televisão deveria ser (como foi o debate sobre qualidade da televisão). A boa teoria é aquela que consegue explicar a percepção do público e está sempre conectada com a realidade. Por isso, os intelectuais não podem nunca perder de vista o diálogo com o senso comum. Quando perdem, mergulham em pensamentos muito complexos e permanecem isolados na bolha do debate teórico, que só serve para deixar o mundo mais confuso. Não pretendo fazer isso: quero uma teoria que realmente se aplique à realidade e que dialogue com ela. O senso comum é o chão de bom senso para que o pensamento possa "pirar" livremente, mas sabendo sempre que tem um lugar seguro para onde voltar.

Por falar em senso comum, para minha mãe, a pergunta "o que é televisão?" sempre teve uma resposta muito simples: é aquele aparelho que fica na sala. Deve ser por isso que sempre achou estranho o fato de eu ser doutor em televisão pela USP e não conseguir sequer consertar o aparelho de casa. Para ela, como me disse ao final de outro debate, eu sou apenas um "filósofo". Só anos mais tarde ela entendeu que fazer televisão era também fazer o conteúdo exibido.

Por outro lado, minhas filosofices nos permitem explicitar algumas coisas que o senso comum de minha mãe sente, mas não verbaliza. Um amigo uma vez mostrou a ela um celular que transmitia programação de TV. Apesar de a transmissão não ser por meio do aparelho tradicional, ela, em poucos segundos, reconheceu aquele conteúdo. Ou seja, para ela e para o público, a televisão é, além de um aparelho, um tipo de conteúdo. Entender as características desse conteúdo é o principal objetivo deste capítulo. A teoria, nesse caso, muito humildemente, é um esforço para entender e racionalizar a percepção do senso comum.

Traduzindo a fala e a percepção de minha mãe para a teoria, é possível dizer que, desde seu aparecimento até o recente processo de convergência digital, a identidade da televisão era clara para o público: sua essência estava na figura do aparelho e no conteúdo que lhe era específico. Existia uma grade de programação contínua que seguia uma lógica de fluxo. Como descreve Pavlik:

> A maioria dos programas tinha meia hora, ou uma hora de duração, e os filmes e eventos esportivos geralmente duravam duas horas ou mais. Havia somente alguns canais de programação disponíveis. Os programas eram gratuitos e as grandes empresas de mídia ganhavam dinheiro com a venda de comerciais, aos quais os telespectadores assistiam antes, durante e depois dos programas. (Pavlik, 2007, p. 23)

Se tomarmos um verbete de dicionário (outro lugar ótimo para procurarmos o "senso comum" da sociedade), uma definição de televisão é "sistema eletrônico para transmitir imagens fixas ou animadas, juntamente com o som, através de um fio ou do espaço, por aparelhos que os convertem em ondas elétricas e os transformam em raios de luz visíveis e sons audíveis". Em outra acepção, é "o conjunto das atividades e programas artísticos, informativos e educativos, apresentados por meio da televisão" (como podemos ver, minha mãe estava certa).

A primeira definição é a do aparelho técnico de transmissão. O equivalente no cinema seria o projetor. Mas o cinema, como sabemos, é mais que um projetor. A televisão também é mais que um eletrodoméstico. A palavra "televisão" é também usada para definir os programas que ela transmite. O equivalente em cinema seria o filme. Mas ainda falta um elemento que nem o dicionário nem minha mãe conceituam: o modo de recepção. Vamos pensar um pouco mais a respeito.

O cinema, como sabemos, é mais do que o filme. É o encontro do filme com o público, ou seja, ao mesmo tempo uma experiência cultural que surge de uma obra, uma forma de projeção técnica e um modo de recepção (no caso, uma sala escura com pessoas assistindo coletivamente a uma obra). É por causa do modo de recepção que as obras feitas para cinema (chamadas de filmes) apresentam determinados formatos, um modo de articular imagens e sons, uma duração, entre outras características mais ou menos comuns à maioria dos filmes.

Em suma, a televisão é muito mais que um aparelho, muito mais que um sistema de transmissão. É também muito mais que os programas que esse aparelho exibe. A televisão é o encontro dos programas com seu público. Robert C. Allen, no ensaio "O trabalho em e sobre *Dancing with the Stars*", afirma que o estudo de textos ou programas de televisão requer que se examine o modo como eles estão situados nos contextos de sua produção, circulação, audiência e recepção. [...] a "análise" consiste em tentar estimar, de alguma maneira, o seu efeito [do contexto social atual] na experiência desse objeto [o texto/programa de televisão]". (Allen, 2008, p. 50)

Ou seja, para entender a televisão temos também de entender como o público recebe a programação. E precisamos reconhecer que, devido a todas essas circunstâncias, os programas desenvolveram uma linguagem específica adequada ao aparelho, às questões técnicas, à experiência cultural do espectador e também ao modo de recepção. A televisão, como mostramos, trabalha com a matriz da linguagem audiovisual comum ao cinema e ao vídeo, mas desenvolveu gêneros e formatos que lhe são específicos. E será isso, cada vez mais, a definição de televisão, pois já é possível – e a tendência acentua-se no futuro – ver televisão em qualquer aparelho, seja um computador, seja um celular. Será então pela especificidade dos formatos do conteúdo televisivo que minha mãe, mesmo assistindo a um computador ou um celular, continuará sabendo que está assistindo à televisão. Portanto, a especificidade dos formatos e do tipo de programação oferece a melhor definição possível para televisão.

Resumindo, eu destacaria algumas características dos formatos de televisão: ela é mais jogo do que narrativa, mais fluxo do que arquivo, está mais para a arte *pop* do que para a arte clássica, trabalha com séries e com processos vivos (e não com produtos prontos). Por fim, a televisão não é teatro, não é cinema, nem internet. É uma mistura de circo e rádio. Vamos agora aprofundar cada um desses tópicos.

O modelo de recepção do cinema e da televisão

Para compreendermos os caminhos que a televisão seguirá na era digital é necessário, antes de tudo, entender quais são os formatos que fazem sucesso na televisão desde seus primórdios. Para isso, é interessante discutir seus gêneros e formatos em relação ao seu modelo de recepção, um dos fatores decisivos na sedimentação histórica de qualquer veículo.

Usando o cinema como exemplo, é possível perceber que, no transcorrer do século XX, a linguagem cinematográfica desenvolveu um modelo que se tornou hegemônico. O cinema transformou-se em uma mídia acostumada a narrar histórias, organizadas de forma linear e com lógica causal. É o que muitos autores, como Ismail Xavier (1984), definem como modo de narração clássico.

O espaço construído para a exibição dessas obras clássicas (o cinema, com tela grande e sala escura) visa a contribuir para a almejada imersão do público na diegese da história representada. Esse modelo foi um "sucesso" cultural e comercial, tornou-se uma linguagem hegemônica e povoou o imaginário da espécie humana no século XX. Boa parte das inovações da tecnologia audiovisual foram criadas para aperfeiçoar esse modelo "ideal", que passou a ser definido como "realismo". Para citar apenas a tecnologia mais contemporânea que contribuiu para esse propósito, lembramos o desenvolvimento do som Dolby Digital, que ajudou a transformar a sala de exibição cinematográfica numa extensão do filme exibido na tela, na medida em que distribui os ruídos e músicas da diegese fílmica pelo ambiente do espectador.

No entanto, apesar de hegemônica no século XX, a linguagem clássica nunca foi a única forma de expressão possível para a plataforma audiovisual. Os filmes do primeiro cinema, por exemplo, seguiam outro paradigma e construíam outro espectador "ideal". Era comum uma câmera estática diante de uma ação desenvolvida no espaço físico determinado pelo quadro cinematográfico. Nesse caso, em vez de alternar pontos de vista, a câmera ficava fixa numa determinada posição, reproduzindo o olhar do espectador teatral (no modelo de teatro do palco italiano, mais precisamente).

A experiência das várias vanguardas (francesa, russa etc.) também apontou, já no início do século XX, para as múltiplas possibilidades da linguagem audiovisual. Durante todo o transcorrer da história do cinema e das mídias audiovisuais, muitas outras obras, mesmo aquelas realizadas em suporte de película e/ou para exibição cinematográfica, continuaram sendo produzidas sem seguir o modelo da narrativa clássica; e outras artes audiovisuais, como o vídeo, continuaram investigando novas formas de organizar os recursos disponíveis. Trata-se de uma história paralela à história do cinema clássico.

Já a televisão desenvolveu outro modelo de recepção. Desde cedo virou um eletrodoméstico que substituía (ou complementava) o rádio. Em vez de sair de casa, os telespectadores assistem à televisão na própria sala de estar.

No início, assistiam à programação com a família reunida e em silêncio respeitoso. Com o passar dos anos, os modelos mudaram. Atualmente, além de presente na sala de estar, a televisão faz companhia às donas de casa enquanto desempenham tarefas domésticas; ou seja, usam-na como costumavam usar o rádio. O barateamento da televisão propiciou sua entrada nos quartos e o controle remoto incentivou um modelo mais interativo e individual de recepção. Essas tendências dialogam nos dias de hoje, e a televisão continua sendo uma mídia caseira que catalisa debates públicos. É claro que inovações tecnológicas como o sistema HD e o *home theater* permitem aproximar as experiências e podem deixar a TV mais imersiva e próxima do cinema, mas essa não é a principal característica da televisão, não é o que se busca nela.

A atenção dos telespectadores é naturalmente menos concentrada que a do espectador cinematográfico e do usuário de internet. Há espectadores que assistem à televisão ao mesmo tempo que cozinham ou fazem outras atividades caseiras. Outros tomam os programas como catalisadores de conversas e discussões em família. Todos fazem um uso descompromissado e despretensioso da televisão. Em vez de exigir compenetração, a televisão em casa começou a pautar o cotidiano doméstico, servindo de referência para os horários da família.

Esse tipo de recepção fez que a televisão, embora partindo da mesma matriz da linguagem audiovisual, desenvolvesse formatos muito diferentes da do cinema. Jorge Furtado, em seu artigo "Cinema e televisão" (Furtado, 2001), declara que não há especificidade na linguagem da televisão, igualando-a ao cinema, e critica aqueles que acreditam numa distinção. Para ele, o conceito é mal utilizado, já que a linguagem seria um meio sistemático de comunicar ideias ou sentimentos por meio de signos convencionais, sonoros ou gráficos, e que os signos usados pela televisão e pelo cinema são os mesmos. Mas ele concorda que há uma diferença: "A diferença não está na linguagem em que se constrói a narrativa no cinema ou na televisão, e sim na maneira como uma e outra são apreendidas. A diferença não é como se faz, mas sim como se vê" (Furtado, 2001).

No entanto, Furtado não dá a devida ênfase ao modo como o espectador receberá o conteúdo da televisão (o que o autor chama de o modo "como se vê") – e é isso que faz que a mesma linguagem audiovisual se articule de forma diferente na televisão e no cinema. É a mesma linguagem, mas resulta em formatos diferentes. Não se pode esperar que o espectador dedique-se exclusivamente à televisão; por esse motivo, essa mídia deve se tornar atraente tanto para quem está em frente à tela quanto para quem está cumprindo outras funções tendo por companhia um aparelho ligado.

É devido à constante comparação entre a linguagem do cinema e a da TV que a ficção em televisão é considerada o gênero mais nobre da telinha e costuma ser o mais debatido. Mesmo assim, ainda presos aos modelos de cinema, os críticos costumam menosprezar a predominância da linguagem verbal das telenovelas, sem perceber que ela pode ser muito adequada a espectadores que apenas ouvem os programas e/ou têm televisões pequenas e com baixa definição de imagem, ficando por isso impossibilitados de acompanhar uma narrativa essencialmente visual. Além disso, é comum que as narrativas televisivas se prolonguem, rompam com a unidade dramática e optem por uma diversidade de estilos num mesmo programa, o oposto do que ocorre nas obras do cinema clássico, que preza a unidade. A criação dos *breaks* de intervalo e o hábito do público de mudar de canal com o controle remoto recuperam a necessidade de constantes atrações no conteúdo e de personagens e histórias simples, que possam ser imediatamente reconhecidas, num modelo mais próximo ao seriado e às histórias populares. Além disso, a narrativa precisa ser mais fragmentada e quase toda baseada em blocos autônomos, independentes entre si. Como Calabrese (1999) afirma, é possível dizer que, enquanto o cinema tende ao classicismo, a televisão tende ao barroco.

O formato do cinema clássico, desenvolvido por vários autores e sistematizado por David Griffith, é muito diferente. Ele prevê a imersão completa do público dentro da narrativa e a sua identificação psicológica com os personagens da história. Para alcançar esse ideal, o formato clássico desenvolveu uma série de procedimentos, como a criação de um espaço fílmico imaginário, construído pela multiplicação de pontos de vista da câmera, que alterna planos descritivos do espaço com planos subjetivos de personagens; planos gerais com detalhes. Os planos são interligados pela lógica de causa e efeito da narrativa. Há também uma série de regras de montagem criadas para ocultar o corte, cuja explicitação quebraria a imersão do espectador, revelando que se trata de uma história representada.

Já a televisão desenvolveu formatos que dialogam com o documentário e com a narrativa jornalística; os programas de auditório que dialogam com a tradição do espetáculo; e uma nova forma de fazer ficção, que dialoga com a narrativa cinematográfica, mas tem também suas especificidades, trabalhando mais com melodrama e farsa, numa estética cheia de atrações que lembra os espetáculos teatrais que aconteciam em circos e no teatro popular. Cada um desses formatos tem características particulares e outras comuns a toda televisão. De comum, é interessante apontar a constante fusão de gêneros que a televisão proporciona, o oposto da unidade cinematográfica. Reportagens, ficção, entrevistas, espetáculo circense, show musical, tudo isso pode aparecer num mesmo programa. Daí o surgimento do termo "formato" como expressão da "receita" que determinado programa tem para fundir os diversos gêneros. A propósito, o termo "formato" é muito adequado e revelador, pois a criação televisiva não resulta em um produto contínuo, e sim em um que catalisa um processo cujo fim é indeterminado. É o formato que dita as regras do jogo entre espectador e criador, estabelecendo os limites em que o criador poderá atuar e dando ao público o prazer da alternância, de ver sempre o mesmo de forma diferente.

Resumindo, determinado formato de programa traz implícita uma maneira "ideal" de o público se relacionar com ele, e concebe na sua feitura o que podemos chamar de "espectador ideal". Não que todos assistam a uma obra da maneira imaginada pelos criadores, mas a forma como se articulam os procedimentos de linguagem disponíveis prevê um dado comportamento do espectador e objetiva causar-lhe determinados efeitos. Por isso é possível traçar relações entre um formato e o modelo de exibição "ideal" para ele.

Cada vez mais uma mesma obra pode ser vista de várias formas, em várias interfaces. É claro que é possível exibir um filme de cinema na televisão e vice-versa. Não dizemos aqui que existe uma regra de como deve ser o formato televisivo. Apenas afirmamos que há a tendência de ser dessa forma e que isso não é necessariamente ruim. Dizer que uma interface é mais "limitada" que a outra não passa de um ponto de vista pessoal ou de um preconceito estético. A recepção televisiva (ou da televisão com videocassete) de um filme concebido para cinema pode perder em envolvimento emocional, mas ganha na possibilidade de o público interagir com a obra, pois o espectador pode interromper a exibição, pular trechos que julgar enfadonhos ou reexibir os que considera mais interessantes. Cada interface oferece ao público diferentes possibilidades para a recepção de uma mesma obra. E o efeito estético de determinada obra artística depende de como a sua linguagem é organizada num gênero ou formato.

Narrativa, enciclopédia e jogo

O ser humano organiza suas experiências de três formas: narrativa, enciclopédia e jogo. A narrativa é a que organiza os acontecimentos de maneira concatenada, facilitando o entendimento e a evolução dos fatos; a enciclopédia organiza o mundo por meio de conceitos (e palavras) que podem ser acessados de modo não linear, como os modelos de Diderot; e o jogo cria um universo interativo, com personagens, espaços e regras que permitem e incitam a interação com o usuário dentro de limites estabelecidos pelo autor.

O cinema é essencialmente narrativo, pois tende a ser construído sobre acontecimentos, fatos organizáveis passíveis de concatenação. Suas características técnicas contribuem para isso, uma vez que proporciona uma sequência de imagens e sons não sujeita a reorganizações por parte do público. Em suma, o cinema clássico apresenta apenas uma história linear.

Os modelos digitais multimídia inspiram-se no modo de organização enciclopédico. A internet é um grande banco de dados que exige do usuário selecionar aquilo que quer ver, na maioria das vezes já sabendo o que procurar.

A televisão trabalha na interface entre a narrativa e o jogo. O jogo, onde existe uma relação de identificação e reação do público, é uma chave importante para entender a especificidade da TV. Ao tratar de jogo, devemos discutir não a obra pronta e estática, mas o formato de interação, uma dinâmica elaborada da seguinte forma:

> Para Greimas (1998), como os participantes de um jogo, os interlocutores visam *com-vencer* um ao outro, isto é, não apenas vencê-lo, mas obrigá-lo a partilhar de sua vitória. Dizer qualquer coisa não seria estatuir sobre o estado das coisas, mas, sim, tentar convencer, de uma maneira ou de outra, seu interlocutor. (Duarte, 2004, p. 31)

O jogo existe entre enunciador e receptor, o público reage ao que é experimentado e o autor (como o autor de seriados e novelas) mede pela audiência os efeitos de suas ações. O segredo normalmente está em instigar o público na medida certa, a fim de manter aceso o interesse de uma população desconcentrada, acostumada ao *zapping* e a conversar durante a exibição dos programas – até por ser a TV um meio menos imersivo que o cinema ou a internet. O processo comunicacional também é muitas vezes visto como um jogo:

> Assim, a mídia televisão tem que adequar sua produção às normas desse contrato, que regra sua produção como um todo. Cada um dos jogos comunicativos que propõe ao telespectador, de um lado, submete-se a essas normas, de outro, intenta submeter o telespectador, convencendo-o, através de diferentes estratégias, a participar do jogo. (Duarte, 2004, p. 31)

O jogo é naturalmente interativo: existe em função do diálogo com a plateia. Mas o fato de ser interativo não significa que não exista autoria ou que o autor se submeta ao espectador. A criação de uma narrativa é baseada na organização do enredo e dos links entre cenas. Já no jogo a criação é baseada na construção do ambiente de interação composto pelos personagens, pelo espaço e pelas regras desse universo. É na definição do ambiente e nos limites da interação que se evidenciam a ideologia e a autoria do criador do jogo.

O jogo como paradigma: formatos e interatividade

Na história da televisão, os formatos vêm e vão. É preciso inovar e, além de inventar um formato novo, recriar um antigo, lançando-o na hora certa e adequando-o à nova realidade. Popular nos primórdios da televisão, o *gameshow* (tradicional programa de jogos) ficou fora de moda por anos. Manteve seu espaço na grade de programação, mas estava longe de ocupar o horário nobre noturno. Manteve seu espaço cativo nos programas de auditório de domingo, mas eram apenas quadros, raramente programas inteiros. Ainda mais programas para ser exibidos em horário nobre noturno dos dias de semana.

De uns anos para cá, contudo, o *gameshow* voltou com tudo. O primeiro sucesso na televisão brasileira foi o *Show do Milhão*, apresentado por Silvio Santos. Confirmando a tendência, novos *gameshows* apareceram em outras redes, e as empresas de formato têm criado inúmeros programas nesse modelo. Como todo gênero, o *gameshow* pode ser inovador ou tradicional. *Cérebro*, *gameshow* apresentado por Cazé Peçanha na MTV foi um dos mais criativos dos últimos anos, pois inovava dentro do formato, fazendo em alguns momentos uma espécie de paródia dos *gameshows* tradicionais e trabalhando com a construção de *nonsense*. Lembrava o clássico e inovador *Apostando Tudo* (*You Bet Your Life*, EUA, 1950), *gameshow* dos anos 1950 apresentado por Groucho Marx.

A tendência dos *gameshows* prosperará nos próximos anos, pois o formato é muito adequado à era digital. Mas não é só por apresentar *gameshows* que a televisão é jogo. Na verdade, a questão do jogo perpassa vários gêneros televisivos. Huizinga (2008), em *Homo ludens*, mostra que o jogo é uma forma especificamente humana e permeia inúmeras atividades. Os programas de debate e entrevista se encaixam nos jogos retóricos, em que dois ou mais jogadores disputam para ver quem convence ou agrada mais a audiência. A forma como o autor de novela se relaciona com o público é toda baseada na ideia de jogo. Tal como um mestre de RPG (*Role-Playing Game*), ele orienta o universo para que personagens que mais agradem ao público (ou desagradem, pois um bom vilão é fundamental) tenham mais espaço na trama. O tempo todo há uma alternância entre a repetição e a novidade, um trabalho com a oposição entre estabilidade e surpresa, para manter o interesse da audiência. É nas regras de cada um desses jogos que se define a ideologia por trás do sistema no qual os artistas trabalham e com o qual também são obrigados a jogar. O próprio modo de avaliação do sucesso faz parte das regras desse universo. A partir dos anos 1990, por exemplo, a avaliação de audiência se tornou instantânea, minuto a minuto. Isso trouxe uma nova estética, mais imediatista e baseada em atrações, mais histérica e presa ao interesse imediato do público. Como aprofundaremos no tópico sobre modelos de negócio (veja p. 109), até do ponto de vista comercial essa avaliação é simplista. Aqui enfatizo apenas que há sempre regras de interação com o público e que elas determinam a ideologia do conteúdo e o resultado estético do produto.

O retorno triunfante à estética dos jogos é também um retorno da televisão às origens. Ela nasceu jogo, tentou ser "mais séria" por alguns anos, mas agora está voltando à sua real natureza. Em outras palavras: na evolução histórica dos formatos predominantes do conjunto da programação televisiva, houve um amadurecimento: foram combinados elementos herdados da tradição narrativa do cinema com novas possibilidades técnicas, as quais permitiram consagrar um modelo que integra características de jogo.

Esse momento de transição é descrito por Umberto Eco (1984), ao tratar da passagem da paleotelevisão para a neotelevisão. No primeiro caso, trata-se da TV cuja programação dá espaço para a fala do cidadão importante, para pessoas engravatadas de linguagem correta, em um sistema em que a autoridade da TV e a daquele que aparece nela se ratificam mutuamente. Como explica Duarte (2004), trata-se da tevê-pódio – a televisão dos telejornais, dos programas de entrevistas, das telenovelas –, ainda muito mais próxima do modelo eminentemente narrativo e informativo do rádio tradicional e narrativo do cinema. Em seguida, observa-se uma migração para a televisão-espelho, que apresenta um grande número de programas de auditório, *talk shows* com apresentadores performáticos e jogos. Nesse momento, ganha destaque o cidadão comum, sem pompa, de fala coloquial.

Assim, a televisão se aproxima da forma que a caracterizaria. A herança interativa e lúdica é uma das premissas da linguagem televisiva – da brincadeira entre o real e o fictício, passando pelo jogo, no qual o telespectador se enxerga naquilo que assiste na televisão, até sua forma mais óbvia, na qual o telespectador é convidado a participar das tramas. Essa participação se dá de diversas formas, como aponta Duarte (2004, p. 38):

> Para produzir tais efeitos, a televisão se utiliza de estratégias que tentam substituir uma relação direta com o espectador por configurações desses *enunciatários*, representados pela utilização de figuras como a conversão desses últimos em parte do espetáculo, a incorporação de atores que atuam como delegados seus, a apresentação de painéis com opiniões da audiência, e, mais recentemente, a recorrência a outros meios – telefone, internet, correio etc. – para poder visibilizar suas respostas.

Dessa forma, observa-se um amadurecimento da mídia televisiva e sua consagração. Ou seja, ela traz elementos da narrativa audiovisual do cinema, como já foi discutido, mas incorpora novidades que não são possíveis naquele meio, como a participação do espectador. Por mais que o cinema tente espelhar na tela o espec-

A televisão na era digital   49

tador, o programa de auditório é imbatível nesse quesito. Nesse sentido, as evoluções técnicas caminharam sempre na direção de intensificar esse processo de espelhamento – da carta ao chat ao vivo.

Aqui temos subsídio para nossa hipótese de que a evolução tecnológica torna a televisão mais televisão. Em vez de tornar essa mídia obsoleta, contribuíram para seu amadurecimento como linguagem fundada no jogo o aparecimento do videocassete, do controle remoto e da televisão a cabo, a incorporação do telefone, a transmissão ao vivo, o diálogo com a internet etc.

Fluxo *versus* arquivo

Ao tentarmos definir televisão, precisamos abordar o assunto fluxo *versus* arquivo. Em resumo, podemos afirmar que a televisão se define também pela relação dinâmica de suas características entre fluxo e arquivo, com predomínio do primeiro.

Podemos caracterizar uma mídia como majoritariamente fluxo se ela se notabiliza pela reprodução incessante de conteúdo, de modo independente do espectador, em um fluxo unidirecional e regular. São meios de fluxo por excelência a televisão e o rádio. Já as mídias de arquivo têm tudo armazenado em determinado provedor e o conteúdo aparece quando é demandado pelo usuário. A internet é o melhor exemplo disso.

Os meios de fluxo transmitem seus programas seguindo o fluxo temporal de modo unidirecional – ou seja, a programação nunca volta. Mais do que isso, a exibição não depende da vontade ou da interação do receptor – nenhum telespectador/ouvinte consegue ter acesso ao jornal das 20h quando o relógio marca 16h30, por mais que ele rejeite a programação das 16h30. O espectador pode desligar a TV, mas isso não impede que seu vizinho continue assistindo à programação regular.

É claro que o videocassete, o gravador de DVD ou o moderno sistema de gravação das tevês a cabo permitem que se tenha acesso à programação anterior no momento mais conveniente, mas essa possibilidade não descaracteriza o modelo consagrado da televisão. Não diríamos que uma pessoa trancada em uma sala com um aparelho de televisão sem sinal, mas com quinze fitas de programação antiga gravadas à disposição está assistindo à "televisão", como nós a entendemos. Está assistindo ao vídeo no aparelho televisivo.

A televisão é predominantemente fluxo porque exibe programação seguindo de modo unidirecional e regular a linha do tempo. Trata-se de um "eterno ao vivo", ainda que o "ao vivo" tenha sido gravado previamente, em um processo que marca profundamente a linguagem televisiva – ainda que os produtores e os espectadores não tomem consciência disso. Duarte explica que (2004, p. 57)

[...] quando um programa é gravado ao vivo, ele traz marcas discursivas de um aqui e agora muito semelhante àquelas de quando ele também é exibido em tempo real. Daí porque as emissoras podem jogar com os efeitos de sentido produzidos em quem desconhece o contexto, até porque, em muitos tipos de programa – *talk shows*, magazines, jogos etc. – os apresentadores, âncoras e/ou animadores têm o cuidado de apagar todos os índices temporais referentes ao dia da gravação.

O fluxo e o "ao vivo" são especificidades da TV, recursos que ela usa com mais eficiência que as outras mídias. O "ao vivo" tem grande potencial estético, pois recupera a arte da presença no instante, a performance, preocupação das vanguardas dos anos 1960, período em que, por coincidência (ou sincronicidade), a televisão se afirmava. O "ao vivo" permite captar a vida em improviso, ideal do cineasta russo Dziga Vertov, e sentir a vida pulsar no momento da representação. A televisão começou ao vivo, pois ainda não existia videoteipe. Surgiram grandes programas nessa época. Com o aparecimento do videoteipe, a televisão foi se institucionalizando. Algumas experiências inovadoras recuperaram o "ao vivo" para a televisão em outras épocas, como o *TV Mix*, programa que era dirigido por Fernando Meirelles, que antes de ser um grande cineasta foi (e é) um grande realizador de televisão. Esse programa foi superinovador: trouxe a vitalidade das ruas de São Paulo nos anos 1980 para a televisão. Era todo transmitido ao vivo, com chamadas de repórteres em plena Avenida Paulista, numa época em que a transmissão do repórter de rua ao vivo tinha de ser feita por cabo. Eles estavam infringindo os limites tecnológicos para realizar um ideal de televisão que hoje é possível, ao vivo e ligado às ruas. Uma televisão-rádio, que tem qualidade justamente por dialogar com a estética do rádio. Esse programa revelou inúmeros talentos, como Serginho Groisman e Marcelo Tas.

Já a internet, em oposição à televisão, é um meio preponderantemente de arquivo. É claro que ela pode ser usada para exibir fluxos, mas não estaria fazendo o seu melhor, o seu específico. Tal como em uma imensa livraria ou locadora, o usuário escolhe o que quer acessar e chega facilmente a esse conteúdo com apenas alguns cliques. O fluxo então pode acontecer, por exemplo, até o fim de um vídeo selecionado. Mas depois o fluxo para e a interface exige um novo pedido do usuário. Por isso chamamos quem interage com a internet de usuário, e quem interage com a televisão, de espectador.

Já na televisão ocorre o contrário, o fluxo continua até que o espectador troque de canal ou desligue o aparelho. Para alguns, o fluxo é uma imposição da mídia ao espectador. Mas é também uma abertura permanente ao inusitado, e nesse aspecto a televisão dialoga com estéticas de arte processual muito divulgadas nos anos 1960.

No entanto, o espectador começou a exigir um pouco de ordem, como saber em que horário seriam transmitidos seus programas preferidos. Foi assim que surgiu a grade de programação. Ora, se a programação rádio-televisiva alinha--se de modo unívoco ao fluxo temporal, então é plenamente compreensível que ela estabeleça vínculos de referência com o modelo de repetição das divisões temporais.

A grade nada mais é que um sistema de organização do fluxo televisivo, de forma que o público possa saber o horário de seus programas favoritos. Tal como uma secretária executiva, a grade faz a "agenda" do caos "ao vivo" televisivo. O fluxo temporal é organizado pelo modelo convencional de repetição: cada dia tem 24 horas, cada semana tem sete dias. Ou seja, a cada período prefixado, o evento se repete, sem ser o mesmo – eis o princípio em que se baseia a grade televisiva.

O telespectador, que não tem poder de escolher seu programa de modo individual, precisa se orientar pelas ordenações temporais prefixadas da grade para não perder seu programa favorito. Isso explica também porque é tão comum se referir a um programa como "novela das oito" ou "jornal das dez".

Dado esse modelo de catalogação dos programas, as emissoras passaram a estudar, do ponto de vista estratégico, a disponibilização de seu conteúdo, tendo em conta, por exemplo, "seleção de compras, alternância de gêneros, relações de complementaridade, adequação entre tipo de público, dias e horários etc." (Duarte, 2004, p. 45).

A grade pode ser mais ou menos rígida. Nos anos 1960, a Rede Globo, liderada por Walter Clark (1936-1997, produtor e executivo da área televisiva) e José Bonifácio de Oliveira Sobrinho, o Boni (diretor e empresário da televisão brasileira), optou pela grade muito rígida – e naquele momento a rigidez foi importante para fidelizar os espectadores em programas com horários específicos. Até hoje a Globo é uma emissora que procura, sempre que possível, ser fiel à sua grade. Mesmo quando ela é alterada de um dia para o outro, costuma ser próxima da divulgada.

Já o SBT, Sistema Brasileiro de Televisão, canal de Silvio Santos, não é tão rígido com a grade de programação, que pode mudar de um minuto para o outro. Decisões de última hora são comuns na emissora, e muitos espectadores e críticos reclamam da mudança de horários. No entanto, mais do que uma "suposta loucura" do programador, a flexibilidade da grade pode ser também parte da estratégia de uma rede não hegemônica, na medida em que executa uma contraprogramação, ou seja, uma programação em resposta à grade da emissora hegemônica, comendo nas bordas de sua audiência. É comum, por exemplo, que programas não entrem no ar antes que termine a novela das nove da concorrência, pois espera-se assim conquistar parte daquele público que, após o término do capítulo, começa a zapear por outros canais.

A organização da grade dialoga diretamente com a temporalidade-padrão de cada povo. O padrão é dividir por turnos: manhã para criança e donas de casas, tarde para público jovem, novela das seis ainda para dona de casa e novela das oito para o público geral. Mas outra estratégia comum de contraprogramação é colocar programas para públicos diferenciados em horários inusitados, preenchendo uma demanda de audiência e conquistando parte desta. Assim fez o SBT quando passou a transmitir desenho animado para competir com a novela das nove da Globo, obtendo bons resultados.

A grade também define a identidade da rede e seu público-alvo. Em alguns casos, uma rede inteira cria sua identidade com base em um conteúdo específico, como a Bandeirantes, que por muitos anos se posicionou como "o canal do esporte". Ainda na mesma emissora, o então diretor de programação Rubens Furtado criou o *Carnaval da Band*, dias inteiros nos quais a programação era dedicada exclusivamente à transmissão de eventos relacionados com o carnaval. Estratégias assim, apesar de arriscadas, podem fazer que o público tenha certeza de que, ao entrar naquele canal, terá determinado conteúdo. Mesmo com baixo índice de audiência absoluta, ela pode ser bem-sucedida, pois pode servir para posicionar a marca (da rede exibidora e dos anunciantes do evento) e atrair espectadores fiéis e anunciantes segmentados para o canal.

Esses exemplos mostram que a criação televisiva implica a criação de fluxos. A grande maioria dos programas de televisão também é organizada como fluxo, uma série de quadros razoavelmente autônomos que se sucedem. A autonomia dos blocos (modularidade) permite que mudanças sejam feitas, quadros retirados, ampliados, tudo em constante diálogo com a audiência. Mais que "vender" ao público, essa estratégia remete ao jogo entre apresentador e audiência que pode ser visto em qualquer circo. Tal como o mestre-de--cerimônias de um circo, o bom programador de televisão pode definir ao vivo qual será sua próxima atração.

Mesmo a teledramaturgia dialoga com a estética do fluxo. Enquanto a dramaturgia clássica do cinema baseia-se em filmes unitários com curvas dramáticas crescentes, a teledramaturgia tende a ter blocos autônomos, repetições, seriados, personagens planos. Essa estética é mais adequada a um modelo de fluxo, em que o programador pode interferir a qualquer momento para inserir o intervalo comercial e, em alguns casos, até concluir o capítulo antes do desfecho previsto pelo autor para aquele dia. Na época áurea da dramaturgia global, isso não acontecia. Mas agora é comum cortar capítulos antes do seu desfecho porque a audiência caiu ou porque a emissora quer exibir um novo programa para concorrer com o de outro canal. Se avaliarmos essa decisão do ponto de vista do cinema e da dramaturgia clássica, é um completo absurdo. Mas do ponto de vista do número de "drama" dos circos, o corte faz muito mais sentido. Mesmo a dramaturgia de alguns autores remete mais ao fluxo da televisão do que à lógica clássica do drama cinematográfico. Um capítulo típico da autora de novelas Gloria Perez lembra uma revista de variedades como o *Fantástico*: há cenas de humor, locação em algum país exótico, casos trágicos de melodrama, campanha de marketing social (com dramatizações que lembram *Telecurso Segundo Grau*), número musical. Não é lícito, portanto, avaliarmos um capítulo de Gloria Perez do ponto de vista da dramaturgia cinematográfica, pois desconsideraríamos o específico televisivo e da estética do fluxo. Capítulos de novela como os dessa autora, mais que com a dramaturgia, dialogam diretamente com a estética popular do circo e da revista de variedades.

Por tudo isso afirmamos que a televisão analógica baseia-se na estética decorrente do fluxo. Conforme veremos mais adiante, a tecnologia digital permitirá a produção de conteúdo *on demand* para a televisão, que, por sua vez, abrirá ao público a possibilidade de acessá-lo como arquivos. Isso, no entanto, não é necessariamente melhor.

Afinal, uma das grandes vantagens da televisão é justamente o fato de ela ser um fluxo. Nem sempre o espectador sabe ao que quer assistir; em muitos casos, ele apenas liga a televisão para ver o que está passando, tal como quem sai à rua para ver como anda o movimento no bar da esquina. Assistir à televisão tem um lado de inusitado e de acaso. O arquivo não é, portanto, melhor que o fluxo. Nem o contrário. São estéticas diferentes e o público, a cada momento, opta por utilizar uma delas.

TV e *pop art*

A televisão, no início, tinha um tom mais literário e roteirizado (Jost, 2007). Nos anos 1970, iniciou-se um processo de mudança que trouxe à tona a discussão sobre o formato dos programas. Surgiram programas opinativos abordando temas atuais – começa a era do espetáculo.

Foram várias as rupturas. Primeiro em relação ao conteúdo, que passou de uma televisão cultural a uma televisão de promoção cultural, na qual é melhor falar sobre o escritor do que de sua obra, por exemplo. Quanto à forma e aos dispositivos, saímos de uma televisão de arquivo para uma televisão de fluxo. As formas antes privilegiadas – o filme e os documentários (que necessitavam de roteiro) – foram substituídas pela TV "de animação", com apresentadores e convidados dispostos a opinar.

Foi a partir daí que temas como moda, culinária, quadrinhos etc., na medida em que eram debatidos na televisão, ganharam status de produção cultural. Mas ainda hoje se comete o erro de avaliar a televisão do ponto de vista da cultura erudita e não daquilo que ela realmente é: uma parte – e, por que não dizer, uma consequência – da *pop art*. Analistas clássicos consideram a televisão uma forma menos "legítima" de cultura, justamente por ser um elemento híbrido, que busca originalmente no teatro o seu conceito de arte, mas recebe influência de artes diversas ao longo de seu desenvolvimento. Como se isso fosse um pecado.

Jost (2007) lembra que recentemente o debate sobre o estatuto artístico da televisão surgiu de onde não se esperava: um programa do gênero *reality show* chamado *Loft Story* (FRA, 2001, a versão francesa do formato do *Big Brother* da Endemol). De início *Loft Story* teve aceitação da crítica e até foi comparado com os filmes de Ingmar Bergman, uma vez que os personagens se questionavam publicamente, passavam por momentos de introspecção em voz alta que criavam diálogos considerados "impossíveis no cinema atual" por críticos como Jean-Jacques Beineix. O "não roteirizado" se tornou atraente, oferecendo mais entretenimento (assim como podemos falar do apelo da televisão "ao vivo", que mesmo na época digital exerce fascínio, ou é até mais atraente do que antes).

Para Jost, não se deve analisar um programa que é baseado no cotidiano tendo como padrão critérios estéticos da "grande arte", da arte erudita. O ideal de *reality show* precede o *Big Brother* (ou *Loft Story*); basta pensar nos *ready-mades* de Marcel Duchamp, nas práticas de Dada ou no desejo de Fernand Léger (já em 1931) de filmar escondido um casal por 24 horas. São parâmetros artísticos contemporâneos que trazem uma análise mais rica da televisão, permitindo mais complexidade de pensamento. Essas referências estéticas dialogam melhor com o modo de produção televisivo e com o uso que o público faz dessa mídia. Podemos encerrar a reflexão sobre o modo de produção televisivo ainda com François Jost:

> [...] bastaria admitir que a questão da arte televisiva, como a da cultura, às vezes recebe respostas pessimistas que simplesmente julgamos em função

de critérios antigos, os que caracterizam a "grande arte" e o patrimônio cultural de uma nação. Examinada desde a arte contemporânea, a televisão seria a sonhada conclusão. (Jost, 2007, p. 38)

Gêneros e formatos

Na produção televisiva baseada na dinâmica de jogos, existe um jogo primordial: o de contrato ou promessa (Duarte, 2004). Funciona da seguinte forma: um programa é anunciado com algumas "dicas" daquilo que oferece (promessa), e o espectador corresponde a esse jogo assistindo ao programa e checando se o "contrato" foi cumprido, se a programação corresponde ao que foi anunciado. A criatividade dos autores televisivos está em fazer esse jogo e manter sempre o interesse do público. Para isso, não basta cumprir todas as promessas, é preciso surpreender o espectador sempre, cumprindo algumas promessas e quebrando outras, em uma eterna alternância entre dois extremos: o que o programa tem de igual aos outros do mesmo gênero e o que tem de diferente.

O gênero e o formato são justamente isto: as regras do contrato com o público. Ao saber que o programa é de determinado gênero, o espectador já tem algumas expectativas que podem ser quebradas ou mantidas. Logo, a estratégia de sucesso de um produto televisivo está intimamente ligada ao gênero/formato do programa. Para aderir ao jogo comunicativo proposto (assistir ao programa para ver se corresponde ao que é anunciado), o conteúdo desse jogo precisa ser materializado em estruturas básicas de identificação cultural, isto é, em atributos predefinidos esperados pelo público, o gênero. Segundo Tesche (2006, p. 78-9), "o gênero pode ser considerado um dispositivo que ajuda a televisão a configurar seu produto de modo que as expectativas do consumidor sejam atendidas com eficiência e consistência".

Assim, as classificações utilizadas como chamarizes da programação são, na maioria, distantes do real. Quando um programa afirma ser informativo, por exemplo, não está dizendo nada sobre seu conteúdo: que produção cultural não traz informações?

Ao examinar a programação, podemos concluir que a definição de gênero televisivo não é a mesma, *stricto sensu*, que a de gênero literário (Duarte, 2004). Em TV essa definição é mais difusa. O gênero se constrói também a partir do subgênero; pode-se dizer que o conceito de gênero em televisão é como um feixe de linhas de conteúdo comunicativo que só existe realmente quando estas ficam sobrepostas ao conteúdo e à expressão contidos nos subgêneros e formatos (Duarte e Castro, 2006) – cujo discurso se baseia em regras de seleção e combinação.

Dessa forma, subgênero significa pluralidade de produtos, enquanto formato é a sua diferenciação ao definir especificidades: cenário, funções, atores etc. A produção televisiva, nesse raciocínio, não deve ser comparada à produção literária, uma vez que em sua curta história seus gêneros, configurações e estratégias adequaram-se às lógicas e peculiaridades que regem o funcionamento de seu meio,

A realidade proposta pela televisão é um jogo, um mundo artificial com regras e subterfúgios; o gênero consegue condicionar expectativas dos espectadores, assim como coloca à disposição deles uma configuração das múltiplas realidades que a TV oferece.

Assim consegue-se formar uma variedade grande de gêneros, subgêneros e formatos. O conteúdo de uma emissora de televisão (o programa) pode ser uma emissão única ou, o que é mais frequente, fazer parte de uma *série* ou *seriado de televisão*. Uma série geralmente tem um número indefinido de emissões, chamadas episódios. Uma *minissérie* é uma série de televisão com um número previamente determinado de episódios. Uma emissão única pode ser chamada *especial*. Um telefilme é um filme que foi produzido para televisão em vez de ser distribuído pelas salas de cinema ou diretamente para vídeo – apesar de muitos telefilmes bem-sucedidos serem mais tarde lançados em vídeo. Os gêneros vão se delineando ao se cruzarem (uma série de não ficção, um especial de não ficção, uma minissérie *reality*). De acordo com Hill (2008, p. 12), todos os gêneros televisivos acabaram se misturando com outros; logo, todo conteúdo factual é baseado em múltiplas participações genéricas. Um exemplo é aquilo que, a partir dos anos 1980 e 1990, foi associado com *reality TV* (TV realidade), que mostraria a realidade com edição e em forma de seriado (ou em minissérie), mas mesmo assim não foi exatamente o que dizia ser, fazendo dos gêneros factuais híbridos algo que ficava à margem da factualidade. Não é algo negativo, uma vez que "a condição natural de toda produção televisiva é a complexidade e a hibridização" (Duarte, 2004, p. 70).

Entre os gêneros que se definem e se misturam, como telejornais, novelas, *talk shows*, *reality shows*, existem pontos que os aproximam e os distinguem, trabalhando e alterando a dialética do gênero. Elementos visuais (cenários, enquadramentos, maquiagem), sonoros (música, diálogos) e estruturais – como edição, corte de cenas, planos e montagens – servem para aproximar subgêneros, misturá-los e fazer do gênero televisivo uma entidade dinâmica como é a comunicação em si. Nesse meio podemos incluir os recursos de intertextualidade, alusões, repetições, elementos de complexidade do produto televisivo. "O gênero mantém com as práticas uma relação dialética de conservação e subversão. Ao mesmo tempo que as práticas retomam o gênero, promovem a mútua reconfiguração" (Tesche, 2006, p. 79).

Depois de relacionar os gêneros televisivos com o raciocínio de jogo predominante na TV, destacando a aproximação e o distanciamento entre eles, também é válido apontar que a essência da tipificação dos programas em gêneros – ainda que sem contornos nítidos – está vinculada ao modelo de fluxo que caracteriza a televisão.

Já vimos que a televisão se organiza pela repetição. A divisão uniforme permite prever a repetição desses blocos e, com isso, ordena um funcionamento que é unidirecional. É evidente aqui a semelhança com o *modus operandi* do gênero: ele tipifica e modula, mas ao mesmo tempo nunca se repete em sua realização concreta.

Um último exemplo para ilustrar tudo isso: a genialidade de Silvio de Abreu, um dos nossos maiores autores de telenovela, está justamente em saber lidar com gêneros. Suas novelas utilizam de modo intencional três gêneros: melodrama, comédia e policial. A alternância entre eles e a recombinação de possibilidades é que surpreende o público. Silvio também é mestre em jogar com as expectativas do público e com seus limites éticos. Em televisão aberta e genérica, é difícil, por exemplo, construir um herói homossexual, pois isso pode gerar rejeição. Por outro lado, caso o autor consiga que o mesmo público se identifique com esse personagem, a novela alcançará um sucesso muito maior. Nesse caso, a novela terá ajudado a transformar o público, a expandir sua consciência. São coisas assim que Silvio de Abreu tem conseguido fazer. Porém, para alcançar esse patamar, o autor não deve revelar de imediato a homossexualidade do personagem. Pode ser mais inteligente deixar o público se identificar com o personagem e só depois revelar essa "polêmica" questão. Esse tipo de estratégia mostra que o autor de televisão deve ter sempre consciência de que está jogando com as expectativas e os valores morais do público. Mas esse jogo não pode ser apenas de submissão à audiência. Tem de haver diálogo.

Serialidade, repetição e fragmentação

O texto televisivo raramente é apresentado de forma completa, mas de maneira seriada ou serializada.

A primeira categoria diz respeito ao formato de texto, que é fragmentado e descontínuo, mas com um enredo em comum e capítulos dispostos em série. As partes estruturadas em capítulos têm frequência e duração regulares, tudo é predefinido: dias de exibição, tempo de duração do programa, personagens. As subdivisões criadas pelos capítulos são feitas em função da macroestrutura do programa.

Já o programa que apresenta textos serializados é aquele constituído por episódios e emissões autônomas. Embora independentes, os episódios têm elementos de identificação entre si: os mesmos atores, ou o mesmo cenário, a mesma temática ou até um mesmo "clima", que podemos identificar como o espírito geral do programa. O serializado tem mais variações de frequência, mas mesmo assim predefinidas pela emissora: pode ser diário, semanal, mensal, anual, mas já está previsto na grade.

O modo de produção televisivo baseia-se na serialidade: o compromisso de produção contínua de textos televisivos e a necessidade de agradar a audiência é que garantem a sobrevivência econômica do veículo. Essas características simplificam a criação: uma vez definido o formato, produzir o programa e seus episódios passa a demandar menos tempo (Duarte, 2004). A necessidade de agilizar a produção justifica a serialização: inserem-se repetições e variações na trama para construir a narrativa. Ainda nesse raciocínio, outro ponto a ser considerado é o preço do espaço na TV, que exige não só a já mencionada repetição, como também estratégias de minimização de riscos que passam pela criação de hábitos no público.

Um programa que "não agrada" representa um grande prejuízo à emissora, logo, a produção televisiva acaba reciclando a maioria de seus formatos, mantendo a estrutura e modificando itens superficiais, ou ainda combinando formatos já testados e aprovados pela audiência. Essa repetição é outro aspecto da arte televisiva que costuma ser criticado. Mais uma vez, é como se as catedrais fossem criticadas apenas porque seus criadores precisaram submeter sua arte aos limites impostos pelo terreno, pela verba e pelos interesses ideológicos de seus patrocinadores. Além disso, a repetição também pode ser usada para alcançar grandes efeitos estéticos. Umberto Eco, em um ensaio brilhante, faz uma análise do uso estético da repetição nas tirinhas de Minduim (Charlie Brown).

A serialização impõe também a necessidade de fragmentação de textos televisivos, na medida em que tenta ao máximo substituir a integralidade e a sistematicidade pela polidimensionalidade, pela mutabilidade. A fragmentação ao extremo existe para que o mesmo programa, a mesma emissora, consiga transmitir a sensação de *zapping* sem perder a audiência. A necessidade de evitar em programas maçantes longos intervalos comerciais faz da fragmentação um modelo de sobrevivência para a TV comercial; excluem-se temas centrais e combinam-se fragmentos temáticos com a incessante rotação dos mesmos elementos (Duarte, 2004).

Dentro da fragmentação há ainda elementos repetidos, processos reciclados, facilmente reconhecidos pelo público. Esse modelo também agrada a audiência, pois a repetição de elementos conhecidos existe na própria vida do indivíduo: nós a chamamos de rotina. Fragmentar a recepção e usar a repetição é trabalhar com a dinâmica de organização que o público já utiliza mentalmente.

A recepção televisiva

Os estudos acadêmicos sobre a recepção da televisão nos anos 1990 mostram que esse aparelho se firmou no Brasil como fonte de lazer presente em todas as classes sociais, com influência em telespectadores de todas as idades. Em cidades pequenas e médias, a TV passou a dominar o horário noturno, chegando a normatizar a vida das pessoas, definindo o horário do jantar para antes da novela e reuniões sociais para depois dela.

Os processos de recepção da televisão, portanto, se dão em um nível amplo e socialmente difundido. Isso posto, podemos pensar em dois níveis de coletividade que se reúnem em torno da televisão partindo do fenômeno da recepção: primeiro, a família que senta diante do aparelho, seguindo o modelo clássico de recepção televisiva; segundo, a coletividade dos telespectadores, que estão separados entre si mas compartilham uma cultura comum ao assistir a uma televisão comum.

O primeiro caso – a TV na sala de estar e a reunião familiar diante do aparelho – é verdadeiro principalmente para a TV aberta.

Vale aqui lembrar que a TV, ao contrário do cinema, admite que se converse enquanto a programação é exibida. Se um espectador falar em voz alta no cinema, provavelmente será advertido por algum vizinho de assento. Com a televisão, ao contrário, é comum que se façam comentários durante a exibição. A vantagem é que essa prática ativa o público durante a experiência, embora, por outro lado, diminua a imersão do espectador. Nesse sentido, a televisão é muito mais próxima do teatro épico do que o cinema. A experiência da TV permite que o público se reúna à sua frente com liberdade para conversar. Isso constitui uma modalidade de participação. Sobre a recepção e os efeitos culturais dessa forma de participação que a televisão proporciona, Duarte (2004, p. 60-1) comenta:

A programação televisiva não parece ser o espaço apropriado para o tratamento dos conteúdos de maneira densa e profunda. Isso não quer dizer que sua programação deva ser de má qualidade. Os programas podem ser planejados e trabalhados com esmero e cuidado; podem suscitar questões e curiosidades sobre temas de extrema relevância para o público; podem mesmo apresentar soluções criativas e linguagem inovadora. Ainda assim, dificilmente poderão abordar esses conteúdos em profundidade, porque assim feririam princípios muito internalizados da gramática televisiva e impostos pelos próprios meios técnicos de produção, circulação e consumo dos produtos televisivos; também porque a densidade de imagens, a fragmentação do texto e o tempo impediriam isso.

É interessante pensar também que essa ampla difusão da mídia televisiva na sociedade pode ser entendida como uma realização prática da pretensão panóptica da televisão, "ser vista por todos, porque dela se espera que esteja vendo tudo o que está acontecendo" (Tesche, 2006, p. 87-8).

Nesse ponto de discussão, a tecnologia ganha mais relevância, não apenas pelas novidades técnicas que apresenta, mas porque uma nova tecnologia significa novos comportamentos do público e a demanda de um novo formato que atenda a esses comportamentos. Assim, não podemos deixar de falar da invenção do controle remoto, que traz mais flexibilidade e rapidez à recepção do conteúdo. Como afirma Duarte (2004, p. 61), "[...] o controle remoto conferiu ao telespectador o poder de *zapping*, isto é, a possibilidade de trocar de canais quando a programação o desagrada ou chegam os intervalos comerciais, incentivando-o a construir, assim, sua própria programação".

O *zapping* não existia antes do controle remoto. O espectador permanecia sintonizado em determinada programação, pois era incômodo caminhar até o aparelho e mudar o canal toda vez que começava um comercial, por exemplo. Com o controle, a dinâmica de concentração das pessoas se modificou; tornou-se possível em poucos segundos mudar de canal e, nesse curto espaço de tempo, prestar ou não atenção no conteúdo.

> O *zapping* não transformou apenas as práticas de consumo dos produtos televisivos, ele influenciou também os modos de concepção e realização dos programas, submetendo-os a uma lógica da fragmentação e da atomização na medida em que, para evitar a fuga do telespectador, a televisão passou a propor um texto já zappeado. (Duarte, 2004, p. 61)

Jacks (2006, p. 37), discorrendo sobre o mesmo assunto, complementa: "Do ponto de vista comportamental, [...] controle remoto, que aparece como um libertador que permite um maior trânsito entre programas; que emancipa o indivíduo culturalmente, à medida que lhe oferece conteúdos variados e lhe permite escapar da rotina".

Num ambiente em que o espectador tem tamanha liberdade, aumentam as responsabilidades do realizador televisivo. Nos programas ao vivo isso fica mais claro. Tal como um mestre-de-cerimônias de circo, o apresentador tem de ficar atento ao interesse do público e pode tirar uma atração do palco (do ar) em questão de segundos, caso detecte que não está agradando o público e que a audiência está caindo.

Essa liberdade, no entanto, chega a limites preocupantes. Meu pai, por exemplo, assiste à televisão trocando indefinidamente de canal, sempre à procura da única coisa que lhe interessa: um tiroteio. É lógica da atração permanente, desfragmentada, sem narrativa. É apenas o tiroteio em si mesmo. Outros homens zapeiam a televisão em busca de mulheres seminuas. Mais uma vez, a televisão fica restrita à lógica da atração instantânea, e, em vez de construir algum significado, prende-se apenas à atração em si mesma. Minha experiência recente como colaborador do autor Lauro César Muniz na novela *Poder Paralelo* mostrou isso muito claramente. Tínhamos de ter cenas fortes de ação (tiroteios e outros recursos) a cada capítulo. Caso contrário, a audiência caía no *zapping*. Uma novela de Manoel Carlos, com drama mais difuso e cenas longas, seria um fiasco de audiência fora da Globo. Na Globo ela ainda funciona, pois há um público fiel à emissora. Mas nas redes não hegemônicas o público zapeia muito e um tiroteio (ou uma mulher seminua) pode aumentar bastante a audiência. É evidente que essa situação não é desejável, pois limita a capacidade do autor de envolver o público na continuidade de um enredo e deixa o espectador preso apenas a atrações momentâneas. É uma questão para debate sério, para que autores, executivos de televisão e sociedade pensem em soluções. Como discutirei no tópico sobre modelo de negócio (veja p. 109), o critério de medir audiência não pode ser o único para avaliar o sucesso comercial da programação. Mas, enquanto isso não se resolve, os autores lutam para fazer um bom trabalho. Como já afirmei, quem quer fazer arte (e, mais ainda, arte de alto custo, como é a televisão) deve se acostumar com as limitações e aprender a superá-las para alcançar seus objetivos. Trabalhando como colaborador de Lauro César, um dos maiores autores de telenovela brasileira, pude ver que é possível, mesmo com tais limitações, atingir bons resultados artísticos. É uma prática do dia a dia. Lauro se preocupava sempre em inserir as cenas de ação em verdadeiras situações dramáticas, usando a ação física para colaborar na construção de personagens. Tal procedimento, além de importante esteticamente, também o é comercialmente. A ação física imediata (o tiroteio) ou a exposição sexual imediata podem trazer audiência para a emissora por alguns segundos. Mas é algo de curto prazo, superficial. Qualquer emissora que realmente deseje crescer deve se preocupar em fidelizar o público, tal como a Globo conseguiu nos anos 1970 e até hoje mantém. Essa fidelização não se dá apenas pelo tiroteio ou pelo sexo. Em médio prazo, o sucesso será de quem conseguir realizar obras de qualidade, pelas quais o público realmente se apaixone e que marquem seu imaginário. A alta audiência da Globo vem até hoje dessa fidelização da audiência: o público se lembra de grandes novelas do passado da emissora e espera que a que se inicia tenha a mesma dimensão. Por isso os espectadores têm mais "paciência" com a Globo do que com as outras emissoras. Resta a elas agir como a

Globo fez nos anos 1970: investir sistematicamente em qualidade, conquistando um público fiel a suas obras e não cedendo a qualquer pequena mudança da audiência instantânea. E cabe aos autores conseguir, mesmo em meio à batalha diária por índices de Ibope, garantir a qualidade de sua dramaturgia, conquistando gradativamente o público. Em *Poder Paralelo*, Lauro César Muniz atingiu esse objetivo. A novela foi aos poucos fidelizando o público. No início, o telespectador pode assistir apenas por interesse na atração do instante. Mas, aos poucos, entre um tiroteio e outro, começa a se apaixonar pelos personagens e se torna fiel à novela e à emissora. Esse é um exemplo da arte trabalhando dentro dos limites da indústria e do diálogo com a audiência de massa.

A "máquina zen"

É um engano imaginar que a televisão vai cumprir seu papel de modo atrativo caso se proponha a obrigar o espectador a interagir se o andamento da programação estiver vinculado a uma ação do público, tal como é na internet. Lembremos que a TV também realiza um papel de janela: por meio dela se observa o mundo. Assim como cada janela pode mostrar um pedaço específico e diferente do mundo, também canais e programas são distintos e mostram programação diversa. Assim como se pode fechar e abrir a janela, pode-se ligar e desligar a TV. Em ambos os casos nosso interesse é o de apenas observar. Pode-se procurar uma janela que agrade mais, mas não esperamos mudar o movimento das pessoas na rua. Quando assiste à televisão, o público quer ser ativo na procura do conteúdo que deseja (*zapping*). Mas, a partir do momento em que escolhe o conteúdo, espera que a programação ande em fluxo. Seria muito chato se, ao olhar pela janela, eu tivesse de, necessariamente, escolher o desfecho do enredo vivido por cada pessoa que estou observando. E claro que a mesma pessoa que, em determinado momento, integra o público da televisão vai, em outro momento, jogar um game, por exemplo. Como jogadora, ela desejará controlar cada personagem que aparece em sua janela. Ao assistir à televisão, pelo contrário, ela esperará que o personagem leve a própria vida.

O poeta alemão Hans Magnus Enzensberger chama a televisão de "máquina budista" (1995, p. 81), pois ela é o único aparelho que ajuda o público a não pensar, não demanda concentração intensa – na contramão do que nos é exigido na era do conhecimento: contínua reflexão, opiniões, decisões. Esse predicado da TV é excessiva e injustamente criticado. Seguindo essa lógica, poderíamos criticar também os centros de meditação que adoro frequentar – e cujos mestres cantam mantras que fazem meu cérebro parar de pensar. Parar de pensar é algo fundamental e pouco valorizado pelos fanáticos da era do conhecimento e pelos crentes na sociedade da informação. Há dias em que tudo que quero é usar a televisão para não pensar. Infelizmente, há poucos conteúdos propícios a isso; mais programas "mântricos" deveriam ser produzidos, pois se existe o interesse pela interação, pela concentração, pelo esforço – que podem ser realizados em diversas intensidades, por diversos meios –, também existe o interesse pela passividade, pela observação – que podem ser realizadas na experiência de assistir à TV.

"Dar assunto"

Mas a televisão tem também outros usos. Minha mãe, tal como alguém do público-padrão, mantém o hábito de assistir à televisão algumas horas por dia. Interessante é que ela, mesmo quando não gosta muito da novela da Globo, faz questão de acompanhar alguns capítulos. Quando perguntei por que ela assiste a um programa de que não gosta tanto (sendo que ela tem canal pago e DVD para escolher outras opções), ela respondeu: "Vejo porque quem não vê TV não tem assunto".

E realmente faz sentido. Minha mãe não é uma *nerd* que usa a televisão para se alienar da realidade e das pessoas. Ao contrário. Ela usa a TV para ter ainda mais vida social. Toda manhã ela sai em seus afazeres cotidianos e, fora de casa, interage com as amigas donas de casa. O tema é sempre os padrões éticos, as formas de comportamento, os "absurdos" da sociedade atual etc. Ou seja, o debate é sempre ético e sempre catalisado pelos personagens da novela. É nesse debate que ela, junto com as amigas e com toda a sociedade, vai construindo um consenso sobre os comportamentos sociais, sobre o que é ético e o que é antiético. É assim que a televisão atua na constituição da esfera pública.

O exemplo da novela pode ser estendido a outros gêneros e públicos. Quando fui estudante universitário, tive uma das mais gratificantes experiências como espectador televisivo. Eu estudava engenharia (ainda não era cinema, ou seja, eu ainda era público) e morava numa república em São Carlos, interior do estado de São Paulo, com mais sete estudantes da área de Exatas. Todo domingo à noite nós nos reuníamos para assistir *Athayde Patrese Visita*, um programa com um colunista social megadelirante, que expunha explicitamente seu esnobismo na tela, mostrando seu microfone de diamantes e repetindo um refrão maravilhoso: "Simplesmente... um luxo". A reunião era um ato coletivo, e a "baixa qualidade" da atração era nossa principal motivação. O programa se considerava sério, mas para nós era um show de humor, que se tornava ainda mais engraçado porque aquelas pessoas, *socialites* e apresentador, se levavam a sério. Nós nos reuníamos para rir deles, para zombar deles. A reunião aos domingos foi se sedimentando em nossa vida e logo virou um hábito, regado a cerveja, pipoca e boas companhias. O sucesso foi tanto que nossa casa, que já era pequena, começou a ficar lotada e o programa virou um *hit* entre nossos colegas universitários. O modo de Athayde entrevistar era parodiado pelos estudantes, em dramatizações caseiras sobre nosso cotidiano. Não consigo imaginar interatividade maior que essa: um grupo de estudantes ressignifica um programa de *socialites*, tratando-o como um show de humor e usando-o como "formato" para criar as próprias cenas, as próprias intervenções na realidade. Mais tarde, o *Pânico na TV* fez homenagens paródicas a Athayde Patrese, mostrando que muitos jovens de todo o Brasil eram seus fãs. Athayde virou *cult*. Simplesmente um luxo.

O exemplo de Athayde aponta para uma tendência estética importante entre os jovens: a *trash TV*. O músico Supla é um mestre no gênero, e outras produções da MTV dialogam com essa estética, inclusive "falando mal" do próprio programa. Dois exemplos famosos são a animação *Beavis e Butt-Head*, em que dois fracassados se dedicam a ressaltar os pontos negativos da exibição; e o programa *Piores Clipes do Mundo*, um dos mais inovadores da televisão brasileira, que trabalhava justamente com a ideia de exibir clipes de qualidade duvidosa e abrir espaço para que o apresentador e seus assistentes falassem mal do que viam. Esse programa teve grandes momentos, especialmente quando o apresentador era Marcos Mion.

O interessante nessa discussão é que fica evidente que o espectador nunca assistiu à televisão de forma passiva e alienada. Uma pesquisa realizada em 2003, pelo saudoso e inovador Instituto Datanexus, coordenado pelo sociólogo Carlos Novaes, confirma esse fato. A pesquisa, que transcrevemos a seguir, foi realizada com 10 mil entrevistados na região metropolitana de São Paulo, para obter a opinião dos espectadores sobre a televisão brasileira e conhecer os seus hábitos de consumo.

1. Satisfação com o modo como assiste à TV?
Satisfeito – 71%
Insatisfeito – 29%

2. Costuma ver TV sozinho ou acompanhado?
 Sozinho – 38%
Acompanhado – 62%

3. Prefere assistir à TV sozinho ou acompanhado?
Sozinho – 40,6%

Acompanhado – 59,1
Tanto faz – 0,3%

4. Por que prefere assistir à TV sozinho?
Entende melhor – 41%
Quer sossego – 32%
TV só pra mim – 27%

5. Por que prefere assistir à TV acompanhado?
Troca de ideias – 66%
Quer vibração – 20%
Estar com a família – 14%

6. Resumo da motivação
Entender/trocar ideias: 50,2% (cognitivo?)
Sossego/vibração: 31,6% (fruição?)
Estar só/família: 18%

Nessa pesquisa fica claro que a maioria do público prefere ver televisão acompanhada, para que possa trocar ideias. Ou seja: o público tem uma relação cognitiva com a televisão.

Uma das principais funções da televisão é criar um espaço público de identidade e debate, e o processo de recepção pode ser relacionado com um tipo difuso de participação coletiva. Por um lado, o público recebe uma novela de modo passivo, ou seja, apenas assistindo. Ao mesmo tempo, a opinião dos telespectadores começa a construir um jogo entre o público e o autor. Este, influenciado pela opinião do público, começa a mudar os rumos da novela. O público se identifica com os personagens e vai acompanhando e debatendo o enredo. Esses debates ressoam e chegam até o autor, que usa a novela como um laboratório de experiência existencial do público. O grande autor é aquele que testa os limites do público, provocando-o. Mas vale destacar: é sempre um jogo, não é submissão. O autor de novela é uma espécie de mestre do RPG. Ele cria o universo e os personagens e chama o público para participar da brincadeira – não para dominá-la.

Consegue assim catalisar a opinião pública e gerar mais debates sobre sua obra, realizando uma das funções da televisão: "dar assunto". Uma grande novela é aquela que desperta questões prementes na sociedade e joga com a audiência, construindo laços comuns entre os telespectadores por meio do processo de recepção e interação. Destacamos que nesse momento ainda estamos falando de recepção e interação em um nível puramente analógico, diferente do que acontecerá quando abordamos a interação digital.

Na era digital, a TV terá de desempenhar melhor o papel de incluir o público. No caso da ficção, interessante e atrativa será a novela que conseguir mais ainda a participação do público no enredo, o que não significa interagir diretamente e mudar individualmente os rumos da narrativa. Significa, sim, usar a televisão para "dar assunto", para gerar discussões sobre questões éticas e morais da sociedade na padaria da esquina e constituir uma esfera pública comum ao povo.

TV dialógica *versus* TV monológica

O debate sobre as formas de participação da audiência é fundamental, mas esconde um grande perigo: esquecer que a televisão em si tem um texto, elabora um discurso. É esse discurso que pode abrir mais ou menos espaço para a real participação da plateia. Esse debate é o mesmo da teoria literária e foi muito bem equacionado por Bakhtin, em livros como *Problemas da poética de Dostoiévski* (2002).

O autor russo mostra que há obras literárias dialógicas, ou seja, que multiplicam as vozes da narrativa, dando real espaço para a representação de minorias, excluídos e opiniões divergentes. Há também obras monológicas, que encaixam tudo em um discurso estabelecido para conduzir o público a uma opinião previamente estabelecida ou que não abre espaço para questionamentos. E há que se ficar atento: não basta dar voz ao ponto de vista minoritário, como em obras "falsamente dialógicas", nas quais o ponto de vista "marginal" é citado apenas para corroborar e provar o ponto de vista hegemônico. Uma verdadeira obra dialógica abriria realmente espaço para a dúvida, permitindo a real participação do público, que poderia debater a questão com total liberdade. Resumindo, a obra dialógica é menos maniqueísta, mostra a complexidade da situação e valoriza todas as opiniões, de forma que o público tenha espaço para tirar as próprias conclusões.

A análise do jornalismo televisivo ajudará a esclarecer melhor esse assunto. O jornalismo televisivo também trabalha com a ideia de que o público deve debater o conteúdo. Mas enquanto os programas jovens fazem um debate irônico e escrachado, o jornalismo prefere o debate em tom sério e dramático sobre grandes questões morais (já a novela costuma alternar entre ambos os tons). Assim, mais que informações puras e simples, o jornalismo televisivo trabalha com a lógica do debate público sobre a ética (e a ausência de ética) do mundo atual. Mesmo a morte de celebridades e o comportamento do *star-system* servem para essa discussão.

Também fazem muito sucesso temas policiais: num exemplo recente, os pais suspeitos de matar a própria filha catalisaram um amplo debate público sobre a decadência da família atual. Mais que a notícia em si, o jornalismo vende o assunto para debate. Por quase um mês, os pais assassinos foram o assunto da padaria de mamãe. Esse debate poderia ter sido maravilhoso, catalisando uma grande discussão ética. Não foi o caso. Como acontece na maioria dessas situações, houve apenas uma espécie de narrativa policial, com culpados preestabelecidos e comentadores indignados, despertando os piores instintos na população.

A qualidade da criação televisiva está em conduzir esse debate de forma dialógica. Como mediadora de uma grande discussão nacional, a TV terá de saber como dar voz a todos os lados, conduzindo o tema nos limites da legalidade e da tolerância e, ao mesmo tempo, buscando o consenso. A boa televisão, portanto, é dialógica, ou seja: dá voz a todos os lados, mostrando a complexidade da situação e promovendo o diálogo entre todos os pontos de vista. A má televisão é monológica, por definir uma moral preestabelecida e tentar incuti-la no público.

Um caso complexo como o citado antes, da morte violenta de uma criança em circunstâncias pouco esclarecidas, realmente suscita emoções fortes. Seria recomendável debatê-lo com cuidado, sem prejulgamentos. Entretanto, no chamado jornalismo sensacionalista (de apresentadores como Datena e Wagner Montes), esse é o tom habitual, mesmo quando se noticiam crimes de pouca repercussão e ocorrências insignificantes.

Foi bastante ilustrativa desse tipo de jornalismo a acirrada batalha de audiência entre a Record e a Bandeirantes ocorrida em 2003 e 2004. *Cidade Alerta* e *Brasil Urgente* disputavam – e ainda disputam – a audiência do horário das 18h às 20h.

Naquela época, a estratégia para aumentar audiência centrou-se na figura dos apresentadores. A entrada de Datena fez a audiência de *Brasil Urgente* dobrar na primeira semana e a saída do jornalista Roberto Cabrini mostrou que, para esses telejornais, não têm grande importância as questões mais tradicionais do jornalismo, como a investigação sistemática e a contextualização dos fatos. Afinal, o público que assiste a eles não está à procura de informação. Ele quer emoções fortes.

Destacam-se, nesses telejornais, o modo de narrar e o talento no comentário. Não é por acaso que Datena e Milton Neves vieram do jornalismo esportivo. Datena foi repórter de campo e depois locutor da Bandeirantes. Neves se destacou como comentarista esportivo em programas como *Terceiro Tempo* (Rádio Jovem Pan) e *Debate Bola* (Record). E, antes de escolhê-lo para *Cidade Alerta*, a Record experimentou Oscar Roberto Godoy, ex-juiz e atual comentarista de futebol.

A relação desses telejornais com uma partida de futebol começa na ênfase da transmissão ao vivo. *Cidade Alerta* e *Brasil Urgente* se notabilizaram pela cobertura ao vivo de acidentes, assaltos, incêndios e todas as pequenas e grandes tragédias do cotidiano. O "ao vivo" é uma das características mais singulares da linguagem televisiva e uma das que despertam imediato interesse no público. Com a transmissão ao vivo, no entanto, surge uma tensão permanente entre cotidiano e espetáculo, entre ação e tempo morto. É um problema dramático semelhante à narração de partidas de futebol: o jogo pode estar ruim, mas o locutor tem de segurar a audiência. Um dos talentos dos âncoras é narrar os fatos mais corriqueiros em tom maior. O apresentador do telejornal se transforma em locutor à espera do instante ideal do crime ao vivo, o gol do jornalismo sensacionalista.

A semelhança de *Cidade Alerta* e *Brasil Urgente* com o futebol continua na ênfase ao comentário emotivo. Em vez de contextualizar o fato e entender as causas dos problemas descritos, nossos âncoras se limitam ao comentário irracional, uma das linhas da crônica futebolística. Até a permanente crítica aos políticos cartolas, vistos como culpados de tudo, se assemelha. Esses apresentadores são uma espécie de Beavis e Butt-Head dos fatos cotidianos: cativam o público por compartilhar com eles uma indignação moral e um inconformismo inócuo. Substitutos da inexistente esfera pública brasileira, eles afastam o público do debate sobre as complexas soluções que poderiam surgir do processo democrático e as substituem pela impressão de que é tudo muito simples, de que basta que se faça "justiça" (sem discutir o que seria isso), que basta prender (ou, às vezes, matar) os criminosos, e de que isso tudo só não é feito porque os poderosos são corruptos. Tudo simples, matemático, monológico, autoritário. Para o público ficam o prazer da explicação clara e a sensação de que a solução seria entregar o poder a um déspota esclarecido.

Essa comparação entre a representação da violência e o futebol tem certos riscos. O futebol pode ser uma boa metáfora da vida, mas não deve ser confundido com ela. Pessoalmente, gosto de ver o Milton Neves (apesar de santista!) e sinto saudades do talento do Datena de improvisar ao vivo nas entrevistas com os jogadores em campo. Adoro o comentário irônico de Silvio Luiz – que segue outra linha de narração futebolística –, mas também gosto dos locutores que partem para uma crítica futebolística baseada na excessiva dramatização. Adoro também o irracionalismo da boa crônica esportiva e não sou daqueles chatos que tentam explicar tecnicamente a fascinante vitória aos 45 minutos (foi devido ao esquema tático 4-4-2, dizem os racionalistas enlouquecidos), ou a inacreditável trajetória da bola que entrou no ângulo. Tal como Nelson Rodrigues, considero o futebol um reino de mistério e revelação. Um simples jogo pode ser lido como um drama épico, dividido entre bons e maus, certo e errado, espaço propício para discussão moral sobre a essência do homem.

Mas não julgo correto aplicar esse esquema ao debate público sobre violência. Os processos históricos não podem ser explicados por modelos dramáticos ficcionais. O que, no futebol, pode ser usado como parodia lúdica de drama, no jornalismo criminal é muito mais perigoso. Não se deve falar de violência com emoções à flor da pele, maniqueísmo e explicações simplificadas. Não se pode ser *monológico* para falar da vida real. É melhor despejarmos nossa irracionalidade no futebol e reservamos a razão para discutir e compreender os fatos sociais. Para isso, é necessário que o debate sobre jornalismo criminal deixe o monologismo de lado, abandone os apresentadores indignados e abra real espaço para obras dialógicas, que mostrem a complexidade das questões debatidas e ajudem a esfera pública a construir soluções reais.

Algumas conclusões

Um livro é lido em silêncio, é uma aproximação pessoal e subjetiva. O cinema é uma experiência coletiva vivida em silêncio. Tal como numa antiga roda em torno da fogueira, as pessoas se reúnem em um lugar escuro para ouvir um narrador contar uma história em torno do único ponto de luz do local, a tela. Já a televisão não exige toda essa concentração. Aparentemente mais despretensiosa, ela foi feita para ser ligada e desligada sem qualquer cerimônia. Ao contrário do livro e do cinema, ela não exige o silêncio e a inatividade física do espectador: ele pode falar, se levantar para atender ao telefone ou pegar algo para comer.

Essa aparente falta de atenção do público, na verdade, desperta uma crescente intimidade do meio com o espectador. A televisão invade os ambientes mais íntimos, fica na sala ou no quarto, pode estar ligada em momentos cotidianos e naqueles mais dramáticos. Ela se impôs como uma saída para longe, uma janela imaginária voltada para fora do enclausuramento das moradias atuais. Por não exigir a completa atenção do público, a televisão desenvolveu formatos baseados na repetição e no uso de blocos autônomos, independentes entre si. Ela fez da fragmentação uma forma de acompanhar a ânsia humana por novidades, ela trouxe o *zapping*, ela recorre à repetição de modo que o repetitivo não seja sentido pelo espectador.

A televisão é uma mistura de rádio e de circo. Tal como o rádio, faz companhia as donas de casa que passam o dia sozinhas. É também quem "dá assunto" para o espectador. Alguns costumam discutir questões morais com base nos personagens de novela, enquanto outros se atêm ao drama político do telejornalismo, que noticia constantes CPIs, e aos dramas esportivos de jogadores. Os homens, tal como suas esposas, costumam aproveitar para discutir o "caráter" dos personagens (políticos, jogadores etc.). Como política e futebol são antes de tudo formas de jogo, o público usa esses conteúdos para, ao analisar as estratégias dos jogadores, compará-las com as da própria vida. Ao mesmo tempo, surgiu o gênero *reality*, que concilia todos os públicos, pois dialoga com o melodrama, os dramas morais da novela e os jogos de estratégia.

O circo é também estrutural na definição de televisão. Sua influência fica explícita na linha de shows e programas de auditório, que sempre tem destaque na programação. A ideia de circo faz parte da própria concepção de televisão, que compartilha com ele a lógica de atrações, de variedades, de exibição do exótico, do diferente, tudo numa estética da espetacularização.

Quem não gosta da televisão costuma criticá-la com métodos de análise mais adequados a outras mídias, ou então analisar seu caráter artístico com base em estruturas da cultura erudita, às quais a TV simplesmente não pertence. Uma das críticas mais comuns é a que se pauta no texto televisivo para provar que ele tem estratégias retóricas de manipulação ideológica. Esse método é sempre válido, mas peca ao desconsiderar a forma como os programas interagem com o público.

Em relação ao cinema, a televisão é muito menos manipuladora. Pois o cinema se esforça para nos colocar dentro da história e do universo, ele constrói imensas lógicas paralelas e pede um pacto com o público – que, durante a exibição, costuma aceitar tudo. Já a televisão não pede tamanha imersão. Mais que nos convencer, ela quer nos "dar assunto". Enquanto um dramaturgo de cinema constrói uma narrativa coesa, com visão unificada sobre determinado assunto, um autor de telenovela costuma colocar personagens polêmicos e deixar que eles exponham sua visão de mundo, catalisando debates públicos. Como vimos, os grandes autores de telenovela são especialistas em jogar com o público, um jogo de "bate e assopra" com as suas expectativas morais, trabalhando nos limites, mas sem nunca romper totalmente o pacto. Mais que expressar opiniões de modo explícito, um autor de novela é um retórico socrático que vai dialogando com o espectador. Evidentemente, o texto televisivo também constrói ideologias, mas sua construção não está na unidade narrativa, e sim na escolha da pergunta que vai ser debatida. Uma novela define sua ideologia não ao manifestar uma opinião, mas ao definir uma polaridade e um tema a ser debatido.

A criação televisiva é uma consequência da arte *pop* de não acúmulo de obras, de transfiguração do banal, da estética do *ready-made* de Marcel Duchamp: é a criação que não pode ser comparada à arte erudita, mas cuja estética subordinada é à especificidade da linguagem – é a arte da enunciação. A criação televisiva deve ser levada a sério em seu caráter artístico. As fronteiras entre testemunhas e representações são móveis, sendo todo entrevistado ator de si mesmo: transfigurador do banal, convertendo-o em espetáculo ao seguir as regras do jogo do programa do qual participa. A criação, assim, pode ser vista como a criação de dispositivos, já que estes condicionam a existência criativa da TV. A regra dos jogos pode ser a mesma, mas cada "jogador" tenta desempenhá-la a sua maneira. De novo usamos o exemplo do *reality show*: as regras existem, mas os participantes improvisam de acordo com elas. O dispositivo do *Big Brother* é o de enclausurar pessoas em uma casa, com regras de eliminação e jogos predefinidos (entre os competidores e com o público) – mas os participantes improvisam de acordo com elas; esse dispositivo, mesmo com regulamentações, permite a variação de comportamentos, apesar da repetição do formato a cada episódio. Mas isso não impede que o formato vá além do dispositivo: as reações e imagens dos participantes que improvisam de acordo com a regra são editadas e podem ser submetidas a novas regras, dessa vez regras de edição que sugerem curvas dramáticas. A apresentação de personagens – assim como nos documentários – tem normas de edição, de sequência de temas e procedimentos que se aplicam a seus formatos. É exatamente por seu caráter decisivo que os procedimentos e as regras devem ser discutidos ao se tratar de gêneros e conteúdos televisivos.

O período histórico que a televisão vive no momento é chamado muitas vezes de pós-televisão, porque se aperfeiçoou o costume de alternar a gravação ao vivo com a transmissão direta em tempo real (de material previamente editado). Além disso, a convergência de mídias propiciada pela tecnologia digital permite que o mesmo objeto cultural seja exibido em várias mídias e de várias formas. A definição de uma interface em função de outra se torna mais difícil, menos técnica e mais cultural. Para entendermos a relação entre as interfaces e suas linguagens "ideais", é fundamental analisar os hábitos culturais do público, em oposição a uma análise "determinista" das limitações e características do aparato técnico. Faz sentido dizer que a "televisão" não é adequada à exibição de obras cinematográficas quando há no mercado televisões de 42 polegadas que podem ser conciliadas com equipamentos de som como o *home theater*? Vale a pena perder tempo definindo televisão, dizendo que essa televisão grande é na verdade "cinema"? Seria melhor abandonar essas definições absolutas (televisão, cinema, computador) e entender que há um vasto espectro de interfaces possíveis para um mesmo produto, e que sua linguagem está em permanente relação com as transformações e a criação de novas interfaces? Acreditamos que não. Esse raciocínio é válido, mas entendo que, antes de criar conteúdos transmidiáticos de sucesso, é necessário compreender o que é específico de cada mídia.

Entretanto, é claro que no ambiente digital a análise deve ser diferente da que fazíamos para as mídias anteriores. O surgimento de novas interfaces e as permanentes variações nas mídias tornam a análise das limitações intrínsecas a determinada interface relativa. Além de pensarmos na especificidade das mídias, devemos considerar as características dos novos objetos culturais transmidiáticos, voltados para a exibição em várias interfaces, – do cinema ao *display* do celular e a tela do computador. Como diz Negroponte (1995, p. 67), "no mundo digital, o meio não é a mensagem: é uma forma que ela assume. Uma mensagem pode apresentar vários formatos derivando automaticamente dos mesmos dados". Devemos, portanto, pensar nas características de novos formatos, adequados à convergência de mídias.

Mas até para imaginarmos como será um objeto transmidiático precisamos antes entender as características de cada mídia. A televisão, em especial, é uma das menos compreendidas. A internet, relativamente nova, é muito mais analisada pela elite intelectual. É que a televisão dialoga com estéticas populares, que sempre foram discriminadas, enquanto a internet dialoga com tradições mais valorizadas, como a enciclopédia.

Estou convencido de que a televisão continuará tendo grande importância e de que entender suas especificidades será um grande diferencial na construção de conteúdos transmidiáticos. A televisão sempre atuará como a programação de massa, feita para público genérico, e continuará sendo a catalisadora das outras mídias. É evidente que a evolução dos meios técnicos de produção televisiva possibilitou o surgimento de novos gêneros e formatos, mas a TV não abandonou seus formatos de sucesso: eles coexistem com roupagens diferentes e misturados aos novos gêneros. Por sua vez, os gêneros e formatos antigos aproveitam recursos técnicos dos novos a fim de se renovar, mas não de negar aquilo que já representam. Logo, os gêneros televisivos, seus formatos e subgêneros convivem e vão conviver com a nova tecnologia, sendo alterados por ela e ainda assim mantendo seus traços específicos. A televisão cumpre seu papel, apesar da internet, que também pode transmitir vídeos; um vídeo na internet não tem a mesma função de um vídeo na televisão. Fica claro portanto que o específico da televisão não é o aparelho, são os seus conteúdos: os gêneros, subgêneros e formatos que ela desenvolveu em quase cem anos de história. Os conteúdos é que permanecerão e serão sempre reconhecidos pelo público como televisão.

No segundo capítulo veremos como a televisão atua em cada mídia, mas antes é interessante definir mídia digital e verificar como ela influencia o conteúdo televisivo.

▶ O QUE É MÍDIA DIGITAL?

Dentro do campo audiovisual, podemos denominar "digital" um vasto conjunto de técnicas de captação, finalização, distribuição, recepção e reprodução de imagens e sons em diversos suportes. O termo abarcaria, nesse sentido, uma infinidade de modelos de câmeras, com características e funções muito distintas; computadores (hardwares); programas (softwares); aparelhos de distribuição e recepção; e as diferentes interfaces com o usuário. Cada uma dessas técnicas específicas facilita determinados procedimentos de linguagem e ajuda a criar novos objetos estéticos. Analisá-las individualmente seria inútil, uma vez que inúmeras pequenas diferenciações aparecem a todo momento para distinguir um dispositivo de outro, tais como resolução, modelo de transmissão de dados, codificação, portabilidade, consumo de energia etc. Em vez disso, consideramos mais interessante para nosso estudo agrupá-las no conceito de "mídia digital", que engloba o conjunto das etapas de produção, distribuição e consumo de produtos audiovisuais, e procuraremos analisar a relação entre linguagem e alguns princípios da mídia digital que se aplicam a essa nova tecnologia.

Como definir um típico objeto de mídia digital?

De início, a tarefa é fácil. Poderíamos fazer uma lista de objetos: uma foto digital, um filme digital, um jogo de computador, um DVD com conteúdos interativos, um *website*, um CD-ROM, entre outros. Mas um texto escrito à mão e posteriormente digitado para ser colocado num site é um objeto digital? Um filme realizado e finalizado em película, mas editado em computador, é digital ou analógico? Essas questões podem ser multiplicadas de tal forma que nos levaria a considerar digitais praticamente todos os objetos culturais do mundo contemporâneo. Talvez não seja assim hoje, mas será muito em breve. Iniciativas como a do Google, que tem um projeto de digitalização de bibliotecas e arquivos de jornais de todo o mundo, nos permitem dizer que, no futuro, tudo será digital. Ou sendo mais preciso, todas as mídias terão seus equivalentes digitais (como é o caso, por exemplo, do livro impresso). Porém, uma definição tão ampla teria pouquíssima utilidade.

Outra dificuldade para chegarmos a uma definição é o fato de essas várias técnicas serem permanentemente aperfeiçoadas de modo muito rápido. Os computadores modernos, ao longo de seus cerca de trinta anos de existência, evoluíram em velocidade assombrosa. Nesse período, a capacidade de desempenho do computador praticamente duplicou a cada dois anos. Os especialistas chamam essa capacidade de evolução rápida e permanente de Lei de Moore, assim batizada porque Gordon Moore, fundador da Intel (empresa que desenvolve microprocessadores), foi o primeiro a observar essa proporção.

Com a evolução do hardware, vem também a evolução dos softwares. Com uma velocidade de surgimento e popularização espantosa, novos programas e versões de programas antigos disponibilizam recursos com que antes só se podia sonhar. Também a tecnologia das telecomunicações, outro aspecto necessário em nossa definição de mídia digital, evolui rapidamente. Novas técnicas possibilitam menos perda e, principalmente, mais retorno ao usuário, criando diferentes possibilidades interativas. A tecnologia de computação e a de telecomunicações, juntas, dão origem às redes entre computadores, item imprescindível no mundo digital.

Para tornar essa definição de digital mais precisa e mais útil, não podemos nos ater apenas às máquinas que surgem a cada instante. Temos de pensar também em seus princípios, pois eles são as únicas características comuns a todos esses processos. Nicholas Negroponte, um dos fundadores do Media Lab do Massachussetts Institute of Technology (MIT), afirma que "bits são bits" (Negroponte, 1995), um *slogan* aparentemente simples, mas que resume muito bem o mundo digital. O fato de que tudo hoje pode ser traduzido para uma representação numérica binária (de 0 e 1) oferece a todas as mídias uma "versão digital". É a convergência digital, a possibilidade constante de contaminação recíproca entre todas as mídias. Essa convertibilidade e o fato de que todas elas podem se comunicar e ser alteradas pelo computador permitem que cheguemos aos princípios da mídia digital.

Os princípios da mídia digital

Partindo da definição de digital como linguagem binária, o teórico russo Lev Manovich mostra que a mídia digital – ou "nova mídia" – surgiu da "fusão" de duas tecnologias que se desenvolveram durante todo o século XX: a tecnologia de mídias audiovisuais (cinema e outras) e a tecnologia do computador (Manovich, 2001, p. 25).

O pesquisador do MIT elenca alguns princípios fundamentais da tecnologia digital: modularidade, variabilidade, programabilidade e automação. Esses princípios decorrem do fato de que todos os objetos da nova mídia podem ser convertidos em representação numérica. Não são leis imutáveis, nem atuam em todos os objetos simultaneamente, mas são possibilidades de atuação perseguidas de diferentes maneiras pela tecnologia criada no mundo digital. Detalhamos a seguir cada um desses princípios, oferecendo exemplos sobre as características de objetos que resultam deles e, sempre que possível, aproximando-os do debate sobre televisão.

Representação numérica

Todos os objetos da "mídia digital" criados em computador ou convertidos para sua linguagem são compostos por um código digital, uma representação numérica binária. Dessa forma, qualquer objeto da mídia digital pode ser descrito matematicamente, o que possibilita a sua manipulação algorítmica e as alterações programáveis. Com isso, a conversão de um objeto em outro também se torna mais simples. Algumas experiências traduzem sons em cores, por exemplo.

Além disso, a representação numérica não tem ruídos, evitando perdas nessas transformações. As perdas que alguns objetos da nova mídia sofrem ocorrem, portanto, apenas devido ao suporte e à técnica de transmissão.

No caso da televisão digital terrestre[1], a simples transmissão digital permite que sejam evitados os ruídos e interferências comuns na transmissão analógica, melhorando muito a qualidade da imagem. Mesmo na TV em *standard definition*, cujo número de linhas é similar ao da televisão analógica atual, a qualidade da imagem que chega ao receptor caseiro é muito melhor. Isso ocorre porque a transmissão analógica abre espaço para uma série de interferências que o digital evita. Além disso, o digital permite a compactação de informações. Dessa forma, muito mais dados podem ser transmitidos, aumentando a qualidade de imagem (permitindo o famoso *high definition*) ou a multiplicação de canais. Além disso, o fato de a imagem ser digital lhe permite uma interface mais interativa.

Modularidade

Os objetos da mídia digital são módulos autônomos. Em vez de um todo coeso e indivisível, eles tendem a ser mais independentes, podendo se misturar e ser recriados. Podem ainda ser assistidos de maneiras diversas, em ordens inusitadas definidas pelo espectador/usuário. Tudo isso é possível sem que nesse processo o objeto original perca sua antiga configuração (pois a possibilidade de copiar um código numérico é infinita, ao contrário da cópia analógica, em que interferências sempre levam a perdas).

A independência das partes do processo permite que a obra esteja sempre em construção, embora tenha alguns pontos "amarrados", que dão unidade ao enredo.

A modularidade tem também uma consequência estética fundamental para a interatividade: a existência de partes autônomas, sem início, meio e fim claramente definidos, facilita e enriquece a navegação pelo conjunto da obra.

Se quisermos ter uma ideia de como se dará a interatividade na futura linguagem da televisão digital, basta pensarmos no DVD: o filme é dividido em sequências temáticas que podem ser acessadas diretamente por meio do menu interativo.

---

1. TV que é transmitida por ar, como veremos mais adiante, quando discutiremos as várias plataformas da televisão digital.

A possibilidade de assistir a apenas determinada cena era muito mais difícil no cinema (só o projecionista tem contato direto com a película e com o projetor) e no VHS (que permitia apenas que o operador acelerasse a velocidade, obrigando-o a passar linearmente por todo o trecho ao qual não queria assistir). No DVD, essa navegação pelas partes autônomas é muito simples. Também o CD, em relação à fita K7, representa um ganho no que diz respeito às possibilidades de acesso à faixa de música desejada. Nas futuras *set top boxes* do aparelho de TV digital, isso será perfeitamente possível, já que muitas obras poderão ser armazenadas na memória desses componentes, em vez de ser transmitidas ao vivo (ou em *streaming*, como chamamos na internet a transmissão que não armazena a informação no computador do usuário).

Automação

A mídia digital permite ainda a realização de processos automáticos, retirando a "ação" humana e possibilitando que o computador faça alterações com programas que podem chegar ao limite da inteligência artificial. Muitos games comerciais, por exemplo, utilizam-na para controlar determinado estágio ou parte do jogo.

No caso da televisão, podemos começar a usar a inteligência artificial em vários momentos. Por exemplo, seria possível criar sistemas inteligentes de busca, similares aos da internet, indicando programas próximos daqueles que o espectador/usuário da televisão costuma assistir. Isso, graças à propriedade da representação numérica, se faz apenas com algoritmos, sem intervenção ou edição humana.

O aperfeiçoamento desses mecanismos de busca poderá usar inteligência artificial, e, no futuro, criar fluxos de programação televisiva customizados, combinações de programação inteligente que detectem o que o usuário quer ver. Haveria um fluxo baseado em variáveis estabelecidas pelo usuário, como gêneros, palavras-chaves etc. Aos poucos, o mecanismo de inteligência artificial poderá – tal como o Google já faz na internet – reconhecer seus gostos pessoais e dar indicações de programas e/ou criar fluxos inteligentes, adequados a seu gosto pessoal.

Variabilidade

Um objeto da mídia digital pode também existir em infinitas versões. Uma obra de cinema permite inúmeras cópias, todas, no entanto, iguais ao original, idealizado e produzido por um autor. A mídia digital, ao contrário, caracteriza-se pela abertura à variação. O exemplo mais comum são os sites, que podem ter múltiplas versões, algumas para usuários de banda larga, outras para banda tradicional, algumas com som, outras sem, em inglês ou na língua do país do internauta etc.

Os DVDs também oferecem ao espectador a possibilidade de escolher entre assistir ao vídeo com ou sem legenda, com dublagem ou com o som "original". Os DVDs apresentam ainda inúmeras versões de um mesmo filme, seja apresentando trechos novos em uma nova versão da edição final do filme (chamada comercialmente de "versão do diretor"), seja com novos tratamentos de imagem e de som. Mesmo a mudança de ponto de vista para a mesma cena é possível.

Assim, uma "obra de arte" em vez de ser uma unidade, vira uma "sequência" ou "combinação" de variações que podem ser vistas em conjunto ou de forma separada. Essas variações do mesmo trabalho são apresentadas em diferentes interfaces.

Com a produção audiovisual contemporânea isso se torna ainda mais presente. É comum que um vídeo de sucesso no YouTube tenha inúmeras versões alternativas, produzidas pela interferência e recriação dos próprios usuários. Há versões maiores, mais condensadas, com trilhas alternativas, com interferências paródicas nas imagens etc. Os programas de televisão também são reeditados e trabalhados pelos usuários/fãs das comunidades.

Programabilidade

Outra característica fundamental da "nova mídia" é que ela é programável. O próprio usuário pode se tornar um programador e mudar o comportamento dessa mídia, ou ela pode sofrer alterações previstas de antemão.

Esse conceito costuma se referir mais à programação da linguagem do computador, algo distante de nosso debate sobre TV. Mas a programabilidade também se aplica ao fluxo de imagens da televisão, na medida em que o espectador/usuário programe sua televisão para lhe enviar ao vivo – mesmo que esteja na rua e a exibição precise ser no celular – informações que acha pertinentes ou imagens que lhe agradam – de notícias enviadas pelo *personal paparazzi* da Adriane Galisteu ao valor das ações na Bolsa. Também seria possível programar a gravação de qualquer transmissão que apresentasse na sinopse algumas palavras-chaves de seu interesse.

O banco de dados e a tradição da enciclopédia

Já pudemos observar que vários conceitos básicos de ciência da computação, como "interface" e "programabilidade", são importantes para a reflexão sobre os objetos da mídia digital. O conceito de banco de dados (*database*) igualmente se destaca na análise do ambiente em que se insere a televisão na era digital. É um conceito que pode ser facilmente aplicado aos recentes bancos de imagens e arquivos que as empresas de televisão começam a utilizar.

A era digital não é apenas a era da modernidade, do futuro. Ao contrário. O digital configura a era em que o tempo deixa de existir. O velho torna-se novo, as imagens antigas são recuperadas e eternizadas, as imagens produzidas de agora em diante poderão existir para sempre. Cada imagem produzida no mundo começa a fazer parte de uma imensa "biblioteca" que deverá ser organizada e disponibilizada de forma inovadora e criativa. A empresa ou instituição que conseguir esse feito terá um imenso diferencial competitivo e alcançará grande êxito nessa nova era.

O que antes se consideravam "fitas velhas" de cinema hoje vale ouro no mercado. Todas as emissoras e grandes empresas de televisão do mundo já se deram conta da importância cultural e financeira de seu acervo e investem pesado em sua recuperação, digitalização, manutenção e difusão.

No Brasil, a Globo foi pioneira nesse processo, disponibilizando o acervo no portal de internet (www.globo.com) e lançando uma série de programas antigos em DVD. Também se começa a perceber que o acervo pode ser reexibido. Em 2008, o SBT pôs no ar, em horário nobre, a novela *Pantanal*, produzida quase vinte anos atrás, e comprovou que há público para material antigo. O acervo começa a mostrar que pode estar vivo e ser reutilizado. A questão é como organizar todo esse acervo, de forma que seja rapidamente encontrado pelos editores e aproveitado com o máximo de potencial e inteligência. Mais uma vez, o setor de ciência da informação mostra sua importância para a criação televisiva.

Conceito de banco de dados

Para entender melhor como utilizar conscientemente um banco digital, convém voltar um pouco atrás e redefinir conceitos, o que pode nos ajudar a elaborar novas estratégias para o uso do acervo de imagens.

Partamos do conceito de banco de dados (*database*), que por uma vez pode se tornar mais claro se o compararmos com a narrativa.

A narrativa caracteriza-se por criar uma trajetória com relações de causalidade. É o modo de organização de informações privilegiado por linguagens como o romance e o cinema. Já a *database* organiza o mundo como uma lista de itens.

Um site, por exemplo, pode ser entendido com uma lista sequencial de vários elementos autônomos – imagens, blocos de textos, vídeos, músicas e sons de forma geral, sem contar os inúmeros links para outras páginas. A internet é uma grande *database*, composta por infinitas outras organizadas de múltiplas maneiras e com vários caminhos de acesso.

O site não procura um sentido único e definitivo, e, por ser organizado como lista que nunca se completa, está em permanente crescimento; em um filme, se é introduzida uma nova cena final, seu sentido muda.

Muitos objetos da mídia digital são pensados como *database*. Por não se basearem numa lógica da narrativa, não têm começo nem fim, não têm desenvolvimento dramático nem são organizados numa sequência linear. São coleções de itens autônomos, com significados independentes.

A diferença entre uma *database* e outra está em como pode ser organizada a lista: com várias possibilidades de link, com ou sem ordem hierárquica. O caminho para uma *database* pura seria a ordenação dos elementos no espaço, em terceira dimensão, de forma que múltiplos caminhos pudessem ser criados entre os diferentes elementos.

Isso não significa que não existam objetos da mídia digital baseados na narrativa, afinal nem todos são organizados como *database*. Como exemplo, temos a ficção para televisão digital e outros objetos, como os games, que costumam conciliar narrativa com *database*. Uma definição possível para narrativa interativa é a circulação de múltiplas trajetórias por meio de uma *database* de cenas autônomas, que utiliza também o princípio da modularidade, fundamental para entender o digital. A lógica da *database* facilitou igualmente a criação de filmes mais independentes da etapa da captação, o que dinamiza o processo de realização.

No que se refere à busca em um banco de imagens digitais, vale lembrar que para o digital tudo é representação numérica. Portanto, na linguagem do computador, imagens são sucessões de pixels e de bits. Por isso elas podem ser catalogadas e indexadas e participar de sistemas de busca semelhantes aos usados para a busca de palavras.

A importância dos sistemas de busca

Como vimos, o ambiente digital recupera a tradição enciclopédica na organização das informações. No entanto, as propriedades do digital (representação numérica, modularidade, automação, variabilidade, programabilidade) rompem com o sistema de catalogação meramente alfabético e ampliam enormemente os critérios pelos quais a informação pode ser qualificada. Como lidar com um ambiente repleto de dados no qual cada usuário cria a própria linearidade?

Justamente em função desse cenário é que as ferramentas de busca se tornaram fundamentais no mundo digital. Todas as mídias e suportes com características digitais precisam disponibilizar dados para algum sistema dessa natureza para que o usuário chegue às informações que procura. São sistemas desse tipo que organizam músicas no iPod, passando pelas grades de programação da televisão a cabo e culminando em seu exemplo máximo: o Google.

Graças a esses sistemas, podemos falar em linearidade criada pelo usuário. No mundo digital, nenhum caminho está pronto e cada nova combinação de informações é uma narrativa instantânea construída pelo usuário em um gigantesco mar de possibilidades.

Do ponto de vista da criação audiovisual, esse processo de buscar informação e criar narrativas usando bancos de dados é um promissor horizonte em um ambiente em que arquivos digitais isolados podem ser facilmente recopiados e misturados, já que toda a mídia digital (textos, fotos, *still images*, dados de áudio e vídeo, formas, espaços em 3-D) divide o mesmo código.

Há uma infinidade de interfaces e aparelhos para digitalizar os mais diversos objetos de outras mídias. O escâner digitaliza imagens paradas, a câmera digital, imagens em movimento. Hoje, a maioria dos filmes, mesmo os finalizados em película, é editada em computador. Outros são finalizados em vídeo, e, depois, transferidos para película. Dessa forma, torna-se mais fácil misturar na mesma edição diferentes formatos de mídia audiovisual – como filmes de 35mm e 8mm, vídeo profissional e amador, animações feitas diretamente em computador etc. – para que façam parte do mesmo filme. É o que Manovich (2001, p. 159) chamou de *"stylistic montage"*.

Para popularizar ainda mais a operação de seleção, alguns obstáculos técnicos e culturais devem ser vencidos. Há dificuldade de transmitir a informação, dificuldade de organizar todo esse material e questões referentes a direitos autorais e formas de remuneração dos produtores.

O problema atual não é mais a demora para criar a imagem certa (seja compondo-a digitalmente, seja captando-a na realidade), mas quanto tempo se leva para encontrar uma já existente. Há boas chances de a imagem de que se necessita já existir, mas as dificuldades de encontrá-la ou de ter direitos sobre ela leva o realizador, em muitos casos, a preferir produzir uma nova. Mesmo assim, o aperfeiçoamento dos sistemas de busca é uma tendência no mundo digital.

CAPÍTULO 2

A televisão no ambiente da convergência digital

▶ O AMBIENTE DA TELEVISÃO ATUAL

Na primeira parte deste livro, analisamos os aspectos da televisão que lhe são característicos e começamos a discorrer sobre o conceito de "digital". Vimos que uma das principais novidades trazidas pela tecnologia digital é a convertibilidade, ou seja, a possibilidade de transformar qualquer informação em um código de "zeros" e "uns", que, por sua vez, podem ser decodificados por diferentes mídias. É o ambiente formado pelo conjunto dessas mídias que agora dialogam entre si o que nos interessa neste momento. Faremos um breve histórico do ambiente de televisão e depois abordaremos o ambiente da convergência digital.

Modelos em outros países

Esse estudo do ambiente parte de uma rápida análise do panorama geral dos ambientes televisivos. A comparação com outros países e outros momentos históricos ajuda a evidenciar que os modelos atuais não são "naturais", há outras possibilidades.

Nos anos 1980, quando emergiu a maioria dos estudos sobre televisão, apareceram algumas suposições básicas sobre o assunto: as transmissões de entretenimento eram orientadas por patrocinadores, cada rede sempre buscando o maior número possível de telespectadores. Havia também a inevitabilidade do intervalo comercial, sendo que as interrupções estruturavam a experiência de assistir à televisão.

No Reino Unido, a TV representava a competição entre o serviço público e os serviços comerciais (Allen, 2007). Experimentalmente, era vista como um meio privado/domiciliar, e supunha-se que havia apenas um aparelho por domicílio, a que recorriam todos os membros da família.

O aparecimento e a explosão da TV a cabo nos anos 1980 e 1990 acabaram com muitas dessas suposições. As diferenças iam muito além do âmbito técnico da transmissão: a TV a cabo não estava sujeita nem ao governo nem a patrocinadores; logo, destacava-se por exibir aquilo que a TV aberta não podia (como nudez, linguagem forte etc.) e por ter canais para públicos segmentados.

Os estudiosos de televisão identificaram uma nova forma de programação introduzida pela TV a cabo, na qual os canais não precisavam oferecer programas muito diferentes uns dos outros (havia canais apenas de notícias, de receitas, de compras etc.). Um dos atrativos era que o fluxo do canal não apresentava segmentação de assuntos, o que modificava o conceito dos "textos" da televisão, como cita Allen (2007, p. 19): "Como o analista poderia delimitar uma parte desse 'fluxo' e constituí-lo como um texto a ser estudado?".

Somando a TV a cabo com o advento do videocassete e do controle remoto, a partir da década de 1990 surge um novo ambiente, e, com ele, novas formulações sobre os estudos de TV. As suposições já apontavam para a existência de múltiplos canais, sempre em proliferação, e múltiplas opções para assistir à TV; a gravação de programas fora do ar para reprodução posterior; a reprodução de material gravado pelo próprio aparelho de televisão; canais de interesse para grupos determinados por demografia, idioma ou preferências; mais programação importada; múltiplos modelos de negócio de televisão (patrocinadores, *pay-per-view*, financiamento governamental, programação feita apenas de publicidade etc.). Também se tornou consenso que os lares já possuíam mais de um aparelho de televisão, que poderia ser usado para jogar *video game* e, mais tarde, para assistir a vídeos em *streaming*[2] na internet de banda larga, assim como novas funções para o vídeo, como as câmeras de segurança. É a era "pós--TV aberta" (Allen, 2007).

O caso brasileiro

O Brasil tem uma série de especificidades.

Em primeiro lugar, o modelo da televisão pública nunca se sedimentou. Ao contrário da Inglaterra, o Brasil não desenvolveu uma televisão pública forte, e sim um vasto sistema de televisões comerciais fortes. A televisão pública foi por anos confundida com televisão estatal, financiada e controlada pelo Estado. Também o modelo de programação das TVs públicas mostrava elitismo, pater-

---

2. *Streaming* é a tecnologia que permite o envio de informação multimídia através de pacotes, utilizando redes de computadores, sobretudo a internet. Quando a ligação de rede é banda larga, a velocidade de transmissão da informação é elevada, dando a sensação de que o áudio e o vídeo são transmitidos em tempo real.

A televisão na era digital 83

nalismo e um desconhecimento da especificidade da mídia. Enquanto a BBC produzia televisão de qualidade e ao mesmo tempo conquistava audiência, no Brasil a televisão pública caiu por anos numa falsa dicotomia entre qualidade e audiência, como se um produto de qualidade jamais tivesse audiência. O modelo é também todo baseado em emissoras estaduais, e nunca houve uma forte rede pública nacional. Muitas dessas emissoras são chamadas de tevês educativas, mostrando que são pautadas pelo paradigma da educação – que, como já mostramos, ignora a especificidade televisiva. A BBC, por exemplo, tem programação de qualidade e, é claro, alguns programas educativos. Mas não é, em si, uma televisão educativa.

O fortalecimento da televisão pública é essencial para o modelo brasileiro, pois pode gerar produtos inovadores, que mostrem caminhos para a televisão comercial.

Recentemente, o governo Lula implantou a TV Brasil, visando fortalecer a televisão pública. Mas, apesar de enorme investimento, o canal ainda não emplacou.

Em segundo lugar está a verticalização da cadeia de produção televisiva. No Brasil, ao contrário da maioria dos países, a emissora é também produtora do próprio conteúdo.

Nos Estados Unidos, a televisão surgiu com a associação dos estúdios de cinema, que sempre foram produtores importantes. Entretanto, tal modelo entrou em crise a partir dos anos 1970, quando a produção de televisão começou a ser feita por produtoras independentes dos estúdios. Foi esse novo modelo de produção que criou o ambiente propício para o *boom* das séries americanas, hoje uma das melhores atrações televisivas da contemporaneidade.

Já no Brasil as emissoras sempre fizeram produção *in-house*, implantando nos primórdios um parque de profissionais (vindos do rádio). Esse modelo, além de gerar maior concentração, leva, em médio prazo, ao engessamento da criatividade e ao consequente afastamento do público. É a situação que vivemos hoje, evidenciando a necessidade de que as emissoras aprendam a fazer parcerias com a produção independente.

O modelo da TV paga brasileira

A TV paga, em geral, tem três pilares: a operadora, a programadora e as redes (os canais propriamente ditos). No Brasil, como a principal empresa de TV paga tentou controlar todos as etapas, os conceitos acabaram se confundindo. A Globo implantou uma operadora de cabo, forneceu pacotes de programação e criou uma empresa detentora de vários canais de programação, a Globosat.

É interessante comparar o modelo de surgimento da TV paga brasileira com a americana. Nos Estados Unidos, a TV paga surgiu de redes independentes – como

Discovery, HBO e CNN –, que negociavam seu canal com programadoras e operadoras. No Brasil, a televisão paga surgiu já centralizada, com as corporações Globo tentando controlar todas as etapas. Enquanto o modelo americano partiu das redes e dos produtores de conteúdo independente, o modelo brasileiro estruturou-se nas operadoras e nas corporações.

A consequência disso é que temos uma baixa base de assinantes, uma televisão paga que, mesmo vinte anos após a implantação, não se sedimentou no hábito do espectador brasileiro. O ambiente é controlado por poucos operadores e não há muitos canais independentes de programação. Tal como a televisão aberta, vivemos na TV paga um modelo extremamente centralizador.

▶ O AMBIENTE DA CONVERGÊNCIA DIGITAL

Telefonia móvel e fixa, PC, internet, *broadcast*, TV digital e interativa formarão uma plataforma de comunicação única e integrada. Com a convergência de mídias, filmes podem ser baixados da internet em todas as partes do mundo e em todos os tipos de aparelho; programas de televisão podem ser vistos no PC; compras podem ser feitas pressionando-se um botão no controle remoto; fotos e vídeos podem ser captados e enviados por celulares. O usuário poderá interagir mais, não somente pelo computador, mas também, por celular e televisão. Segundo o comissário da União Europeia para a sociedade da informação, Erkki Liikanen, na convergência será possível "a disponibilidade de serviços a qualquer hora e em qualquer lugar" (Reuters, 2004).

A convergência remodela tudo: da linguagem à organização das empresas, que estão revendo seu plano de negócios e reorganizando seu modelo de produção. Uma tendência crescente no mundo da convergência é o desenvolvimento de produtos e serviços cruzados entre empresas de diferentes setores da indústria de comunicação e entretenimento. Uma imagem produzida originalmente para cinema pode, com a tecnologia digital, ser exibida também no celular. Isso faz que as obras sejam, desde o início, concebidas com uma linguagem adequada a várias saídas, ou com conteúdos extras que possibilitem ações *cross media* (mídia cruzada) ou transmídia.

Não há mais tanto sentido em separar as mídias, tudo é conteúdo digital e pode ser convertido em suportes diferentes; as empresas não mais se definem como produtoras de uma mídia (revista, internet, televisão etc.), e sim como produtoras de conteúdo. Essa realidade fortalece a tendência a fusões e participações cruzadas no capital de empresas de diferentes setores de mídia – provedores de acesso à internet, por exemplo, estão se associando a empresas de mídias tradicionais, como editoras de revistas, jornais, livros e produtoras de televisão. Juntos, eles podem criar portais (como o Terra) que, por sua vez, se associam às operadoras de telefonia celular (a Vivo) para gerar conteúdos para telefonia móvel; provedores de TV por assinatura podem dar acesso à internet de banda larga e empresas de TV aberta podem fazer acordos com provedores para colocar seu conteúdo na web. Os ramos de comunicação hoje ainda separados serão todos interligados, é um movimento que já existe. A Rede Globo, por exemplo, já é acessada na internet e, em breve, poderá ser também no celular.

Essa tendência tecnológica e o objetivo de assegurar a hegemonia americana levaram a FCC (Federal Communication Commission) a liberar a propriedade cruzada de empresas de comunicação nos Estados Unidos por meio de uma lei que abriu as portas para a criação de grandes conglomerados de empresas. Um exemplo foi o surgimento da Aol-Time-Warner, em 2000. Juntas, as empresas reúnem 36 revistas (entre elas a *Time*), os canais de TV paga CNN, HBO e Warner Group e as marcas Netscape, People e Looney Tunes.

Esse exemplo foi o mais brutal e visível e um dos mais citados pela linha dos apocalípticos do mundo digital. No entanto, a cada dia pequenas ações se sucedem, sejam fusões entre empresas, sejam parcerias para troca de conteúdo. A Telefonica, gigante espanhola de telecomunicações, parece estar se preparando para atuar também como grande produtora de conteúdo: recentemente comprou a Endemol, uma empresa inovadora e até então independente, criadora de formatos como *Big Brother*.

O que vale para as grandes corporações também se aplica às pequenas produtoras audiovisuais, que igualmente estão revendo sua estratégia. Mesmo pequenas e médias produtoras estão se transformando em produtoras de conteúdo. Ao realizar um documentário para televisão, por exemplo, a empresa "aproveita" a pesquisa e faz outros produtos em outras mídias, como livros, site e games.

As marcas empresariais tornam-se cada vez mais importantes, mas, por outro lado, deixam de se definir apenas pela especialidade técnica (produção de livros, filmes etc.), abarcando também um setor de conteúdo (produção de conteúdo infantil, adulto, ecológico etc.) e optando por criar vários produtos em diferentes mídias para o mesmo conteúdo. O mercado começa a sentir a demanda de "agências de conteúdo", empresas que não sejam especializadas em mídia, mas em criação. Não são agências de publicidade, pois trabalham com *briefing* e se dedicam a vender produtos. As agências de conteúdo ideais trabalhariam no modelo do produtor independente de cinema e televisão, inventando pautas em vez de apenas procurar ser utilitárias na venda de determinado produto. Enquanto as produtoras independentes atuavam apenas em mídias audiovisuais e produziam o conjunto do trabalho, uma agência de conteúdo foca todas as mídias e contrata parceiros produtores para cada uma delas.

A convergência promove ainda o surgimento de novos aparelhos, muitos multifuncionais, de uso diário para um público de massa. Um aparelho portátil poderá reunir vários outros hoje separados, como um computador de mão, telefone celular, câmera digital, sistema de localização GPS, câmera e receptor de TV, software de videoconferência, imagem de alta resolução sobre tela de cristal líquido, tradutor automático para quatro línguas, sistema de reconhecimento da fala e da voz, *jukebox* embutida com capacidade para armazenar milhares de músicas, acesso à internet de banda larga e até um sistema para controle da própria casa, que possa abrir e fechar janelas, por exemplo. A convergência já começou a chegar com celulares que têm múltiplas funções. O iPhone e o BlackBerry são os principais exemplos. A tendência é que esses aparelhos apresentem cada vez mais funções, sejam cada vez mais portáteis e se tornem cada vez mais baratos e acessíveis à população.

▶ POR QUE NÃO CHEGAMOS AINDA À CONVERGÊNCIA TOTAL?

Existem quatro motivos principais que impedem a convergência total. O primeiro é tecnológico – e está sendo rapidamente resolvido, tanto no que se refere à tecnologia de comunicação quanto ao desenvolvimento de aparelhos.

O segundo é de ordem político-econômica. Existem mais divergências do que convergências no mundo digital, especialmente em telefonia móvel; por exemplo, para colocar um vídeo digital numa única operadora é necessário adaptar o vídeo para um de seis formatos, cada um para um tipo de aparelho celular. As divergências entre os padrões são também fruto da disputa comercial entre as várias empresas que buscam a hegemonia nos novos mercados. Essa disputa acontece em todas as mídias, do computador (sendo a Microsoft hegemônica) aos DVDs. Elas estão longe de ser resolvidas e têm impedido que se efetive a total convergência de mídias. Um desafio contemporâneo é garantir a convergência sem ceder à dominação de uma única empresa. Para isso, é preciso criar modelos de financiamento mais democráticos e abertos à constante inovação.

Os hábitos dos usuários são o terceiro motivo para a não efetivação da convergência total entre as mídias. Isso passa por questões como a usabilidade dos aparelhos, que exige a criação de interfaces cada vez mais simples e amigáveis para o usuário "leigo".

Por último, há o problema da pirataria e dos direitos autorais. Com uma integração irrestrita, seria possível, por exemplo, retransmitir na internet um jogo de futebol que está sendo vendido no *pay-per-view* apenas com alguns minutos de atraso e com excelente qualidade. É preciso chegar a uma solução para preservar os direitos dos autores e dos produtores sem que se produza um meio que facilite a pirataria.

▸ AS VÁRIAS PLATAFORMAS DA TV DIGITAL

O mercado de televisão digital no mundo está divido em quatro plataformas de distribuição de sinal: o satélite, o cabo, a via terrestre e o IPTV (*Internet Protocol TV*). Nossa análise expande ainda mais essa divisão, tentando compreender como a televisão acontece em outras mídias do ambiente de convergência digital, precisamente na internet e no celular.

Antes de ampliar a discussão para os novos suportes, porém, precisamos buscar definições sobre o sistema genérico da TV digital.

O sistema genérico da TV digital

De maneira bastante didática, Becker e Montez (2004) afirmam que um sistema de TV Interativa (TVI) pode ser decomposto em três partes principais:

a) um difusor ou provedor, que provê o conteúdo a ser transmitido e dá suporte às interações dos telespectadores;

b) um receptor digital ou *set top box*, que admite o conteúdo transmitido e oferece a possibilidade de o receptor reagir ao ou interagir com o difusor. *Set top boxes* são equipamentos com poder de processamento de informação digital, que oferecem diferentes serviços, desde a navegação na internet até a gravação de programas de TV. Possuem disco rígido para armazenar informações e modem para o envio de dados. Alguns têm entrada para *smart cards*, cartões pessoais utilizados para fazer compras pela TV e guardar outras informações. Na prática, o software que reside no *set top box* intercepta os comandos feitos pelos usuários por meio do controle remoto – ou de outra interface – e os executa. Alguns desses comandos podem ser executados localmente, por exemplo, pode-se proceder a mudança do ponto de vista em uma transmissão esportiva. Outros, como uma transação eletrônica ou bancária, ou envio de e-mail, necessitam de um canal de retorno (*return path*) da casa para uma central. Esse canal de retorno pode ser por modem, no caso de um serviço de televisão por satélite, ou por cabo, no caso de um serviço de televisão a cabo.

c) meio de difusão, que pode ser cabo, satélite ou radiodifusão e possibilita a comunicação entre difusor e receptor.

Souza e Elias (2003), em uma publicação mais técnica sobre os fundamentos da televisão interativa, afirmam que esta se compõe de dispositivos organizados em camadas.

A ideia central da arquitetura em camadas é que cada uma oferece serviços para a camada superior e usa os serviços oferecidos pela inferior. O sistema completo tem:

» hardware: composto por dispositivos físicos *set top box*, componentes, codificadores, decodificadores, multiplexadores e demultiplexadores;

» sistema operacional: manipula fluxos fornecidos pelo hardware; responsável por mecanismos como transmissão, sincronização da mídia e interface entre o hardware e o *middleware*;

» middleware: é o gerenciador de componentes; viabiliza e controla a interação de usuários com os fluxos de mídia e dados provenientes do sistema operacional;

» ambiente de desenvolvimento: permite a criação de programas interativos de forma simples e rápida, especificando as características dos programas a serem criados;

» aplicações: é a camada visível ao usuário, que fará a interação direta com ele.

A finalidade do *middleware* – ou camada do meio – é oferecer um serviço padronizado para as aplicações (camada de cima), escondendo as peculiaridades e heterogeneidades das camadas inferiores (tecnologias de compressão, de transporte e de modulação).

O uso do *middleware* facilita a portabilidade das aplicações, permitindo que sejam transportadas para qualquer receptor digital (ou *set top box*) que suporte o *middleware* adotado. Essa portabilidade é primordial em sistemas de TV digital, pois não é sensato ter como premissa que todos os receptores digitais sejam exatamente iguais. O *middleware* serve como interface para as camadas inferiores e superiores, garantindo a comunicação, gerenciando os componentes etc. Essa camada é fundamental para a TV interativa, pois provê um sistema de gerenciamento e distribuição de componentes, segurança e autenticação, transações, entre outros aspectos.

Na constituição desse ambiente ainda temos os aparatos externos complementares, como vídeo, PVR (*Personal Video Recorder*), DVD. De fato, a TVI não é realmente uma mídia por si só, mas um conjunto de adicionais periféricos agregados a um aparelho principal – a TV.

Cabo, satélite, IPTV

A TV digital a cabo foi o primeiro modelo de TV paga a chegar ao Brasil. Operadoras como a NET e a TVA basearam sua estratégia na transmissão por cabo. A implantação dos cabos é cara e dificilmente abrange todas as regiões, mas a qualidade de imagem costuma ser compensadora.

A TV digital por satélite já existe no Brasil. A Sky e a DirecTV utilizam a tecnologia DTH (*Direct to Home*). Algum dos aplicativos que teremos na TV digital terrestre, como o EPG (Guia Eletrônico de Programação), os conteúdos extras, as multicâmeras (*Enhanced TV*) já estão disponíveis para assinantes da Sky e da DirecTV. Muitas vezes o sinal de satélite sofre perdas devido à compactação de canais, o que diminuiu a qualidade da imagem.

A distribuição por IPTV (*Internet Protocol TV*), embora ainda muito recente e estrita, tem grande potencial. Ela pode chegar ao usuário tanto por linha telefônica quanto por fibras óticas. Normalmente é controlada pelas operadoras de telefonia e oferece preços semelhantes aos das plataformas tradicionais de transmissão de televisão, como o cabo e o satélite. Enquanto o debate não se aprofunda e as decisões são postergadas no Brasil, a convergência das mídias de maneira eficaz e real permanece no terreno da possibilidade. Pellini (2006, p.8), ao abordar o assunto, afirma que o fato de televisão, internet e telefonia serem entregues ao usuário por apenas uma operadora reduz os custos e aumenta a oferta de serviços, fornece lucros significativos às operadoras e beneficia cada vez mais o usuário.

Essa tecnologia poderá crescer muito nos próximos anos, pois tende a ser a resposta das operadoras de telefonia para a disseminação dos serviços de sua área que as operadoras a cabo estão oferecendo. Essa plataforma tende claramente a evoluir e tornar-se mais uma opção para que os telespectadores recebam sinais digitais de televisão.

No entanto, as operadoras ainda têm de resolver inúmeras dificuldades técnicas antes da plena implantação do IPTV, como a distância entre o telespectador e a operadora (Marsden e Ariño, 2005).

No Brasil, o debate sobre IPTV ainda nem começou. Além de ter de superar as questões da tecnologia, ainda vai esbarrar no conflito entre operadores de telecomunicação (que aqui são estrangeiras) e emissoras de radiodifusão (nacionais) e na lei que proíbe a internacionalização das empresas de comunicação social.

A TV digital terrestre

A TV digital terrestre é a grande novidade do contexto atual, pois, no Brasil, é a transmissão terrestre que chega a praticamente 100% dos lares. Nos últimos anos, confundiu-se o debate sobre TV digital com o sobre TV digital terrestre. Como se não bastasse, os envolvidos limitaram-se a tratar de aspectos da tecnologia, discutindo se o padrão deveria ser japonês, americano ou europeu. O governo brasileiro acabou optando por adaptar o padrão japonês, criando um sistema nipo-brasileiro. Esse assunto já está encerrado, mas ainda é possível abordar uma questão primordial: o modelo de televisão que virá. É um modo de nos prepararmos para novos debates e de entendermos como tecnologia e modelos de negócio podem intervir no modelo de programação que será privilegiado pela futura televisão.

▶ A DIFERENÇA ENTRE PADRÃO, SISTEMA E MODELO

Na discussão sobre TV digital existe ainda certa confusão com os conceitos "padrão", "sistema" e "modelo". Algumas vezes tais termos são apresentados como sinônimos, outras não. Vale a pena um esclarecimento.

O americano ATSC (*Advanced Television System Committee*), o europeu DVB (*Digital Video Broadcasting*) e o japonês ISDB (*Integrated Services Digital Broadcasting*) são sistemas diferentes, cada um formado por um conjunto de padrões. O sistema é o conjunto de toda a infraestrutura e de atores: concessionárias, redes, produtoras, empresas de serviços, ONGs, indústrias de conteúdo e de eletroeletrônicos. Já o padrão representa o conjunto de definições e especificações técnicas necessário para a correta implementação do sistema a partir do modelo definido.

Mesmo diferentes sistemas podem ter padrões em comum. Um exemplo: os três sistemas adotam o padrão MPEG-2 para vídeo e o MPEG para multiplexação de sinais (MPEG significa *Moving Picture Experts Group*). O DVB e o ISDB utilizam o padrão COFDM (*Coded Orthogonal Frequency Division Multiplexing*) para modulação; enquanto o ATSC usa o 8VSB (CPqD; Genius, 2003). O sistema a ser implantando no Brasil vem do ISBD. No entanto, algumas novidades foram introduzidas no sistema japonês, como outro padrão de compactação e um *middleware* chamado Ginga, nossa grande inovação e esperança.

Já o modelo da TV digital suscita mais do que questões técnicas. Diz respeito ao uso social que queremos fazer dessa tecnologia ("Haverá alta definição?", "Serão oferecidos serviços interativos?", "Haverá programação múltipla?", "Haverá recepção móvel?") e ao modelo financeiro (como será o financiamento dessa televisão, comercial ou público? Se comercial, como se dará esse modelo de negócio? Quanto será baseado em venda de anúncios, quanto em venda direta? A venda de anúncios será no *break* ou em *merchandising*?) Em suma, trata-se do uso que a sociedade poderá fazer da tecnologia disponível e dos objetivos gerais das políticas públicas e culturais para esse setor.

Na verdade, todos os três sistemas internacionais podem ser usados para transmissão em alta resolução, em multiprogramação ou para ter interatividade. Mesmo sistemas que hoje apresentam algumas limitações estão evoluindo rapidamente no sentido de resolvê-la. O ATSC, por exemplo, foca mais alta definição e ainda tem problemas no que se refere à mobilidade; entretanto, o aprimoramento ocorre a cada dia e em breve o sistema deverá resolver essa questão. Com o tempo, os padrões existentes no mundo tenderão a ter as mesmas características, ou seja, uns assimilarão dos outros o que houver de melhor.

Isso fica claro se lembramos do debate sobre o padrão de cor. Os Estados Unidos desenvolveram primeiro o NTSC. No início, porém, tal sistema apresentava problemas na varredura, o que impedia a manutenção das cores nos quadros seguintes. Então, engenheiros alemães aprimoraram o sistema e criaram o PAL (*Phase Alternating Line*).

O Brasil, por sua vez, desenvolveu o PAL-M. Alguns anos depois, o problema de varredura do NTSC foi resolvido. Assim passou a não haver mais diferença de desempenho entre os dois padrões. No final dos anos 1970, quando a primeira digitalização do sinal de televisão foi desenvolvida com código composto (amostra direta do sinal de TV composto), técnicos acreditaram que o sistema NTSC era mais fácil de ser experimentado e processado porque não alternava a fase de subtransporte linha por linha, como o PAL faz. O PAL precisava de uma amostra maior de velocidade, o que, naquele tempo, implicava custo muito alto. Então, o NTSC pareceu melhor.

Tempos depois, componentes eletrônicos de velocidade não eram mais um problema. Assim, deixou de haver diferença, em matéria de qualidade e desempenho, entre o NTSC e o PAL. Atualmente ninguém mais discute qual sistema é melhor, pois ambos são similares.

O mesmo deve acontecer com o debate sobre as diferenças entre os sistemas de TV digital. A tendência é que, com o passar dos anos, os vários sistemas existentes no mundo evoluam para ter as mesmas características. O que os diferenciará será o modelo de televisão escolhido para se relacionar com o público.

Além disso, vale destacar: a cada nova inovação tecnológica dos cientistas brasileiros, mais riqueza será trazida ao nosso país. Se outros países adotarem nosso sistema, novas patentes e mesmo a exportação de aparelhos e *set top box* produzidos no país resultarão em muito dinheiro, pois a televisão digital será um negócio de bilhões, um dos grandes negócios da década. Por isso é fundamental que sejam mantidas e ampliadas as verbas para pesquisadores. Precisamos não só ter todas as soluções em mãos como também continuar ativos na política externa, convencendo outros países a adotar nosso sistema.

O debate, portanto, é político e econômico, além de tecnológico. E também estético e cultural, pois, como analisaremos mais à frente, um dos destaques da tecnologia desenvolvida até agora por cientistas brasileiros é que ela resolve problemas reais do público. Isso faz toda diferença. Para que uma tecnologia prospere, não adianta apenas ter uma ótima embalagem ou ser uma grande novidade. Ela precisa, antes de tudo, ter sido criada em diálogo real com as necessidades humanas de determinada sociedade. O Brasil foi nesse caminho, e por isso criou tecnologia inovadora e adequada ao usuário.

▶ O CANAL DE RETORNO OU BIDIRECIONALIDADE

Outra possibilidade da televisão digital é a interatividade. Antes de analisarmos o potencial estético e social desse recurso, vejamos algumas questões técnicas.

A TV digital pode ter ou não canal de retorno. Quando há canal de retorno, denominamos bidirecionalidade – o que a transmissão digital terrestre de hoje não tem. Para que haja canal de retorno são necessárias a associação a outra tecnologia e uma empresa de telecomunicações intermediando essa comunicação.

As redes de TV a cabo têm mais largura de banda e por isso costumam ter bidirecionalidade. Nos Estados Unidos, desde 1960, há canal de retorno do assinante para a operadora, embora existam diferenças entre operadoras, dependendo da tecnologia de transmissão. Já a distribuição por satélite não é bidirecional, também devido à limitação na largura de banda.

Sem a existência de um canal de retorno, a interatividade fica restrita a uma navegação do espectador pela área que a emissora lhe transmite. Ele pode, por exemplo, escolher câmeras de vídeo. Pode conseguir informações extras, gravar e assim por diante. Mas não consegue se comunicar diretamente com a emissora. É o canal de retorno que tornará a interatividade plena.

Uma alternativa para o canal de retorno é o telefone fixo. Outra, o telefone celular. Os consórcios da TV digital do SBTVD (Sistema Brasileiro de Televisão Digital Terrestre) apresentaram mais duas opções: o WiMax, sistema de banda larga sem fio, que funciona em canal de UHF; e o CDMA 150, mesma tecnologia usada pela Vivo no celular, numa faixa de frequência diferente.

O WiMax e a proposta de adaptá-lo à faixa de frequência VHF-UHF, usada na TV aberta, nasceu do consórcio liderado pelo professor da Unicamp Luis Geraldo Meloni. Este participou também do consórcio Linear, empresa de Santa Rita do Sapucaí que exporta transmissores de TV digital para os Estados Unidos (Oliveira, 2005). Posteriormente, o ministro das Comunicações Hélio Costa sugeriu a criação de uma rede nacional de WiMax, na faixa de 3,5 GHz, sob controle do governo, que poderia ser usada como canal de retorno. Essa solução é interessante, pois permitirá que a televisão seja alternativa sem passar pelas redes operadoras de telecomunicações. Mas ainda não foi implementada.

Portanto, ainda não temos uma solução definitiva para o problema do canal de retorno.

▶ A DISPUTA ENTRE PADRÕES NO BRASIL

Entre 1994 e 2006, o debate sobre TV digital no Brasil ficou restrito aos padrões tecnológicos. Analisar alguns detalhes dessa discussão nos ajudará a entender as diferenças entre os sistemas e, o mais importante para o nosso estudo, a diferença entre padrão, sistema e modelo.

Começamos com uma rápida descrição dos sistemas que estavam em jogo.

O ATSC (*Advanced Television System Committee*), o sistema americano, foi o primeiro a entrar em operação, em 1998, tendo sido adotado nos Estados Unidos, no México, no Canadá, na Coreia do Sul, em Taiwan e países da América Central.

No Brasil, os testes realizado pela SET (Sociedade de Engenharia de Telecomunicações) e pelo Mackenzie, em 2001, revelaram que o ATSC era fraco para transmissões pelo ar por sofrer muita interferência e, dessa forma, ter muita perda de sinal. A conclusão foi que esse sistema poderia privilegiar as transmissões em HDTV (High Definition TV), mas ainda não era eficiente nem para a TV móvel (transmissão para veículos em movimento, como carros, ônibus, barcos, trens) nem para a portátil (transmissão para aparelhos como celulares e *palms*).

O DVB (*Digital Video Broadcasting*), europeu, favorece a multiplicidade de canais, a interatividade e a flexibilidade no modelo de negócio. Foi o modelo defendido por empresas de telecomunicação e é o mais utilizado no mundo hoje – em mais de cem países.

O japonês ISDB-T (*Integrated Service Digital Broadcasting Terrestrial*, mais conhecido como ISDB) vem operando no Japão desde 2003 e privilegia a alta definição, a mobilidade e a portabilidade. Já atinge pouco mais da metade do total de domicílios do país, o que indica uma aceitação satisfatória. Com estrutura de funcionamento similar ao do sistema europeu, o ISDB permite transmissão hierárquica, com imunidade à interferência, superior ao DVB; recepção móvel de HDTV; e segmentação de banda, que proporciona a subdivisão de um único canal em até 13 segmentos diferentes. Altamente versátil, funciona bem em qualquer terreno e foi o eleito das empresas de televisão brasileiras.

Em resumo, o sistema americano (ATSC) tem como vantagem oferecer televisão com excelente definição de som e imagem. O sistema japonês (ISDB), além da alta definição, oferece também interatividade e alta robustez, ou seja, preocupa-se com a transmissão em movimento. Já o DVB é o sistema que permite mais adaptações e flexibilidade no modelo de negócio, além de ser o mais testado em vários países.

Os difusores defendiam o sistema ISDB, alegando as vantagens da alta definição, possibilidades interativas e mobilidade. Já as empresas de telecomunicação, ao defenderem o sistema DVB, pretendiam quebrar o monopólio sobre o espectro de UHF e VHF e também produzir conteúdo audiovisual próprio, o que, em última análise, significa aumento de renda. Ao final, tanto um lado quanto o outro buscavam vantagens notadamente econômicas, não técnicas, como alegavam no debate.

Levando-se em conta fatores econômicos e industriais, a tecnologia japonesa não é a mais vantajosa. O relatório do modelo SBTVD, elaborado pelo Centro de Pesquisa e Desenvolvimento em Telecomunicações (CPqD, 2006, p. 72), apontou o ISDB como o mais caro para o consumidor. O europeu DVB garantiria os preços mais baixos, e o americano ATSC, preços intermediários. Um terminal de acesso básico no sistema ISDB sairia 18% mais caro do que no DVB, e um sofisticado, 15% mais caro. Por ser o DVB o sistema mais adotado no mundo, poderia reduzir preços dos componentes em decorrência da escala de produção.

Do ponto de vista das exportações, o sistema japonês também não era o mais indicado. O então ministro do Desenvolvimento, Luiz Fernando Furlan, demonstrava preferência pelo sistema europeu, por motivos industriais e de comércio exterior. Já o ATSC teria a vantagem de os Estados Unidos não terem indústria local de televisores, importando os aparelhos do México e da Ásia.

De toda forma, o governo acatou o interesse das emissoras e focou o padrão japonês. No entanto, as pesquisas nacionais nessa área já tinham alcançado bons resultados, e terminamos por criar um sistema nipo-brasileiro. Foi uma solução muito inteligente, que mostrou como o investimento em pesquisa sempre terá retorno.

Para concluir, vale destacar que essa discussão não foi apenas tecnológica. Tecnologia é o disfarce para não evidenciar interesses políticos, culturais e econômicos.

Cronologia da TV digital no Brasil

No dia 29 de junho de 2006, o presidente Luiz Inácio Lula da Silva assinou o Decreto 5.820 (Brasil, 2006), que estabeleceu as diretrizes para a digitalização da TV brasileira de transmissão terrestre. O documento definiu o padrão japonês ISDB-T como base do Sistema Brasileiro de Televisão Digital Terrestre e determinou que se incorporassem inovações tecnológicas locais. O texto estipula o prazo de sete anos para a digitalização. Cada emissora tem direito a um novo canal e dez anos para fazer a transição, podendo nesse período transmitir simultaneamente os sinais analógico e digital. Foram criados também quatro canais para o governo federal: do Poder Executivo, de Educação, de Cultura e de Cidadania.

As transmissões por sinal digital na televisão aberta tiveram início no país em dezembro de 2007. A primeira cidade a experimentar a tecnologia foi São Paulo. Em abril de 2008, foi a vez de Belo Horizonte e Rio de Janeiro receberem autorização para transmissão digital por meio das emissoras Rede TV! Globo e Record. A primeira a ter o serviço foi Belo Horizonte. Em junho, a Rede Globo anunciou o início da transmissão também para o Rio de Janeiro (Teleco, 2009).

Segundo o Decreto 5.820, a transmissão simultânea do sinal analógico e digital irá até 2016. A partir de 2013, somente serão outorgados canais para a transmissão em tecnologia digital.

O documento pôs fim a um debate que ocorria desde 1994 e cuja decisão foi continuamente adiada pelos governos Fernando Henrique Cardoso e Lula: nenhum dos dois queria tomar partido na disputa entre os padrões. A seguir, um quadro com a cronologia do debate sobre a TV digital no Brasil.

1994	As emissoras brasileiras começam a estudar tecnologia.
1998	A Anatel, recém-criada, passa a conduzir o processo.
2000	O Mackenzie compara os três padrões internacionais.
2001	A Anatel faz uma consulta pública sobre o resultado dos testes.
2002	A Anatel faz nova consulta pública, sobre aspectos sociais e econômicos.
2003	O governo tira o processo da Anatel e propõe um sistema local.
2005	Os consórcios brasileiros terminam seus relatórios.
2006	O governo assina um acordo com os japoneses.

Fonte: *O Estado de S. Paulo*, 9 mar. 2006

A novidade pós-2006 é que realmente se fortaleceu o desenvolvimento de um sistema nipo-brasileiro.

O SBTVD

O Sistema Brasileiro de Televisão Digital (SBTVD) partiu da iniciativa do ex--ministro das Comunicações Miro Teixeira, o primeiro a ocupar a pasta no governo Luiz Inácio Lula da Silva.

A ideia de ter um sistema próprio foi muito criticada. A principal argumentação contra a proposta de Miro, tanto por parte das emissoras quanto da indústria, era que a criação do sistema nacional poderia levar o país ao isolamento tecnológico, o que significaria menor escala de produção, dificuldades na exportação e preços mais altos. Muitos temiam que o Brasil cometesse o mesmo erro que ocorrera ao decidir o padrão de cor, quando não se optou nem pelo padrão americano (NTSC) nem pelo europeu (PAL), escolhendo-se um terceiro (PAL-M) – o que deixou o país isolado tecnologicamente e eliminou várias vantagens, como a economia de escala para os aparelhos de televisão.

Para o desenvolvimento do SBTVD, o governo federal incentivou pesquisas em várias universidades nacionais. No desenrolar do trabalho, os pesquisadores brasi-leiros mantiveram contato com os desenvolvedores dos outros padrões e sistemas, o que atendia também aos interesses de empresas nacionais que continuavam te-mendo o isolamento. Gradativamente percebeu-se que, apesar da necessidade de adaptação da tecnologia ao mercado brasileiro, o ideal seria manter a compatibilidade – se não de equipamentos pelo menos de componentes. Concluiu-se que qualquer sistema no Brasil seria híbrido, tendo em vista as particularidades brasileiras. A discussão residia, portanto, em escolher de qual modelo deveria partir o caráter híbrido, e quais as implicações, os riscos e oportunidades dessa escolha.

Ficou evidente, com o transcorrer das pesquisas, que não seria necessário inventar um sistema 100% nacional, pois havia condições de criar componentes que, além de melhorar o sistema brasileiro, poderiam ser usadas também em outros países que adotassem o sistema japonês.

Isso ficou claro para o governo já em 2004, quando o então secretário executivo do Ministério das Comunicações, Paulo Lustosa, durante a abertura do evento ABTA 2004, organizado em São Paulo pela Associação Brasileira de Televisão por Assinatura (ABTA), declarou: "Não queremos reinventar a roda. Não há pretensão de criar um sistema brasileiro. A movimentação da comunidade científica será para definir, entre os sistemas existentes, o mais adequado às condições do país".

Os resultados das pesquisas do SBTVD foram animadores e provaram que o Brasil pode e deve pensar grande. Entre outras conquistas, o país aperfeiçoou o padrão de modulação e desenvolveu um *middleware* nacional (o Ginga), compatível com o padrão japonês, além de criar aplicativos inéditos e um projeto de *set top box* de baixo custo.

Os resultados foram excelentes e interessaram ao mundo todo. Os cientistas brasileiros inovaram ao criar soluções simples que resolveram problemas reais do espectador. Dois exemplos: 1) desenvolveram um software para criação de salas virtuais. A novidade é que a interatividade não se dá entre público e programa, mas entre um usuário e outro enquanto assistem ao programa. Esse software recupera a possibilidade de um grupo de amigos fisicamente afastado assistir à televisão em conjunto. O programa foi pensado para o público de futebol, mas tem aplicação em inúmeras outras situações (eu poderia, por exemplo, assistir com meus distantes amigos de república ao programa do saudoso Athayde Patrese); 2) habilitaram o canal de retorno por celular, o que dispensaria o controle remoto. A possibilidade de interagir pelo celular pode conquistar o público, pois permite que vários usuários em uma mesma sala interajam individualmente com o programa, eliminando a antiga disputa pelo controle remoto.

▶ A TV NA INTERNET

O caso YouTube

A partir de 2006 a televisão nunca mais foi a mesma. O grande sucesso do YouTube surpreendeu a todos e redefiniu os modelos de negócio e o significado de sucesso.

Em julho de 2005, o site teve 2,5 milhões de visitantes. Um ano depois, eram mais de 50 milhões (Veja, 2006). Ainda em 2006, o Google comprou o YouTube por US$ 1,65 bilhão, realizando um dos maiores negócios da história das mídias. E até hoje (2010) o site continua no topo da audiência. Todo dia, cerca de 72 milhões de pessoas visitam a página, que distribui 100 milhões de novos vídeos diariamente. No Brasil, são 2,6 milhões de visitantes únicos por dia (Ditolvo, 2006).

O sucesso do YouTube se contrapõe a exemplos de televisão na web que não foram tão bem-sucedidos. A allTV, por exemplo, surgiu muito antes do YouTube, já em 2001, mas nunca emplacou como megasucesso. A diferença está no conceito. O YouTube trabalha com o conceito de Web 2.0, que dá todo o poder à comunidade, permitindo aos usuários postar conteúdo próprio e definir os vídeos de sucesso. Já a allTV tentou reproduzir na web a programação tradicional de televisão, acrescentando apenas a possibilidade interativa.

O YouTube inovou ao ter tido a coragem de se assumir como um site que "apenas" disponibiliza a ferramenta mais usada para que os usuários exibam seus vídeos por meio da web. Em vez de produzir, o YouTube optou por ajudar o usuário a exibir vídeos próprios. Assim, a cada instante, pessoas do mundo todo fornecem conteúdo gratuitamente ao YouTube. Estima-se que a cada dia 35 mil novas atrações sejam acrescentadas ao acervo pelos usuários. O site aproveitou a capacidade quase infinita da internet de armazenar dados e se tornou uma imensa prateleira, onde todos os vídeos são expostos simultaneamente. O sucesso do YouTube se deve à sua opção de ser uma "cauda longa". Ou seja, em vez de contar com poucos sucessos de "audiência de massa", abriga uma imensa massa de vídeos que alcançam pequena audiência.

O usuário encontra apenas uma limitação: só pode inserir vídeos de, no máximo, 12 minutos. Esses vídeos podem ser produção própria (autoral) ou trechos brutos retirados da televisão comercial e/ou criados pela remontagem criativa de outros vídeos. A recriação crítica ou irônica de outros vídeos é uma constante na internet. Há inúmeros vídeos com dezenas de versões, cada uma com uma pequena remontagem ou recriação de algum usuário.

Além disso, o usuário também pode atuar como crítico, opinando sobre os conteúdos por escrito. E pode ser um programador, criando canais agregadores personalizados, com seus vídeos preferidos.

O sucesso do YouTube deve-se também a outros princípios da Web 2.0. Um deles é a usabilidade. O site prima pela simplicidade gráfica da interface e foi o primeiro a facilitar imensamente a tarefa de colocar um vídeo on-line. Qualquer amador, mesmo sem nenhum conhecimento de programação, consegue postar um vídeo. Ou seja, o YouTube não economiza em facilidade. Para o usuário, tudo.

O YouTube também tem uma ferramenta que permite ao usuário linkar seu blogue pessoal com os vídeos do YouTube. Desse modo, blogueiros começaram a atuar como mediadores e "críticos", indicando seus vídeos preferidos para o próprio público. O usuário-blogueiro também pode utilizar a ferramenta do YouTube para postar no blogue.

O site se tornou o espaço por excelência para vídeos sobre qualquer assunto. Ao dar ao usuário a possibilidade de assistir a vídeos pelo celular, o YouTube efetiva o princípio número um da convergência: "Qualquer coisa, a qualquer hora e em qualquer lugar".

Assim, inovação e pioneirismo no trato com o usuário fizeram com que o YouTube se consolidasse quase como um sinônimo de vídeo na internet. Estima-se que algo em torno de 60% dos vídeos vistos na web o sejam pelo YouTube.

Outros modelos

Impossibilitados de competir com a abrangência que o YouTube alcançou, os outros sites de vídeo começaram a procurar caminhos próprios.

Antes de discorrer sobre esses caminhos, convém entender os modelos de site de vídeo na web, para o que duas questões são fundamentais: a) se o conteúdo é exibido ao vivo ou em fluxo e acumulado em arquivos. O conteúdo em fluxo é o que continua girando até ser interrompido pelo usuário ou até que o usuário "troque de canal". Remete à experiência comum da televisão que conhecemos. Já o conteúdo em arquivo, ao contrário, para depois que o arquivo termina; e b) se a produção é profissional ou oferecida por usuários amadores.

Enquanto o YouTube, no que se refere a conteúdo, optou por exibir vídeos oferecidos pelos usuários, sites como o Jalipo e Joost optaram por disponibilizar tanto conteúdos de amadores quanto de profissionais. Já a allTV optou por exibir apenas produção profissional, seja própria, seja oferecida por estúdios e produtoras profissionais.

Essa opção pelo conteúdo profissional também tem sua lógica. Esse tipo de site se posiciona no mercado ao garantir ao usuário a qualidade do conteúdo que exibe, em comparação com a suposta "baixa qualidade" do conteúdo oferecido pelos amadores. Seu conceito remete às estratégias de um canal de televisão tradicional, que se preocupa em garantir que todo programa a ser exibido tenha um mesmo "padrão de qualidade". Dessa forma, esses canais (ou sites de vídeo) buscam fidelizar certo tipo de espectador.

Outro diferencial desses sites em relação ao YouTube é o fato de exibirem seus conteúdos em fluxo, assemelhando-se mais à televisão tradicional.

O exemplo mais bem-sucedido é o Joost. Criado pelos mesmos fundadores do Skype, em seu primeiro ano o Joost alcançou um milhão de usuários e atraiu investimento de grandes empresas de mídia como, Viacom e CBS, que ofereceram recursos em troca de participação nas receitas de publicidade. Tem sido nos últimos anos o principal concorrente do YouTube.

Tecnicamente, há uma diferença fundamental entre o Joost e o YouTube. Neste, o "sinal" de resposta à ação do usuário sai direto dos servidores do site. As imensas despesas de banda são um problema recorrente ao modelo de negócio do YouTube. A aquisição pelo Google resolveu a questão provisoriamente. Quanto mais o site cresce, mais ele precisa de banda. E quanto mais um vídeo é assistido, mais banda do site é gasta, gerando novas despesas.

Já o Joost optou por uma tecnologia de distribuição de conteúdo que se dá por P2P (*peer to peer*), mais eficiente no que se refere a gastos de banda. O *peer to peer*, inicialmente criado para música, consegue dividir os custos de banda com cada usuário, pois, ao mesmo tempo que um usuário do Joost recebe e consome *bytes* de vídeo, está também enviando outros tantos *bytes* para os demais usuários. Isso permite que o Joost exiba vídeos de melhor definição com rapidez e eficiência. Outra diferença importante, consequência desta, é que para assistir a um vídeo no YouTube não é necessário cadastramento. No Joost, sim.

No caso do modelo de "programação", o Joost também teve outra estratégia. Este site percebeu que o YouTube se afastou demais da experiência de ver televisão. O YouTube é internet em seu modelo puro e exige interatividade permanente. O usuário tem um acervo imenso e escolhe um vídeo por meio de busca. Quando termina a exibição o usuário, se não quer proceder outra busca, tem, no máximo, a opção de assistir a vídeos do mesmo canal. Mas até para isso precisa agir novamente, clicando.

Já o Joost define previamente alguns canais. O usuário pode optar por assistir a determinado canal e, a partir daí, a imagem começa a rolar em fluxo contínuo, um vídeo após o outro, até que o usuário decida interromper o fluxo para desligar ou trocar de canal. Dessa forma, o Joost oferece a experiência passiva do espectador televisivo que escolhe apenas o canal e assiste ao fluxo por ele determinado. Por mais estranho que pareça para os que acreditam que o usuário quer ser sempre ativo, é fato que essa recuperação da relativa passividade do espectador televisivo tem sido um dos motivos do sucesso do Joost.

Também a interface do Joost reproduz na internet a experiência de ver e interagir com televisão tradicional. Há o botão de mudança de canal, que pode ser movimentado apenas para cima ou para baixo (próximo canal ou canal anterior), e o controle de volume.

Atualmente, estão disponíveis 22 canais, contendo 422 programas de TV, o que dá uma média de 19 atrações por canal. A duração de cada programa varia bastante, de dois até quase noventa minutos. A ideia do site é que o telespectador, assim como as grandes indústrias de mídia, crie seus canais temáticos. Empresas lançaram canais corporativos: a Warner, a MTV e outras já têm os próprios canais na plataforma. Exibem propagandas curtas, que mostram só a logomarca do patrocinador.

A allTV também optou por levar para a internet a experiência da televisão tradicional: oferece programação em fluxo e com conteúdo próprio, contando com as vantagens da rede, principalmente a interatividade.

A allTV foi ao ar em 2002 com uma proposta ousada: transmissão ininterrupta vinte e quatro horas, com doze de jornalismo e doze de variedades. A interatividade foi sua principal novidade: o telespectador agora é usuário, e, por isso, também participa. Num texto do site da rede, seus idealizadores defendem a convergência entre o que há de melhor em cada mídia: "O conteúdo do jornal; o improviso e o coloquialismo do rádio; a imagem e a estética da televisão; e os múltiplos recursos da internet, notadamente a interatividade" (Gondim, 2009).

Uma das fontes inspiradoras foi a Citytv, uma inovadora TV de Toronto, Canadá. Tal como na Citytv, a linguagem da allTV segue um conceito diferente: lembra o estilo de uma rádio FM, sem roteiros rígidos ou predeterminados. Na allTV, o improviso tem prioridade. É uma TV-rádio que oferece a experiência completa do fluxo. É um modelo de programação alternativo para web que, mesmo sem ter alcançado o imenso sucesso do YouTube, também vem conseguindo espaço.

A possibilidade de ser realizador

A afirmação da democracia e da liberdade na internet não se pauta apenas na maior possibilidade de escolha. Ela acontece também porque muitos usuários começaram a realizar os próprios filmes.

Alguns projetos optaram por dar ênfase a esse ponto, estabelecendo modelos de negócio que incentivam a profissionalização dos realizadores. Para conquistar novos e melhores realizadores, o site Jalipo começou a remunerar os vídeos por *page view*. Como a intenção é incitar o realizador a postar, o site não exige exclusividade e permite que o autor mantenha os direitos de sua obra. É o caso também do See Me TV, que teve mais de 12 milhões de downloads em 2004.

Há também projetos empresariais que incentivam os realizadores a fazer os próprios vídeos. Para divulgar a possibilidade de realização de vídeos com o aparelho celular, a operadora de telefonia Claro lançou o Claro Video Maker, que remunera com 10 centavos cada vídeo baixado.

A televisão na era digital   101

No Brasil, surgiu em 2008 outra experiência inovadora, o FIZ – canal de TV paga que busca interação com um canal de internet.[3] A proposta do FIZ é selecionar e exibir vídeos feitos pelo usuário e postados no site. O canal é feito, portanto, com uma programação produzida e definida pelo usuário. É uma tentativa de aliar uma das características que conferem popularidade ao YouTube ao modelo tradicional da TV. Para empacotar os vídeos (dispostos numa lógica de arquivo) para televisão tradicional (de fluxo), o canal estabeleceu estratégias. A programação foi dividida em blocos: Fiz.doc para documentários, Fiz.anima para animações, Fiz.clipe para músicas, entre outros. O usuário também participa de outros processos, como criação das propagandas ou vinhetas, em concursos promovidos pelo site.

O FIZ também incentiva financeiramente os realizadores. Se um vídeo chegar à TV, recebe um cachê, sem contar a glória de ser exibido em televisão. Além disso, o site criou uma comunidade de produtores que se unem para discutir os filmes que realizam; já começam a se formar equipes criativas em consequência disso.

A segmentação do conteúdo

Outros sites optaram pela segmentação. Em vez de ter todos os conteúdos de todas as áreas, eles preferem se tornar referência num tipo de conteúdo específico.

Isso ajuda o usuário a resolver um dos principais problemas que ele tem ao acessar sites como o YouTube: selecionar o vídeo que quer assistir. A oferta é tão grande que chega a ser desconcertante para alguns usuários. Além disso, a estratégia de segmentação permite a construção de marcas especializadas em um tipo de conteúdo, o que confere também confiabilidade ao material exibido.

O caso mais bem-sucedido de segmentação é o MTV Overdrive, versão da MTV para internet. O site tira proveito da marca e da fidelidade do público da MTV na medida em que transfere essa audiência para a web. Nos Estados Unidos, foram 400 milhões de acessos somente no primeiro ano. Lá os usuários podem acessar os clipes do acervo da emissora e frequentar canais conforme o seu gosto musical. Ou seja, a MTV segmentou ainda mais a programação para seu público. Em vez de ser uma grade de fluxo, em que um clipe de *heavy metal* é sucedido por um de pagode, o site permite que cada usuário assista apenas aos clipes do gênero que prefere. Além disso, o usuário pode ver "extras", como ensaios de bandas e bastidores de programas. No Brasil, o site foi lançado em 2006, após um comunicado polêmico

---

3. No final de junho de 2009, o grupo Abril, que detinha os direitos de transmissão do FIZ, decidiu retirar o canal do ar depois de fracassar em negocições para a sua entrada nos canais oferecidos pela NET, das Organizações Globo. Porém, a partir de setembro do mesmo ano, o canal se transformou em um programa chamado "FIZ na MTV", na programação semanal da emissora, com o mesmo conceito.

da emissora: os videoclipes seriam retirados da grade de programação televisiva e ficariam restritos à web.

Com uma linha completamente diversa de especialização, merece menção o Guerrilla News Network (www.gnn.tv). Seu conteúdo é produzido em inglês e atinge um público que faz oposição ao governo americano. O site é a base de um projeto que circula por várias mídias, sustentado por assinaturas na web, venda de DVDs e produção eventual de documentários para redes maiores, como a HBO. Uma renda complementar vem da distribuição de conteúdos para celulares. São modelos de negócio inovadores e totalmente viáveis, que permitem que sonhemos com um novo campo de produção audiovisual, mais diversificado e autossustentável.

Um site como esse mostra que, potencialmente, as webTVs são um dos principais caminhos para democratizar e diversificar a produção audiovisual. Hoje, organizações não governamentais e grupos culturais de todo tipo podem construir na web canal próprio de informação e entretenimento.

▶ A TV MÓVEL

Mobilidade e portabilidade

A transmissão para TV móvel se divide em duas formas: mobilidade é a transmissão digital para televisores portáteis, como aqueles utilizados em veículos; portabilidade é a transmissão digital para dispositivos pessoais, como celulares. Foi-se o tempo em que o celular servia apenas para transmissão e recepção de voz. A tecnologia de hoje permite que o aparelho transmita e grave conteúdos multimídia, como texto, fotos, vídeos, e que ainda acesse a internet. Há também a possibilidade de exibir vídeo e de receber programação televisiva. Vamos falar do mercado de celulares para depois refletir sobre possíveis tendências na programação.

O comportamento do mercado e a tecnologia 3G

Segundo a consultoria ABI Research, o processo de digitalização dos sistemas de *broadcasting* vai alavancar o crescimento da TV digital móvel. A expectativa é de alcançar 500 milhões de espectadores em 2013, com destaque para o pioneirismo que ocorre no Japão e na Coreia do Sul (Telecon Online, 2009).

O recente relatório da consultoria destaca que esse processo de expansão não está ligado apenas ao celular, mas diz respeito a diversos tipos de suporte móvel, como os aparelhos disponibilizados nos sistemas de entretenimento dos veículos. Para o analista Jeff Orr, a maior oferta de conteúdo e serviços deverá trazer para o mercado uma gama de *devices* móveis, além de soluções de entretenimento móvel já conhecidas.

Paralelamente, segundo a mesma fonte, uma série de segmentos se beneficiará com a expansão da TV móvel. Dentre eles podemos citar os desenvolvedores de conteúdo e provedores de serviços, os fabricantes de dispositivos móveis, as empresas da área de multimídia e softwares de segurança, semicondutores e fornecedores de infraestrutura de redes.

Essa expansão do mercado de conteúdos multimídia para o celular foi alavancada pelo surgimento das redes de 3G (terceira geração). Enquanto as redes de segunda geração foram concebidas para o tráfego de voz, as de 3G foram criadas para transmitir dados. Sua velocidade de transferência é dez vezes superior e possibilita o armazenamento de pelo menos dez vezes mais informações nos celulares. Estimou-se que a venda mundial de celulares 3G ultrapassaria a venda de celulares 2G já em 2009. Em países como Japão e Coreia do Sul, praticamente todos os novos assinantes móveis são de terceira geração. Na Europa, 75% dos novos assinantes são 3G, dos quais 64% usam o WCDMA (*Wide-Band Code-Divison Multiple Access*)[4]. O mundo todo – desenvolvido ou em desenvolvimento – caminha rapidamente para a 3G.

No Oriente, o uso de celulares para conteúdo multimídia é uma realidade mais presente. É japonesa a operadora pioneira no serviço – a NTT DoCoMo, que há cinco anos fez o primeiro lançamento comercial dessa tecnologia UMTS[5] e hoje tem mais de 29 milhões de clientes utilizando o sistema. Para 2009, a previsão de crescimento era bastante positiva: mais de 51 milhões de usuários.

Mas essa tecnologia já foi superada por outra: o HSDPA[6]. Desde seu lançamento comercial – realizado pela Cingular Wireless, nos Estados Unidos, em novembro de 2005, 51 operadoras oferecem o serviço. A tendência é que praticamente todas as operadoras UMTS migrem para HSDPA devido a benefícios significativos – tanto para elas quanto para o usuário.

Na América Latina, a primeira rede UMTS foi implantada pela Huawei Technologies. Um ano depois, em 2007, a 3G Americas já comemorava a migração de vários usuários do GSM para a tecnologia 3G em diversos países da América Latina, entre eles Argentina, México, Chile e Brasil.

---

4. O CDMA (*Code Division Multiple Access*, ou Acesso Múltiplo por Divisão de Código) é um método de acesso a canais em sistemas de comunicação. O CDMA é usado como o princípio da interface aérea do W-CDMA.

5. O WCDMA é a tecnologia 3G mais avançada e a única usada em UMTS (*Universal Mobile Telecommunication system*). Tem interface de rádio de banda larga e velocidade de dados muito superior – até 2 Mbit/s.

6. HSDPA (*High-Speed Downlink Packet Access*) é um novo protocolo de telefonia móvel. Trata-se de um serviço de transmissão de pacotes de dados que opera no UMTS/W-CDMA e abre novas possibilidades de serviços multimídia que utilizam a transmissão em banda larga em telefones móveis.

A América Latina e o Caribe, juntos, têm mais assinantes da tecnologia GSM do que toda a população dos Estados Unidos: são 334 milhões de usuários na região, segundo anúncio da 3G Americas.

Apesar disso, muitos países já estão migrando para os serviços 3G por meio do UMTS/HSDPA, segundo Erasmo Rojas, diretor para a América Latina e o Caribe da 3G Americas (Livingston, 6 mar. 2009). A empresa informa que, em fevereiro de 2008, 18 redes comerciais UMTS/HSDPA operavam em 11 países da América Latina e do Caribe. A estimativa é de que até 2012 o número de assinantes dessa tecnologia ultrapasse a marca de um bilhão.

Na América Latina, Chile e Argentina já implementaram as primeiras redes 3G; outros países, como México, Paraguai, Uruguai, Equador, Colômbia, Peru e Venezuela, já têm projetos de redes 3G em andamento ou em fase de planejamento. Os 300 milhões de usuários de celular na América Latina terão acesso a redes móveis 3G.

O mercado brasileiro

O Brasil é um dos dez maiores mercados de telefonia celular do mundo e o primeiro da América Latina, à frente até do México. Segundo dados da Anatel, em dezembro de 2008 estavam registrados no Brasil mais de 150 milhões de telefones celulares, mais do que o dobro do que havia em 2005 (Anatel, 2009).

A exibição de vídeos nos aparelhos de celular começou com os downloads, em 2002. De olho no nicho, a Globo já produz conteúdo para telefones celulares. A emissora leva em conta os resultados de uma pesquisa que indica que 80% do público entrevistado estaria disposto a comprar aparelhos com receptor de TV. Segundo o diretor-geral da emissora, Otávio Florisbal, o conteúdo seria produzido exclusivamente para celulares e miniTVs digitais (Castro, 2008).

A aposta talvez tenha influenciado a decisão da Endemol Globo, que detém os direitos da novela *FanTesstic* (um mix de animação e filme criado pela Endemol holandesa e traduzido para o português), de vendê-los para exibição, por celular, para a Oi. Trata-se da primeira novela a ser vista pelo celular. São oitenta capítulos de cerca de cinquenta segundos. O diferencial no conteúdo, transmitido via MMS (*Multimedia Messaging Service*), está no convite para que o usuário interaja com o personagem, opinando sobre decisões a tomar em determinados momentos.

Há também os inúmeros serviços de venda de vídeos para celular, realizados pela internet, além de novos canais para celular com programação 24 horas, como o ToingTV, criado para assinantes do Tela Viva. Esse canal é o primeiro desvinculado das operadoras de telefonia e, por isso, tem capacidade de *streaming* de vídeo em celular de qualquer operadora.

Em relação à tecnologia 3G, a Vivo foi a primeira operadora a oferecer o serviço no Brasil, embora a cobertura fosse bastante limitada, já que usava tecnologia EVDO[7]. Atualmente, as empresas que oferecem o serviço no país (Claro, TIM, Oi, Telemig, CTB e Brasil Telecom) já o fazem por meio da tecnologia WCDMA/HSDPA.

O presidente da TIM do Brasil, Mario Cesar Pereira de Araújo, confirmou investimentos de R$ 5,7 bilhões no país até 2009, sendo que, destes, R$ 2 bilhões foram empregados em aquisições feitas em 2007, incluindo licenças de 3G e WiMAX (Tele.sintese, 2007).

Em 2004, o Terra foi pioneiro ao lançar a TV Terra para usuários da Vivo. Por meio de uma assinatura mensal de R$ 9,99, o cliente pode baixar cerca de cinquenta vídeos atualizados semanalmente. Nos primeiros quatro meses de operação, o serviço conquistou 6 mil assinantes.

Em 2006, a Claro lançou o "Ideias TV", um pacote com 12 canais por assinatura disponibilizados aos celulares por transmissão feita via *streaming* pela própria rede da operadora. O usuário podia optar por três tipos de assinatura: diária, semanal ou mensal. Os preços iniciais eram de R$ 3,30, R$ 10 e R$ 30, respectivamente. O serviço é acessado por meio de um aplicativo que precisa ser baixado no portal da operadora.

O Brasil foi o nono país a lançar o serviço de MobiTV. A primeira operadora a ter um serviço de canais de TV por *streaming* no celular no país foi a TIM, que o lançou em outubro de 2004. Em 2003 a "TIM TV Access" já oferecia acesso a três canais: Bloomberg, Climatempo e Sat2000 (TV Vaticano), a um custo de R$ 0,92 por minuto.

A Vivo também é uma das que oferecem o serviço tanto por *streaming* quanto por download. Entre as opções há desenhos, gols da rodada e clipes musicais. Por enquanto, o funcionamento se dá de dois modos: por meio de alertas (o usuário assina o conteúdo que quer receber e a operadora lhe envia mensagens de alerta com as notícias que julga de maior importância – a desvantagem do mecanismo está na recepção de muita informação em que o cliente não tem interesse); e *on demand* (o usuário pede apenas o que é de seu interesse, no momento em que desejar). A aposta está em desenvolver conteúdos que sejam do interesse do usuário que prefere *on demand*.

Os esforços para transmitir vídeos em tempo real são cada vez mais notáveis; no entanto, nem todo aparelho tem capacidade para fazer *streaming*. Muitos deles ainda estão aptos apenas à execução de downloads.

---

7. EVDO ou EV-DO é a sigla de *Evolution Data Optimized* (Evolução de Dados Otimizados). Desenvolvida pela Qualcomm, é uma tecnologia de terceira geração (3G) do CDMA utilizada para o transporte de dados.

Portanto, a potencialidade do celular, sobretudo no Brasil, ainda está bastante relacionada com downloads de *ringtones*, *truetones*, músicas e vídeos – o que não quer dizer que a relação entre operadora e empresas detentoras de direitos autorais seja serena. Calcula-se que os toques baixados para celular sejam responsáveis por 10% do faturamento da indústria fonográfica, tão afetada pela pirataria.

Como os *ringtones* e *truetones* não são de autoria das operadoras, os lucros obtidos deveriam ser divididos com os detentores dos direitos autorais. O Ecad (Escritório Central de Arrecadação e Distribuição) espera o recolhimento de tributos pela execução pública das músicas. Mas, segundo o órgão, as operadoras permanecem inadimplentes. Por sua vez, estas alegam que as músicas são executadas apenas nos aparelhos particulares de cada cliente (CartaCapital, 2008).

Outra questão envolvendo a execução de músicas é a necessidade de pagar uma taxa de hospedagem para cada uma das composições disponíveis para download. Em razão da tarifa, existem empresas americanas com um banco de dados de 5 mil músicas que permanecem fora dos negócios no país. Os dados podem ser transmitidos por USB e Bluetooth (Goulart, 2008).

Atualmente, um dos principais provedores de serviços no segmento de telefonia celular é a SupportComm. Fundada em 1997, a empresa atende operadoras de telefonia móvel e oferece serviços customizados a clientes de diferentes áreas. A Oi, a Claro e a Vivo são alguns desses clientes. A parceria implica a divisão dos lucros, que têm de ser repassados à SupportComm, que é quem trabalha os conteúdos.

Entre os principais conteúdos produzidos para celular ainda estão os *crazy tones* (frases como "Meu nome é Zé Pequeno", "Atende o telefone", "Tem um pobre ligando pra mim"). Há também os jogos e vídeos. Em 2008, segundo anúncio da TIM, o mais baixado pelos usuários e fãs de games foi *Project Gotham Racing*, seguido por *Scooby Doo*. Entre os vídeos mais baixados ainda estão os videoclipes e gravações do tipo "videocassetada" com animais e crianças.

Ou seja, o mercado de televisão e vídeo no celular já existe no Brasil. O problema é que ele continua totalmente desregulamentado e permitirá que as operadoras, empresas de capital internacional, transmitam conteúdo audiovisual, quando a legislação brasileira prevê que apenas empresas nacionais podem atuar em comunicação social. Talvez sejam necessárias novas leis, que aproximem telecomunicação e comunicação social sem deixar de proteger as empresas nacionais. Essa decisão política será fundamental para o mercado audiovisual brasileiro, pois, se por um lado é importante termos o controle nacional dos conteúdos, por outro é necessário mais investimentos e novas empresas no negócio de produção audiovisual. Uma ação eficaz de políticas públicas neste momento poderá garantir o surgimento de um mercado mais democrático e diversificado.

O indivíduo diante da mobilidade

Como se comportam os usuários diante da mobilidade da TV? Segundo pesquisa realizada pela consultoria TelecomView, o número de pessoas que assistem à TV pelo celular deverá chegar a 187 milhões até 2011.

Outra pesquisa feita pela Ericsson Consumer Lab em países da Europa, com 700 usuários da telefonia móvel, indica que os pesquisados assistem, em média, a cem minutos de televisão por semana no celular. Destes, 40% afirmam que assistem à TV móvel todos os dias, a caminho do trabalho ou em intervalos durante o expediente. O horário de pico, no entanto, ainda seria entre 18h e 22h, coincidindo com o horário nobre da TV convencional.

O que diferencia esses usuários dos telespectadores comuns é o tipo de programação à qual desejam assistir. Eles esperam ter, por meio de guias simples que permitam trocar rapidamente de canal, vídeos e *podcasts* sob demanda, interatividade, personalização e a possibilidade de pausar, recomeçar, pular para a frente ou para trás durante os programas (como fazem com seus tocadores de mp3).

A pesquisa aponta, ainda, que as pessoas que assistem aos conteúdos interativos passam praticamente o dobro do tempo utilizando a TV móvel em comparação com usuários dos programas convencionais. São consumidores atípicos. A dúvida é se eles estão numa vanguarda a que todos chegarão ou se sempre serão minoria. É difícil responder a essa questão.

Portabilidade e conteúdo intrusivo

Antes de debater sobre qualquer mídia é preciso ter em vista o que é específico dela, o que a torna melhor do que todas as outras que exercem papel parecido. O celular se destaca pela portabilidade.

A portabilidade pede conteúdos leves e curtos, que não sejam afetados pelas interrupções do dia a dia. As pessoas usam a TV móvel em seu tempo ocioso, na sala de espera, no ônibus, no trânsito parado.

Os consumidores pedem mais funcionalidade, que permita maior controle, inclusive a possibilidade de pausar. Querem usar o celular para personalizar e controlar conteúdos. E também para interagir com eles.

Esse fato, aliado à disponibilidade de conteúdo digital adequado e conexões fixas e móveis com alta capacidade de transmissão, facilita cada vez mais o processo de oferecer ao consumidor o conteúdo que ele quer receber.

Outra característica do celular é que o usuário não o liga, ele toca. Ou seja, ele desperta o usuário para uma chamada. É o chamado conteúdo intrusivo, ou a possibilidade de ter um conteúdo que literalmente chama o espectador.

O usuário poderia se programar para receber mensagens, notícias ou imagens. O recurso estaria disponível tanto para o investidor do mercado financeiro, sempre em busca das últimas notícias, quanto para o torcedor de futebol, que se cadastraria para receber mensagens toda vez que ocorresse um gol durante, por exemplo, os jogos do Brasil. A intrusão também seria usada no sentido contrário: um usuário ligaria para o celular de seu amigo e lhe enviaria um vídeo. O usuário já o receberia ao atender. O recurso seria utilizado também para homenagens (aniversário e datas festivas), "brincadeiras" e muito mais.

A possibilidade de intrusão pode existir na internet e na televisão, basta uma programação voltada para esse fim. Porém, é uma característica cultural típica do celular e deve ser potencializada. A expectativa atual gira em torno do desenvolvimento de mecanismos que possibilitem também a criação de aplicativos que enviem imagens da televisão.

O celular como câmera olho

Muitos celulares atuais são, também, câmeras digitais. A imensa mobilidade e praticidade dessas câmeras efetiva o projeto do cine-olho do cineasta russo Dziga Vertov (1896-1954).

Em seus textos, Vertov tratava da necessidade de desenvolver um equipamento de filmagem portátil, capaz de registrar sincronicamente imagens e sons. Ele idealizava uma câmera que, durante a filmagem, captasse a vida de improviso, sem interferir no curso normal dos acontecimentos.

Na década de 1920, quando Vertov escreveu esses textos, os cinegrafistas utilizavam câmeras pesadas, ruidosas e movidas à manivela. Apenas na década de 1960 surgiram as câmeras de cinema mais leves e com som direto sincronizado, propiciando o aparecimento do cinema direto e do cinema verdade (Sadoul, 1974).

Entretanto, as câmeras de vídeo no celular são a realização do sonho de Vertov. Elas têm características que potencializam ainda mais o princípio da captação da vida de improviso. Além disso, permitem captar sob múltiplos ângulos, efetivando o projeto do cine-olho.

Hoje, a maioria dos celulares tem câmeras acopladas. Resta saber como organizar e potencializar o material produzido por seus usuários. Isso tem relação com a produção de conteúdo colaborativo, tema abordado na terceira parte deste livro. Mas vale a pena citar aqui um projeto colaborativo feito especificamente para celulares.

Trata-se do Canal Motoboy, que reúne fotografias, vídeos e textos produzidos em celulares de motoboys que circulam pela cidade de São Paulo e enviados, também por meio desses celulares, para a página da comunidade na internet. O objetivo do canal é esclarecer, de fato, a realidade desses trabalhadores, livrando--os dos estigmas que lhes foram impostos. Para isso, os idealizadores do canal, além de transmitir pela web o dia a dia desses profissionais, desenvolvem projetos paralelos que visam conscientizar o resto da sociedade e os próprios motoboys não só de quanto eles são importantes para a economia, mas também dos riscos da profissão.

O trabalho já gerou resultados. De maio a julho de 2007, o Centro Cultural São Paulo (CCSP) apresentou a exposição *Motoboys transmitem em celulares*, do artista catalão Antoni Abad, que já realizou trabalhos em diferentes partes do mundo com comunidades estereotipadas. Na exposição, houve um ciclo de debates e apresentação de filmes que ajudaram a refletir sobre a situação da categoria e sensibilizaram diversos setores da sociedade.

Outra iniciativa dos integrantes do Canal Motoboy foi uma parceria com a Cidade do Conhecimento, da Universidade de São Paulo, que abrange pesquisas sobre mobilidade física dos motoboys aliada à mobilidade digital dos telefones celulares, a fim de melhorar a imagem dos profissionais, além de analisar traços sociais específicos de cada região paulistana. Esse é um exemplo de projeto de conteúdo colaborativo relacionado com o uso de celulares, envolvendo a centralização e a difusão simultânea de informações do interesse de determinado segmento social.

▶ MODELOS DE TV E MODELOS DE NEGÓCIO NA TV DIGITAL

Até aqui discutimos aspectos de tecnologia de transmissão. Mas, além da diferenciação tecnológica, os sistemas de realização da mídia televisiva também podem ser qualificados de acordo com a relação comercial que mantêm com o espectador. Juntamente com as análises sobre as possibilidades de transmissão, devemos perguntar "quem vai pagar a conta".

De maneira geral, falamos em TV paga e TV aberta para distinguir a transmissão paga pelo assinante, normalmente veiculada por cabo, satélite ou IPTV, daquela que é patrocinada por anunciantes e pode ser acessada sem custo por qualquer aparelho televisivo – e cuja programação em geral é transmitida por meio terrestre. Daqui em diante, essa dicotomia tende a se diluir, como veremos a seguir.

Um modelo de negócio é uma estruturação lógica visando à criação de valor e ao retorno de investimento. Entre suas características estão a combinação da equipe, o conhecimento, o processo, a tecnologia e os ativos usados para criar o valor.

Fatores externos – como política, economia, sociologia e aspectos técnicos da organização do ambiente – afetam os modelos de negócio, bem como a estrutura industrial que os sustenta. Além disso, é a decisão do consumidor o que mais pesa. Nenhum desses aspectos pode ser negligenciado.

As duas questões (a do modelo tecnológico e a do modelo de negócio) estão relacionadas, e neste capítulo nos concentramos nas instâncias em conjunto.

É necessário que um programa que se propõe ser original o seja também na concepção de seu modelo de negócio. A diversidade de modelos de negócio tem importante papel na diversidade estética do que é apresentado ao público. Em outras palavras, para que o que é levado ao espectador seja de fato inovador, é preciso que haja criatividade também no modo de negociá-lo.

No caso da produção brasileira, essa questão é ainda mais importante. A televisão nacional tem se repetido muito nos últimos anos, porque permanece refém de um modelo de negócio que deu muito certo no passado. O modelo de TV aberta, financiada por poucas e imensas empresas anunciantes, com produção totalmente interna, foi implantado com sucesso nos anos 1960 e nunca mais mudou.

Esse modelo originou grandes programas e criou uma das maiores televisões do mundo, mas vem mostrando, há anos, sinais de esgotamento. Com a TV digital e a evolução do mundo digital, esse antigo modelo deverá necessariamente se transformar. A venda de espaços entre os programas (*breaks*) para anunciantes não será mais a forma hegemônica de financiamento da produção. Crescem as possibilidades de a TV paga criar novos pacotes mais individualizados e baratos. A interatividade começa a ser significativa como fonte de retorno. E os produtos já não são mais planejados para ser exibidos uma só vez, como acontecia com novelas e programas de auditório. Muitos programas hoje são criados para um público mundial, que não só pode assisti-los na TV no momento da transmissão, como também gravá-los, reproduzi-los, ou ainda colecioná-los em DVD. São formas de remunerar o negócio da televisão que ainda não foram adotadas pelos negociadores brasileiros. Em plena era digital, nossas redes continuam insistindo na manutenção do modelo de negócios de cinquenta anos atrás, mesmo com a sucessiva perda de audiência e faturamento.

Apesar da introdução da tecnologia de transmissão digital também na TV aberta (processo em andamento), ainda não se viu manifestar a necessária mudança de mentalidade para lidar com essa nova identidade. O que muitas emissoras têm feito é aproveitar a possibilidade de transmitir em *high definition* (HD) para manter a concentração do mercado. A estratégia tem sido tentar implantar um padrão de qualidade em HD que não possa ser seguido pelos novos jogadores (*players*) do mercado e garanta às atuais emissoras a manutenção da hegemonia, sem que para isso tenham de inovar em outros aspectos.

Afinal, o modelo que as emissoras parecem querer implantar é idêntico ao atual, com o único acréscimo da transmissão em HD. Até nisso a estratégia se repete, pois a implantação de um padrão tecnológico de ponta com que concorrentes não possam competir foi a mesma estratégia da Globo nos anos 1970; o padrão Globo de qualidade definia-se também pela incomparável qualidade da imagem. No entanto, o momento é outro, e o que foi inteligente no passado analógico pode ser um grande erro no momento digital.

A captação em alta definição torna-se cada vez mais barata, e com isso até as produtoras pequenas conseguem produzir com câmeras de ótima qualidade. Qualidade da imagem não mais será um diferencial relevante, portanto. Além disso, nunca é demais lembrar que será o uso do público que definirá a estratégia vencedora. E o fato é que a grande maioria dos aparelhos de televisão instalada no país prescinde da transmissão em HD, pois os receptores são antigos e a alta definição é pouco notada.

É interessante pensarmos que essa opção por investir tudo no HD negligencia, ou relega a segundo plano, outros modelos de TV digital e de negócio. Retorno em interatividade, programas pagos e multiprogramação são possibilidades que estão sendo deixadas de lado.

As grandes tendências nos modelos de negócio

Existem inúmeros modelos de negócio, mas com relação a emissoras, eles podem ser agrupados em três grandes tendências.

Quando a ênfase é no retorno, no *get audience*, a chave é o conteúdo. É o modelo de negócio da TV paga, que enfatiza a qualidade dos programas oferecidos para que seja possível obter audiência.

A qualidade é importante, e não é necessariamente assentada nos mesmos termos da TV genérica. Muitas vezes, é pela extrema segmentação que um programa alcança sucesso. A TV paga organiza-se por pacotes de canais; cada canal exibe inúmeros programas. Muitas vezes o espectador compra um pacote inteiro motivado pelo interesse em um ou dois canais, em poucos programas. Isso significa que a audiência é, na verdade, segmentada. O sucesso de um pacote de programação está em conseguir ter inúmeros programas que atraiam espectadores de gostos diferentes e os levem a se tornar assinantes. Uma medição importante nesse modelo de negócio é a fidelidade do espectador a determinado programa. Esse sistema, no entanto, não deixa de abrir a grade para anunciantes.

O modelo de negócio da TV aberta é focado em *sell audience* > *get audience* > *merchandising* (transações). O foco é decidido com base no padrão de comportamento de consumo do público para vender audiência (*sell audience*); na produção de conteúdo que possa conquistar novos espectadores (*get audience*); e na mescla entre venda de anúncios na grade e *merchandising* (transações).

No Brasil, as emissoras produzem o próprio conteúdo com total autonomia e o distribuem de forma gratuita. O que elas vendem não é o programa em si, para o espectador, e sim o espaço na grade de programação para que o anunciante transmita sua mensagem. Vendem, portanto, a possibilidade de contato entre o anunciante e um espectador. Esse contato pode se dar no intervalo comercial e durante a atração, por meio de *merchandising*.

O modelo focado em *transações* > *sell audience* > *get audience* é o de negócio do canal de compras. Os anunciantes se baseiam no comportamento (nesse caso, de consumo) do público para obter audiência com a venda de produtos que chamem a atenção de um ou vários nichos. No Brasil, é o caso de canais como Shoptour ou Shoptime.

No polo oposto da cadeia temos os modelos de negócio das produtoras de audiovisual para televisão. Resumidamente, podem ser organizados da seguinte maneira:

Produção de TV aberta é o modelo da Globo, da Record e de emissoras locais abertas. No Brasil, ao contrário do que ocorre na maioria dos países do mundo, as emissoras são também as maiores produtoras de programas. Elas conseguem recursos como emissoras e investem em produção. Sua preocupação é atingir um grande público para elevar os preços de seu espaço publicitário.

Modelo das produtoras: elas trabalham sob encomenda. Em televisão, é o modelo das agências de publicidade. Diferentemente das emissoras de televisão, não buscam ter o controle estético sobre o que vão produzir. A palavra final é sempre do financiador – o cliente. Sua produção é independente da emissora, mas dependente do cliente que vai anunciar.

De outro lado ficam algumas *produções independentes* para televisão que não são de publicidade. Esse mercado cresceu nos últimos dez anos. A grande maioria ainda produz para a TV paga e utiliza incentivos fiscais do Estado. De modo geral, o Estado isenta de impostos a empresa patrocinadora, que por sua vez investe esse recurso na produção em troca de marketing institucional: ter sua marca agregada a um produto audiovisual. Assim, ainda que a verba seja estatal, as produções dependem do incentivo das mesmas empresas anunciantes da TV aberta. Além disso, esses não são modelos autossustentáveis, pois dependem diretamente dos incentivos do Estado para sobreviver.

O que todos esses modelos têm em comum é o fato de focar no anunciante. Grosso modo, podemos dizer que há três modos de renumerar uma produção: por patrocínio (anunciante), por pagamento direto pelo usuário (num modelo típico de pequenas produções caseiras; em música seria o equivalente a ir a um show), ou por meio de financiamento público.

No Brasil, o único financiador é o anunciante. Até a televisão paga (seja por cabo, seja por satélite) recorre a anunciantes. Enquanto na maioria dos países do mundo a TV paga tem sua economia prioritariamente assentada no público (que, afinal de contas, paga para ter acesso a sua programação), a pequena base de assinantes brasileira aumentou a importância da economia dos anúncios. Até mesmo o investimento público decidiu dar a decisão às empresas anunciantes, por meio das chamadas leis de incentivo. No Brasil, o espectador é o cliente secundário que vai assistir ao produto para ver a marca anunciada. O cliente preferencial é sempre o anunciante.

Essa total predominância do financiamento por intermédio do anunciante é um dos motivos que explicam a pouca diversidade estética da produção brasileira.

Ibope e sucesso comercial

Justamente por nomear um dos institutos de pesquisa mais respeitados do país, a sigla "Ibope" virou até substantivo. Ser "bom de ibope" é sinônimo de ter popularidade. Entretanto, quando vemos no jornal os resultados da pesquisa Ibope, estamos avaliando apenas uma das possibilidades de medição de audiência de um programa, que não reflete as razões do sucesso em toda a sua complexidade.

Os índices do Ibope comumente divulgados refletem apenas o índice de audiência absoluto (sem segmentação da audiência) e instantâneo. No entanto, nem sempre alto índice de Ibope significa ter anunciantes.

Um anunciante se preocupa com vários outros fatores. O primeiro é o prestígio do programa. Normalmente, anunciantes têm receio de vincular sua imagem a programas considerados apelativos ou sensacionalistas. Essa medição é mais subjetiva, mas é igualmente importante.

Além disso, a própria medição de audiência "objetiva" tem várias subdivisões. Muitas vezes um anunciante busca um público segmentado. O modelo de negócio envolve também a estratégia de posicionamento entre parcela da audiência, conforme a segmentação do programa ou produto. Ou seja, nem todo programa é destinado ao público geral.

Suponhamos que o público de um determinado produto seja composto por mulheres das classes A, B e C. O anunciante pode preferir anunciar num programa que dê dez pontos de Ibope, mas cujos espectadores sejam seu público-alvo, a anunciar em outro que dê vinte pontos, mas cujo público não seja formado pelas mulheres a que ele quer falar. O próprio Ibope pode – de acordo com a pesquisa encomendada – medir essas variáveis.

Uma das metas ao se elaborar um programa segmentado pode ser fidelizar o público que tende a assisti-lo. A segmentação pode se basear em idade, sexo, classe social etc, ou em hábitos de consumo e em grupos culturais: surfistas, emos, protestantes etc. No mercado atual, muitos ainda imaginam a televisão como uma mídia de massa para um público genérico; entretanto, nesse modelo, são poucos os que conseguem anunciar. Cada vez mais os anunciantes entendem a televisão como uma mídia para público segmentado e, por isso, a própria definição de sucesso terá de ser revista.

Com a televisão digital as pesquisas tendem a ficar muito mais precisas, pois é razoavelmente simples que o próprio *set top box*, quando houver canal de retorno, informe às emissoras o programa a que o espectador está assistindo.

Outro dado importante é que o tipo de aferição feita pelo Ibope não corresponde ao que o público gostaria de fato ver, e sim ao que ele vê diante das opções que lhe são oferecidas.

Um modo de fugir desse tipo de aferição seria a pesquisa prospectiva e antecipatória. Na ocasião da implantação da Rede Globo, Homero Sánchez, coordenador de pesquisa da emissora na época, utilizou esse tipo de recurso, o que permitiu que a empresa conquistasse público.

Em depoimento ao livro *TV ao vivo*, Sánchez (1988, p. 47) critica o tipo de medição quantitativa:

> [...] antigamente, na televisão brasileira, se um tipo de programa atingia um determinado índice de audiência, qualquer outro parecido também ia ao ar. Assim, não havia variedade [...]. Constatávamos o óbvio, quando o importante não era trabalhar depois do fato, mas descobrir como prever o fato. Ou melhor, em lugar de examinar a audiência de um programa, procuraríamos prever essa audiência.

Nesse depoimento feito nos anos 1980, a época que o autor caracteriza como "antigamente" é antes da década de 1970, quando ele implantou novos padrões de medição de audiência e sucesso na Globo. Entretanto, o que ele considera ultrapassado volta a ser atual. Está mais que na hora de aparecer alguém visionário – como foi Homero Sánchez na década de 1970 – que reimplante uma nova visão de televisão.

Antecipar o gosto do público é o que faz qualquer empresa capitalista que pretende conquistar o mercado. No entanto, a "necessidade natural" de ficar preso ao Ibope consolida ainda mais o monopólio das grandes redes e não promove as inovações que estariam, de fato, de acordo com o interesse do público.

Outro problema derivado do costume de focar o sucesso comercial apenas na medição de audiência absoluta e imediata é o negligenciamento da vida útil do programa. Muitas vezes não se pensa em valorizar o produto em longo prazo, mesmo sendo hoje comum que sucessos de audiência sejam posteriormente comercializados por meio de filmes ou séries divididas em temporadas. Exemplo de sucesso continuado é o seriado *Família Soprano* (*The Sopranos*, EUA, 1999), exibido pela HBO, de longa vida útil e um imenso retorno comercial. É a lógica da publicação, em que os produtos ficarão por muito tempo disponíveis para compra ou aluguel.

Além dessa lógica de publicação, que deverá se aprimorar com o avanço dos modelos de negócio na TV digital, a oferta de mais canais, e, portanto, maior segmentação de público, levará a um tipo de aferição mais direta e precisa da audiência.

Audiência em TV paga

No caso da TV paga, "o sucesso comercial" está também ligado à escolha da programação adquirida pelo assinante. É nesse momento que se pode ter ideia do que realmente chama a atenção do espectador.

A CNN é um exemplo clássico. Embora o índice de audiência não ultrapassasse 0,5% na década de 1980, quando foi criada, sobretudo nos Estados Unidos todo espectador desejava tê-la disponível em seu pacote de programação. Ninguém assistia à CNN o tempo todo, mas todos queriam tê-la porque ela transmitia ao vivo as principais notícias de vários pontos do mundo. Ou seja, mesmo pouco assistida, a CNN se tornou um imenso sucesso. É o que até hoje garante ao canal a audiência cumulativa, cuja medição se refere à forma como muitas pessoas assistem ao canal ao longo do tempo (Project for excellence in journalism, 2008). Isso também é chamado de audiência somada: a CNN tem praticamente 100% de audiência somada, ou seja, todos veem a CNN em algum momento.

O conceito de audiência somada pode igualmente ser aplicado a outros tipos de canal e é importante para elaborar novas estratégias de programação. Um canal comunitário que atenda a uma cidade, por exemplo, pode se caracterizar por filmar as festas e os jogos escolares locais. Com essa programação, pode haver baixa audiência em índices instantâneos e absolutos, mas altíssima audiência somada. Não seria difícil que tal canal se tornasse um sucesso comercial, pois teria uma marca forte e os assinantes da localidade exigiriam sua presença no pacote.

Em TV paga, cresce a importância da medição da fidelidade do espectador a determinado programa, por se saber que há um número significativo de pessoas dispostas a pagar por todo o pacote de canais apenas para ter disponível o programa favorito. Ampliar a oferta de programas como esse ajuda a garantir o sucesso de uma operadora e de um pacote de canais.

Tendências de financiamento no ambiente da convergência

Até agora falamos de questões que se aplicam tanto à TV da era digital quanto à analógica. Porém, a entrada do digital levará alguns novos modelos a crescer e a se tornar hegemônicos. É difícil antecipar detalhes, mas podemos apontar algumas tendências.

O fim do *break*

Estima-se que o modelo de anúncios deve entrar em decadência em breve. Nos Estados Unidos, já em 2005, uma das mais importantes empresas de marketing do país, a Procter & Gamble, que focava mais de 80% do faturamento em anúncios publicitários, anunciou a redução de 25% dos investimentos em anúncios de TV nas redes a cabo e 5% nas terrestres. Essa decisão decorre do fato de a nova tecnologia de transmissão permitir ao espectador pular os anúncios.

Para não perder o público-alvo, a empresa resolveu investir em *merchandising*. Naquele mesmo ano, a presidente do conselho da TV americana CBS, Leslie Moonves, já previa essa tendência. "Acho que vamos ver um salto quântico no número de produtos integrados aos programas de televisão" (Flint e Steinberg, 2005).

No entanto, algumas características técnicas do digital abrem a necessidade de novos modelos de negócio, que se baseiem cada vez menos em anunciantes e cada vez mais em pagamento direto do espectador.

Essa tendência na televisão digital é muito clara. Alguns aplicativos já disponíveis, como o PVR (similar a um videocassete "inteligente", que grava o que o usuário espera) e o EPG (assistente pessoal para que o espectador/usuário monte a própria grade) enfraquecem a economia do *break* e obrigam as empresas a pensar em novas possibilidades de financiamento. O conceito de grade de programação, que no Brasil foi implantado no final dos anos 1950 por Boni e Walter Clark, perde força. A televisão vai deixar de pautar os hábitos cotidianos dos espectadores. Não terá mais sentido, por exemplo, marcar uma reunião para "depois da novela das oito". A grade de programação cada vez mais se transformará em uma sugestão de grade.

O intervalo comercial já perdeu terreno com a chegada do controle remoto, e sofrerá agora novo e mais forte impacto. Ele fará sentido, principalmente, nos programas ao vivo, pois ninguém troca um jogo de futebol ao vivo pela sua retransmissão, e a maioria ainda optará por assistir ao *Domingão do Faustão* ao vivo, já que a graça do programa está justamente no clima informal e improvisado. Mas o intervalo comercial não mais se encaixará na telenovela, pois o espectador poderá facilmente descartá-lo ao fazer uma gravação para assistir mais tarde.

Por isso, outros modelos comerciais ganharão força nas empresas de televisão. Um deles é o anúncio simultâneo ao programa. A simultaneidade de imagens é uma característica do digital, que possibilita dividir a tela e fazer o anúncio enquanto o programa é exibido. No entanto, poucos usuários ficarão contentes ao ver a tela "invadida" por anúncios em meio a um filme de alta qualidade técnica e elaborada composição plástica (como são os filmes de cinema ou séries). O anúncio simultâneo funciona bem em programas de auditório e outros semelhantes, cuja linguagem é baseada na multiplicidade do mundo, e não na concentração da atenção num único ponto (caso do cinema). Atualmente, assistimos a esse tipo de interferência publicitária durante a transmissão de jogos de futebol ou de séries de TV, em que a imagem da logomarca ou do produto do anunciante aparece reduzida no canto superior ou inferior da tela. Esse é um modelo que tende a ser mais explorado com a propagação da TV digital.

O espectador que paga a própria conta

A tecnologia torna acessíveis a TV paga e o *pay-per-view*. Crescerá a importância do cliente direto (o público) no pagamento da conta, sem mediação de anunciantes.

Atualmente, um dos modelos bastante explorados, que deverá crescer em importância econômica, é o das várias formas de pagamento direto pelo cliente que caracterizam a TV paga.

Ainda se faz muita confusão entre TV paga, TV a cabo e TV por satélite. Na verdade o cabo, o satélite e o micro-ondas diferenciam-se da TV paga pela tecnologia. *A priori* são conceitos diferentes. Teoricamente o Estado poderia implantar uma rede de cabos para transmissão de TV gratuita. Entretanto, no modelo atual, o cabo é de uma operadora privada que pretende recuperar seu investimento com a venda direta de programação exclusiva: a TV paga.

Já a TV digital terrestre é entendida como TV aberta, ou gratuita. Na tecnologia analógica não havia como cobrar pela TV de transmissão terrestre. Mas a transmissão digital da TV terrestre abre a possibilidade de cobrar por algum canal (ou algum programa) da televisão terrestre, o que não é algo necessariamente negativo, como veremos. Ao contrário do que muitos pensam, às vezes a TV paga ajuda a democratizar e a diversificar a programação.

A televisão é sempre paga, ora pelo anunciante, ora pelo espectador, ora pelo Estado. Cada um dos financiadores pede algo em troca. A variedade de financiadores é importante para que todas as expectativas sejam contempladas.

O interessante do modelo da TV paga é que ele pode liberar o produtor do anunciante para que se concentre prioritariamente no espectador. Um exemplo: um programa que se dedique a denunciar o crime empresarial das corporações (os crimes contra o cidadão e o consumidor, cometido por bancos, empresas farmacêuticas etc.) teria poucas possibilidades de se sustentar na televisão brasileira atual, financiada majoritariamente por grandes patrocinadores. Mas num modelo financiado diretamente pelo público, um programa como esse poderia ser viável financeiramente. Em suma, a diversidade dos modelos de negócio é que constrói a diversidade estética.

No que se refere à TV paga por satélite ou cabo, é importante o debate sobre a forma de empacotar os canais, que pode ser decisiva para a sobrevivência dessa modalidade.

Outra forma que vai crescer é o *pay-per-view*. O modelo é utilizado sobretudo por clientes de TV por assinatura, mediante o que são disponibilizados filmes e outros produtos unitários, como eventos esportivos. Programas como *Big Brother* também se valem desse recurso para liberar conteúdo sem edição.

Apesar de ser um modelo de negócio que a cada ano garante mais faturamento para operadoras de TV paga, o *pay-per-view* já apresenta desvantagens em relação a outro tipo de serviço, o vídeo *on demand*. Enquanto no *pay-per-view* os horários dos vídeos são preestabelecidos e o fluxo é contínuo, no serviço por demanda é o usuário quem determina quando o filme termina, já que dispõe dos recursos de *pause, rewind* e *fast forward*.

Com o SVOD (*Subscription Video On Demand*), o usuário tem uma lista de filmes e programas sob demanda à disposição ao longo do mês. Isso implica também mudança na forma de pagamento. Em vez de pagar por título, o espectador paga por mês.

Pagamento por interatividade

O espectador que não pagar para assistir pode estar disposto a pagar para participar. É o recurso da cobrança pela interatividade. Emissoras de TV aberta já buscam ganhar com as ligações telefônicas por meio das quais o espectador "participa" de programas, como no caso de *reality shows*.

O conceito de interatividade não está relacionado apenas com a disponibilização de nova tecnologia, mas também com o uso que o espectador fará dela. Um exemplo é o programa *Ídolos* (BRA, 2006, versão do britânico *Pop Idol*, 2001, criado por Simon Fuller). Para garantir que o vencedor seja seu candidato favorito, o público utiliza a internet, o celular (por SMS) ou ainda o telefone. A primeira forma de votação é gratuita, mas as duas últimas têm um custo; desse modo, o espectador está gerando retorno àqueles que investiram no programa.

O *reality Fama* (BRA, 2002), versão de *Operación Triunfo* (ESP, 2001), criado pela holandesa Endemol, segue a mesma linha, mas, além de garantir retorno de interatividade por meio de telefone e celular, atraiu a atenção do público para a página globo. com, que disponibilizava aos assinantes imagens feitas com câmeras exclusivas. O *Big Brother* também usa essa estratégia: o espectador pode optar por não pagar o *pay-per--view*, por exemplo, mas se tornar assinante da página da emissora em razão do programa. E sempre há os usuários que aderem a todas as formas, pois são muito fãs de algum programa e compram, produtos e serviços relacionados com ele.

Várias saídas para o mesmo produto

Com a convergência digital, uma mesma produção pode se ramificar em diversas mídias e faturar com produto de setores que hoje são considerados marginais. Essa tendência cresceu com o digital, pois, como já destacamos, um de seus princípios é a conversibilidade. Ou seja, uma mídia é facilmente convertida na outra.

Essa diversificação nasceu do cinema. A série de filmes de ficção científica *Guerra nas Estrelas* (*Star Wars*, EUA, 1977) garantiu faturamento com subprodutos como livros, jogos eletrônicos, desenhos animados. Já *Jornada nas Estrelas* (*Star Trek*, EUA, 1966), surgiu como uma série televisiva, mas foram produzidos dez filmes para o cinema, seis séries para televisão, centenas de livros, enciclopédias, dicionários e jogos para computador, além de estudos científicos e filosóficos.

Na televisão, a série australiana *Bananas de Pijamas* (*Bananas in Pyjamas*, AUS, 1992), exibida pelo SBT entre 1999 e 2002, também se destacou pelo faturamento baseado no licenciamento de produtos. Matéria do jornal *Gazeta Mercantil* já destacava em 1998 o potencial de retorno do desenho, garantido pela venda de imagens dos *Bananas* (Trevisani Jr., 1998). Os produtores do gênero infantil concentram atenção nesse nicho há bastante tempo. Há muitos exemplos, da transição dos quadrinhos infantis da *Turma da Mônica* para cinema, mangá (que atinge mais os adolescentes) e jogos de computador, até casos como o de programas infantis da Xuxa (apresentadora de programas infantis de televisão, cantora e empresária), que, além de contabilizar uma extensa discografia e filmografia, empresta seu nome a produtos especiais para crianças de 2 a 6 anos (série de DVDs *Xuxa só para Baixinhos*).

Os anunciantes começam a usar essa estratégia. A Nike é um bom exemplo de empresa que recorre à ação que visa à convergência entre o mundo digital e o físico, na medida em que busca criar experiências que ultrapassem os limites da via única de comunicação. Uma de suas primeiras ações foi a campanha *Nike ID*, criada pela AKQA de Londres, que convida os consumidores a acessar o site da empresa e personalizar o seu Nike. Há ainda a opção de envio de uma foto, por MMS, para a Nike; em resposta o cliente recebe uma mensagem com a foto do tênis com as duas cores mais marcantes do modelo. O consumidor pode tanto usar a foto como *wallpaper* como comprar o tênis exclusivo. Caso opte pela compra, recebe o produto em até duas semanas.

Branding entertainment

A expressão *branding entertainment* é nova, mas o modelo de negócio que ela designa é bem antigo – na verdade, mais antigo que o atual.

O modelo do programa patrocinado, que já foi hegemônico nos primórdios da televisão (*Repórter Esso, Novela Palmolive* etc.), também tende a ser comum na TV digital. O sucesso do *Show do Milhão-Nestlé* (BRA, 2002), promoção que foi destaque no congresso anual da ABA (Associação Brasileira de Anunciantes), mostra que esse modelo está voltando com força total. Nessa promoção, a Nestlé, em vez de patrocinar anúncios no meio do programa, optou por patrociná-lo como um todo, obtendo ótimos resultados. A estratégia exigia ainda que o público, para participar do *Show do Milhão*, interagisse com a marca, enviando rótulos de produtos da empresa. Tal estratégia se enquadra em tendências contemporâneas do marketing, que valorizam a marca e não apenas os produtos comercializados. Nessa campanha, a Nestlé fortaleceu sua marca empresarial ao associá-la à ideia de que o diferencial de seus vários produtos individuais era a qualidade e a confiabilidade asseguradas pela corporação. A General Motors é outra empresa que investiu nessa estratégia ao patrocinar o programa *Chevrolet Show – Roda a Roda* (BRA, 2004), também transmitido pelo SBT.

Tal estratégia atinge de modo subliminar o espectador, que assiste ao programa interessado no conteúdo, mas está em contato permanente com a marca. Os envolvidos nesse tipo de ação cuidam para que a exposição, no entanto, não seja ostensiva, pois não desejam afastar o espectador do canal. Na internet, a prática também já funciona. A Red Bull apostou no Joost para se valer da estratégia, patrocinando um canal de esportes radicais. Dessa maneira, pretende fazer que o espectador, que possivelmente é também um praticante desse tipo de esporte, lembre-se da marca quando pensar em repor as energias.

Esse modelo de negócios, baseado no patrocínio de programas e não em *spots* no intervalo comercial, é o oposto do que prevê a autonomia editorial da programação conquistada por Boni e Clark nos anos 1960. Ademais, ele obriga que se repense a função da agência de publicidade no mercado audiovisual, pois abre ao setor criativo da emissora a possibilidade de se aproximar do anunciante sem a mediação daquela. A alternativa para as agências é reestruturar-se, contratando pessoas aptas a desenvolver programas inteiros pensados para o cliente, e não apenas anúncios.

A segmentação de mídia é também uma das responsáveis pelo *branding entertainment*. No entanto, essa integração não é feita apenas com base na qualidade do conteúdo produzido/exibido, mas também de acordo com o público que a empresa deseja atingir. Por isso, cada vez mais os programas que pretendem ter esse tipo de patrocínio deverão ser segmentados e definir claramente o tipo de público que desejam alcançar.

Economia afetiva

Ao se estruturar modelos de negócio da televisão na era digital, deve-se considerar também o crescimento da importância das marcas empresariais. No passado, o marketing era voltado apenas para a venda de unidades de produtos. Agora, os profissionais de marketing almejam mais que uma única compra; querem que o consumidor mantenha uma relação de continuidade com a marca. Conforme Jenkins escreve em *Cultura da convergência* (2008, p. 95-6):

Há anos, grupos de fãs, procurando reunir-se em apoio a séries ameaçadas de cancelamento, argumentam que as redes deveriam se concentrar mais na qualidade do comprometimento do público do que na quantidade de espectadores. Cada vez mais, anunciantes e redes estão chegando mais ou menos à mesma conclusão.

Já foi a época do vendedor que enganava o público ou trabalhava apenas com a "lábia". O marketing atual visa fidelizar o cliente, e para tanto precisa convencê-lo a estabelecer uma relação com a marca.

Essa economia das marcas foi o que incentivou, por exemplo, o marketing cultural e o marketing esportivo. Empresas começaram a perceber que em vez de apenas tentar vender um produto, deveriam envolver o consumidor num universo maior, associando sua marca a eventos e jogos, ou seja, a processos culturais que trabalham com a afetividade das pessoas.

Em televisão ocorre o mesmo. Ao analisar produtos da indústria cultural, Jenkins (2008, p. 96) criou uma expressão muito adequada: economia afetiva.

Novos modelos de marketing procuram expandir os investimentos emocionais, sociais e intelectuais do consumidor, com o intuito de moldar os padrões de consumo. No passado, os produtores de mídia falavam em "impressões". Hoje, estão explorando o conceito de "expressões" do público, tentando entender como e por que o público reage aos conteúdos. Gurus do marketing argumentam que construir uma "comunidade de marca" comprometida pode ser o meio mais seguro de aumentar a fidelidade do consumidor, e que o *merchandising* permitirá a marcas absorverem um pouco da força afetiva dos produtos midiáticos a que se associam.

Essa relação baseia-se na troca e na mão dupla, que exige diálogo.

Segundo a lógica da economia afetiva, o consumidor ideal é ativo, comprometido emocionalmente e parte de uma rede social. Ver o anúncio ou comprar o produto já não basta; a empresa convida o público para entrar na comunidade da marca. (Jenkins, 2008, p. 46-7)

Anunciantes e redes começam a perceber a importância econômica dos fãs fiéis às séries, pois são eles que consomem todos os produtos com elas relacionados. Eles também são ativos promotores e podem eventualmente conquistar novas audiências. Além disso, os fãs não fazem tanto *zapping*, e, num modelo de negócio de televisão paga baseado em pacotes de canais, esse público pode ser fundamental. Às vezes, um cliente compra um pacote inteiro apenas por gostar de determinada série exibida naquele canal. Ou seja, algo que deveria ser mais bem medido é o índice de influência do programa na decisão de compra de determinado pacote, o que mostra como a própria medição de audiência de última geração vai muito além da medição tradicional do Ibope.

Em outras palavras, uma boa medição deve ter em conta as interações subsequentes também em outros suportes midiáticos, pois elas mostram até que ponto o espectador é fiel ao seu programa.

Reestruturação do mercado

Tradicionalmente, o mercado é dividido entre emissoras, produtoras, agências e anunciantes. Os anunciantes contratam a agência, que, por sua vez, contrata uma produtora para realizar o filme e negocia com a emissora o custo de mídia. Agora esse esquema pode mudar.

Para Orlando Lopes[8], diretor dos canais de comunicação da Unilever Brasil, os anunciantes passarão a ter mais decisão sobre o investimento em mídia. O *merchandising* crescerá (e isso tem relação com a linguagem da TV interativa e com a possibilidade de o espectador programar sua televisão, pulando o *break*). Agências e produtoras começam a assumir funções umas das outras. O avanço tecnológico do digital vai no sentido de democratizar o acesso à tecnologia. Assim, as produtoras não são mais as únicas detentoras da técnica, e muitas agências começam a abrir setores de produção. Por outro lado, os anunciantes começam a querer decidir diretamente sua estratégia de mídia e podem negociar com emissoras e produtoras, prescindindo da agência. As novas formas de anúncio não podem ser apenas o clássico *break* de 30 segundos. A campanha certa hoje pode ser um programa inteiro anunciado. E muitas agências ainda não têm conhecimento para produzir algo assim. Dessa forma, todo o mercado será reestruturado. Mais do que domínio da "técnica", será imprescindível ter conhecimento e criatividade.

---

8. Depoimentos colhidos pelo autor durante o evento *Maximidia*, realizado em São Paulo em 2002.

A criatividade nos modelos de negócio

Já comentamos no início do capítulo que a definição do modelo de negócio tem implicações na estética do que é levado ao público. Novos modelos de negócio abrem novas perspectivas de produção e permitem o surgimento de programas e canais inovadores.

Um exemplo: criar novas formas de "empacotamento" de canais implicaria diretamente gerar um novo modelo de negócio para a TV paga e, também, uma nova forma de oferecer conteúdo. O espectador seria livre para definir os canais que formariam o seu pacote, em vez de se ver obrigado a escolher dentre aqueles montados pela operadora. Outra opção seria a venda de canais por faixa horária ou por tempo de uso. Neste último caso, o espectador compraria quantos minutos lhe conviessem por semana e os usaria para assistir ao que quisesse. Esse modelo, possivelmente, tornaria a TV paga mais acessível às classes menos abastadas e permitiria o surgimento de canais baseados em programas mais segmentados.

No caso do modelo de negócio baseado em anunciantes, um dos maiores empecilhos à criatividade é o conservadorismo dos mídias das agências.

Em geral, o mídia não quer arriscar e faz escolhas conservadoras. O modelo de negócio da telenovela, por exemplo, baseia toda sua venda de anúncios nos supostos interesses das donas de casa. Mesmo com a recente alteração do perfil do público – jovens e homens também passaram a assistir à novela –, o grosso da comercialização ainda é centrado naquelas, pois o setor de mídia é sempre mais conservador do que o setor criativo – o que tem nítidos efeitos estéticos sobre o conteúdo das obras.

A novela *Vamp* (BRA, 1991), por exemplo, foi uma das primeiras a trazer o público juvenil para essa faixa de horário, e teve ótimos índices de audiência absoluta. Na segmentação, ficava claro que era um sucesso entre os jovens, mas não despertava o interesse das donas de casa. Como o modelo de negócio era baseado na venda de anúncios para produtos do interesse delas, do ponto de vista dos anunciantes tradicionais do horário essa novela, apesar dos ótimos índices de audiência, foi um fracasso. Nesse caso, a inovação estética não foi acompanhada pela inovação do modelo de negócio, pois os mídias não conseguiram conquistar anunciantes adequados ao novo público da novela.

O problema se repete também ao se elaborarem estratégias multiplataforma e digitais. As empresas já sedimentadas ainda não sabem lidar com as novas perspectivas de negócio das mídias digitais e utilizam modelos anteriores. Em 2004, por exemplo, a operadora de telefonia móvel Claro fechou um acordo inovador com a MTV. Pretendia colocar alguns vídeos da emissora como conteúdo exclusivo no portal de clientes da operadora. O departamento comercial da MTV, em vez de simplesmente realizar uma "venda" direta para a Claro, forneceu os conteúdos para a internet em troca de a operadora comprar espaço publicitário na grade da MTV; ou seja, as duas empresas fizeram uma espécie de "escambo". Eis mais um exemplo de proposta original concretizada por meio de um modelo de negócio inadequado. Afinal, o objetivo da Claro não era veicular anúncios de sua operadora na MTV, ela estava mais interessada em disponibilizar vídeos do canal para fidelizar seus clientes (usuários de celular), ganhar no download dos vídeos e agregar valor à sua marca.

Em 2007, a Claro anunciou acordo com a Fox Latin American Channels para a distribuição de conteúdo de TV por assinatura nos aparelhos móveis. Além de ter acesso a conteúdos dos canais do grupo Fox (Fox, National Geographic e FX), como seriados e imagens da programação, os usuários recebem conteúdos desenvolvidos exclusivamente para a plataforma móvel.

De acordo com o gerente de publicidade da Fox na ocasião do anúncio, Renato Alves, a receita era gerada por meio da publicidade nos sites do grupo, que depois da iniciativa tiveram um aumento de 2.000% no número de acessos (Ferrari, 2007). Nesse caso, diferentemente da MTV, a Fox usou o acordo com a operadora de celular para levar o público para uma plataforma diferente da televisão, ou seja, para a internet, e passou a lucrar mais, já que outros anunciantes começaram a investir nas páginas do grupo. Não se restringiu ao modelo tradicional, como no caso da MTV, que lucrou apenas com a venda de espaço na grade da emissora para a operadora.

Com este capítulo pretendemos despertar no leitor a consciência da importância do modelo de negócio no debate sobre conteúdos, principal objetivo do livro. E reiteramos que, antes de criar programas inovadores, é necessário imaginar modelos de negócio igualmente originais.

▶ POLÍTICAS E EMPRESAS NO MUNDO DIGITAL

O mundo digital favorece ainda novas formas de organização das empresas. Nele cada um de nós é um potencial produtor de conteúdo. Blogues e *fotologs* permitem que um cidadão não especializado crie com facilidade seu site pessoal, pois os softwares de criação artística estão cada vez mais simples e baratos. As crianças de amanhã estarão aptas a produzir os próprios vídeos e conteúdos audiovisuais em casa.

No cinema e na produção televisiva de ponta, o diferencial de uma empresa sempre foi o padrão técnico e artístico da produção. No entanto, com a tecnologia nivelada e acessível a todos, o diferencial será, cada vez mais, a criatividade individual e coletiva. A empresa de mídia que hoje se distingue por controlar a tecnologia necessária para a produção audiovisual no futuro terá competidores à altura nesse quesito. E, para se destacar, terá de concentrar talentos criativos e organizá-los de forma que se potencializem.

Empresas já consolidadas em modelos tradicionais de gestão, como as atuais corporações de mídia, podem ter dificuldade em se adaptar às necessidades desse novo modelo. Sempre existirão as grandes empresas para fazer conteúdo *premium*. Mas surgirão também novas empresas mais participativas, que, em vez de gerar todo o conteúdo, serão organizadoras e "agregadoras de conteúdos" alheios, gerados por centenas, milhares ou milhões de usuários. Produtores que hoje trabalham de forma amadora poderão ser "esporadicamente profissionais" e, alguns deles, se profissionalizar definitivamente.

O diferencial dessas novas empresas será: a) a forma de organizar os conteúdos; b) softwares que facilitem e padronizem os conteúdos gerados; c) a forma de convencer o usuário-criador a dedicar seu talento a essa empresa, e não à concorrente; e d) sua identidade-marca. Esse novo modelo pode ser parecido com o das atuais comunidades, e essas empresas tendem a se organizar economicamente de forma cooperativada. Os usuários-criadores-sócios permanecerão fiéis a essa "empresa-comunidade" por critérios que passam pela renumeração (obviamente), mas também por liberdade de criação, participação nos rumos da editoria e identificação com os valores da comunidade. O sucesso de empresas como Google e de iniciativas como Orkut (do Google) antecipam esse novo mercado. O que começou na cultura da internet e ainda em texto chegará também à produção audiovisual.

Os entraves para o desenvolvimento pleno e democrático de tal mercado estão mais na esfera dos direitos (autorais, empresariais etc.) do que na esfera tecnológica. Nesse caso, cabe ao poder público um grande e rápido esforço de adaptar as questões de direito autoral e de organização tributária, fiscal e empresarial à nova realidade.

No entanto, é preciso parcimônia ao se apostar em utopia. O mundo não será apenas um maravilhoso caos rizomático, radicalmente democrático e sem centro produtor definido. Ainda teremos grandes empresas produzindo grandes filmes, grandes games e grandes telenovelas, e esses produtos de ponta continuarão moldando o imaginário de nossa época. Isso porque a produção audiovisual de ponta é demasiado complicada e demanda muito esforço e dinheiro, e, por esse motivo, não é acessível a todos os usuários/produtores. Ademais, não deixará de existir o consumidor passivo, nem deixará de existir a necessidade de conteúdos genéricos a que toda a comunidade assista para posterior debate.

Por isso, não estamos prevendo o fim das produções audiovisuais de ponta, nem que entraremos num mundo sem centro produtor. O que afirmamos é que as produções caseiras ganharão importância econômica e que as empresas tenderão a se organizar de forma cooperativada. Cabe ao poder público modernizar a legislação para permitir o pleno florescimento dessa nova economia.

Políticas públicas para TV digital: formas de ação do Estado

Como vimos, com o digital, chegamos a um ponto crucial. É muito provável que a produção se democratize, o que se traduzirá em diversidade cultural e democratização econômica, mas também existe a possibilidade de que a concentração permaneça. Dependendo de como as políticas públicas atuarem, o setor seguirá caminhos diversos.

Grosso modo, o Estado pode regulamentar o setor por meio de ações que chamaremos de afirmativas e negativas. Ambas são importantes e devem ser adotadas concomitantemente. As ações negativas são fiscalizadoras e punitivas. Já as ações afirmativas incentivam os agentes a seguir determinados caminhos.

Há vários exemplos de ações negativas necessárias hoje para regulamentar o mundo digital. O Artigo 222 da Constituição, por exemplo, que limita a propriedade estrangeira dos meios de comunicação, aplica-se à radiodifusão, mas não às teles, as quais se mostram dispostas a produzir conteúdo audiovisual e podem se tornar verdadeiras redes de televisão, com capital totalmente internacionalizado. Isso pode ferir os princípios de nossa Constituição.

O Artigo 222 poderia ser ampliado para todas as empresas que pretendem produzir conteúdo. Alguns princípios de regulamentação que já se aplicam (ao menos em tese) ao mundo da comunicação analógica poderiam igualmente ser estendidos ao mundo digital. Por exemplo: a) exigir que as empresas tenham certa quantidade de produção educativa; b) regulamentar conteúdos para determinados horários; c) impedir propriedade cruzada de diferentes meios de comunicação; d) impedir a concentração excessiva da audiência; e) garantir cota de conteúdos nacionais etc.

No entanto, outros princípios do mundo analógico não se aplicam ao mundo digital. A questão ainda deve ser aprofundada, mas coloco-a como forma de questionamento: faz sentido estabelecer que não haja concentração vertical, ou seja, que uma mesma empresa não seja produtora e difusora? Isso se aplicaria muito bem à televisão atual, ao mundo da transmissão analógica – que, por ter uma banda limitada, exige que o poder público administre as concessões. Mas faria sentido no mercado da internet, no qual todos podem ser difusores das próprias obras? Faz sentido num mundo em que um pequeno produtor pode difundir sua programação? É claro que não.

E, por mais que o ideal seja reduzir o poder das grandes empresas de mídia, não há por que impedir uma empresa de atuar em vários setores (jornal, mídia, internet etc.). A própria FCC (*Federal Communications Commission*, órgão de regulamentação americano) acabou com essa limitação, com o argumento de que ela impedia a vantagem competitiva das empresas americanas. Eles podem ter razão. Num mundo onde "bits são bits", seria um anacronismo impedir uma empresa como a Rede Globo de ter lucros com seus conteúdos no mercado de internet. Além disso, não são apenas as empresas grandes que atuam desse modo. Pequenos produtores independentes fazem simultaneamente filmes, sites e livros.

O que fica claro é que ao mundo digital não se aplicam muitos dos princípios de regulamentação do mundo analógico. Como poderíamos exigir cotas de produção nacional ou regional numa esfera em que o processo é permanente e não há controle de conteúdo? O que seria a cota nacional do texto brasileiro, dos vídeos disponíveis, do *design* do site? É razoável impedir que um grupo de jovens faça um site para distribuir músicas do Sepultura, banda de rock brasileira que canta em inglês? Teria sentido impedir que um site brasileiro distribua conteúdos internacionais? Numa lógica de processo e de objetos mutáveis, o principal é garantir que as empresas sejam de capital nacional e empreguem mão de obra residente no Brasil. Por isso, no ambiente digital as regulamentações devam focar a concentração horizontal, a concentração de renda propriamente dita. A forma mais eficaz de fazer isso ainda são políticas tributárias, que taxem as empresas grandes e reinvistam no mercado audiovisual – favorecendo empresas pequenas e criando um círculo virtuoso de desenvolvimento econômico e democrático do setor.

Focaremos agora a questão do investimento público no incentivo ao crescimento do mercado; no que estamos chamando de ações afirmativas.

As ações afirmativas e o mercado audiovisual digital

O poder público, além de coibir o que a sociedade considera nocivo (no caso, a concentração excessiva), deve incentivar as boas iniciativas. Entretanto, nos últimos anos, a maior parte dos atos dos grupos de democratização da comunicação se centrou em ações negativas e regulatórias. O certo é que se conciliem as duas, caso contrário, corremos o risco de, por exemplo, abrir espaço para produção independente e regional por meio da lei, mas de não ter conteúdo de qualidade para exibir na grade. Por isso, a ação afirmativa deve atuar antes da lei, ajudando a criar o contexto e a justificativa para esta. Acreditamos que, no caso de mídias novas e em rápido crescimento, como as digitais, as ações afirmativas são mais importantes que as ações negativas, pois ajudarão a configurar o mercado dos próximos anos e, tal como ocorreu na TV, a legislação acabará seguindo a lógica de mercado que for implantada.

Uma ação afirmativa costuma contar com investimentos diretos do Estado na correção e orientação do mercado. Algumas propostas preveem uma regulamentação econômica do setor, tirando investimentos de alguns setores produtivos já consolidados e levando-os para a cadeia econômica, precisamente a setores ainda não consolidados (que podem ir do cinema aos conteúdos digitais) e à produção independente. Ao incentivar o surgimento de novos agentes, o Estado contribui para diversificar o mercado.

A tão sonhada diversidade da produção de conteúdos audiovisuais depende de que o governo atue permanentemente na economia do setor. Tal atuação deve estar pautada na criação de novos mercados com potencial para se tornar autossustentáveis. A produção cultural diversificada é resultado de um mercado diversificado, com várias estratégias possíveis para que o produtor viabilize economicamente seu produto.

O modelo da mídia brasileira hoje é extremamente centralizador e pouco democrático. As Organizações Globo, com todas as suas emissoras de televisão, centralizam entre 70% e 80% da verba publicitária do país. Apenas trinta grandes anunciantes gastam em torno de um quarto da verba publicitária do país. Entre eles estão as várias esferas do governo. Essa concentração excessiva vem minando a liberdade de expressão na mídia brasileira, ao inibir os produtores audiovisuais de criticar algum desses grandes anunciantes. Instaura-se a censura privada.

A diversificação e a democratização da atividade audiovisual dependem de apoio público, mas só se efetivam com a variedade de anunciantes e diversificação dos modelos de negócio. Há quem defenda o modelo de financiamento da TV pública, que, em seu estado puro, seria feito diretamente por meio de algum imposto, sem passar pela decisão do governo e sem influência dos anunciantes. O modelo de financiamento público da televisão é fundamental e deve ser fortalecido no Brasil de hoje. No entanto, o ideal é que não seja o único. Os diversos modelos de televisão comercial têm sua importância e não devem ser esquecidos. E mesmo o modelo estatal – que para alguns seria sinônimo de Estado autoritário – tem suas vantagens. É a diversidade de modelos de financiamento e gestão que trará a qualidade à programação. Um exemplo dentro do modelo comercial: com o aumento do número de empresas anunciantes, as empresas de criação de conteúdo ganharão mais liberdade editorial, podendo, por exemplo, criticar uma empresa que a patrocina, por saber que pode contar com outros apoios ou conquistar novos. Dessa forma, com a diversidade de anunciantes, as empresas de criação passam a se preocupar mais com o público e menos com os patrocinadores.

Há hoje uma nítida tendência à diversificação do mercado. O *share* do bolo publicitário da TV vem caindo, pois, com as possibilidades do mundo digital, tem crescido a audiência em outras mídias, como a internet. Além disso, surgem novos modelos de negócio, ajudando a diversificar os financiamentos. Na esfera dos conteúdos digitais, o investimento não deve seguir a mesma lógica do investimento em cinema e televisão.

A televisão na era digital   129

O digital tem modelos de produção e de negócio diferenciados, que devem ser respeitados ao se elaborarem as políticas públicas de investimento direto. Para isso é importante entender: quais modelos de negócio tendem a ser implantados no mundo digital? Como a economia do setor se financiará? Dessa forma, estaremos aptos a pensar políticas públicas que não encarem o Estado como mero provedor de recursos e atuem no aquecimento da economia, ajudando no surgimento de mercados mais democráticos.

Como o poder público pode incentivar o surgimento de uma webTV?

Como vimos, o novo mercado dos conteúdos audiovisuais digitais tem características diversas das do mercado cinematográfico. Isso exige novos modelos de negócio, produção e financiamento.

No Brasil, todos os modelos de incentivo estatal à produção audiovisual independente são baseados na lógica de empresas cinematográficas, voltadas para gerar obras unitárias e de alta qualidade técnica. Mesmo quando um audiovisual se desdobra em subprodutos (alguns até mais rentáveis), permanece o foco em uma matriz, que catalisa os derivados.

No mundo digital, ao contrário, a lógica do processo substitui a lógica do produto. Um site é um bom exemplo. O que significa "produzir" um site? Com certeza isso não é o fundamental. Ao contrário do cinema, o site é uma obra em construção permanente, sem término definido. Pode ir ao ar em estado incipiente e continuar sendo construído aos poucos. Cada mudança (atualização) poderia ser considerada um produto. Essa é a essência do mundo digital, onde o processo de realização se mistura com os produtos resultantes.

Essa lógica do site, com ênfase no processo, contamina toda a produção do mundo digital, até mesmo o cinema. Tarantino filmou os dois volumes de *Kill Bill* (EUA, 2003-2004) por quatro anos, e muitas cenas descartadas da versão para cinema foram lançadas no DVD, como cenas extras da "versão do diretor". Isso aumentou a venda do DVD, fonte importante de renda para o projeto. Outros diretores filmam os ensaios também em câmera digital, minimizando a diferença entre estes e a filmagem. Como o trabalho mais cuidadoso de luz é feito na finalização, o ensaio poderá ser aproveitado na versão definitiva do filme. É um exemplo de processo de realização que se entrelaça com o produto final.

O cinema, no entanto, é uma mídia da era industrial, anterior ao digital e que continua seguindo modelos próprios.

Entre o site e o filme, temos ainda a produção de televisão. Esta também está mais para o processo do que para o produto final. A grade das emissoras é ocupada, em grande parte, por programas de auditório, de entrevistas, de debates e similares.

Eles exibem, muitas vezes ao vivo ou gravados de "primeira", as pessoas em conversas espontâneas. Mesmo a ficção televisiva é seriada e se altera no contato com o espectador. Como vimos, alguns puristas exigem que a televisão tenha "qualidade", que a telenovela não se renda ao Ibope, que a imagem seja melhor, em suma, que a TV seja mais cinema. No entanto, como também discutimos, a qualidade da televisão é dada por sua especificidade, que é justamente a capacidade de interagir com o público e o fato de ser uma obra em criação permanente. Na TV, tal como no digital, processo e produto se misturam.

Não há coerência em restringir a produção de TV e a digital aos modelos de produção cinematográficos. O cinema costuma ser realizado por projeto, por um edital que premia um filme individualmente ou por patrocínios para projetos unitários. Depois de realizado o filme, começam as negociações para que seja exibido. Já a produção televisiva, por exemplo, precisa ser premiada já com canal de exibição acertado. Um bom programa de TV deve ser pensado também para ser contraprogramação de uma emissora em relação à outra. Além disso, TV é hábito, e um programa pode demorar meses para conquistar a audiência.

A maioria dos objetos digitais se aproxima dessas características da televisão. A pergunta é: como o Estado pode ajudar no surgimento e na sedimentação comercial de uma webTV? A ênfase no processo nos obriga a repensar a lógica dos patrocínios e do financiamento. O modelo empregado nos esportes pode ser um bom exemplo. Como todos sabem, não faria sentido financiar apenas um jogo de domingo entre Palmeiras e Corinthians, por exemplo. Em esportes, patrocina-se o processo (um time ou um jogador), não o produto. Por isso, a lógica da produção digital se aproxima do modelo do financiamento de esportes. Para produzir objetos digitais é necessária, tal como num time de futebol, uma equipe coesa e que "funcione" em conjunto, com jogadores em várias posições diferentes (software, design, edição, trabalho de apresentador etc.), mas jogando um pouco em cada uma delas ("voltando para marcar" quando necessário). E, também, tal como no esporte, é necessária uma renovação permanente do elenco – que muitas vezes, até por questões pessoais, deixa de "funcionar" em equipe.

Uma política de apoio a novas mídias audiovisuais está na interface entre políticas industriais, científicas e culturais. A indústria audiovisual é uma das maiores do mundo contemporâneo e sua produção é pautada pela inovação. Os programas de incentivo audiovisual deverão favorecer o surgimento de produtoras audiovisuais por meio de financiamentos e subsídios, contribuindo para a sedimentação de empresas inovadoras que possam atuar no mercado.

Por levar em conta tais características, acreditamos que as políticas públicas para o mundo digital, em vez de se inspirar nas políticas para cinema, devem se basear na indústria de software, que também trabalha com linguagem, precisa de alto conteúdo criativo e tem modelos de gestão e retorno financeiro similares aos do audiovisual digital. O projeto "financiamento de empresas inovadoras de software", que elaborei para uma consultoria (Cannito, 2005), é um exemplo disso. Ele se inspira no bem-sucedido projeto da Fapesp de apoio à inovação tecnológica em pequenas empresas. A empresa interessada apresenta um pré-projeto com uma ideia de produto ou serviço a ser desenvolvido e então recebe apoio para a elaboração de um plano de negócio detalhado e para testes iniciais. Caso o plano seja novamente aprovado, recebe um apoio público para a realização e colocação do produto ou serviço no mercado. A ideia é incentivar a etapa inicial e de maior risco, ajudando a empresa a procurar meios de se sustentar no mercado.

Um modelo complementar ao incentivo financeiro é o das incubadoras, instituições que oferecem as condições estruturais para que as novas empresas se desenvolvam. Essa estrutura oferece itens fundamentais para a formação de uma empresa, como espaço físico, equipamento, assessoria contábil, jurídica e administrativa. Ao ajudar a nova empresa a resolver seus problemas administrativos, as incubadoras possibilitam que ela foque na criação e comercialização de seus produtos. Esse modelo, mesmo privado tende a crescer com o digital, como bem demonstra o sucesso de incubadoras como o Instituto Gênesis (RJ) e o Porto Digital (PE). São casos que podem ser usados como exemplo a ser aplicado em outras regiões.

Outra característica do digital é aproximar as etapas de produção e distribuição. Como a produção é um processo contínuo que pode agregar vários produtores, é comum que a distribuição seja pensada e executada junto com ela. Em alguns casos, é necessário fazer parceria com distribuidoras especializadas em determinadas mídias (distribuição em bancas, por exemplo). Porém, em muitos outros casos é saudável que a mesma empresa produza e distribua. É o caso daquelas baseadas em vendas on-line (Amazon e semelhantes) e em novos nichos. Uma característica do mercado digital é ser mais segmentado e atender a interesses específicos. Podemos imaginar empresas de conteúdo para públicos segmentados, como o mercado de *hip-hop*, o mercado ecológico, o mercado de consumidores enólogos e assim por diante. Todos eles podem ser gradativamente fragmentados e especializados. A empresa que conseguir tratar cada membro de seu "público" como único e individual terá diferencial competitivo. Por isso, em vez do marketing de massas, será comum que as empresas, à medida que produzem seus conteúdos, construam também mailings próprios.

Há hoje uma infinidade de mercados audiovisuais não explorados. O movimento *hip-hop* tem centenas de selos de música com distribuição independente, mas não tem produção audiovisual. Os filmes de terror têm um público brasileiro cativo e especializado, mas a produção nacional é pequena. Esses são os exemplos brutais e visíveis a qualquer empresário minimamente atento; há milhares de outros nichos que ainda podem ser explorados.

Num mundo tão repleto de inovações e com tantos mercados, o Estado precisa rever seu papel. Se quisermos realmente incentivar a industrialização, faz pouco sentido fazer "planos quinquenais", tentar planejar todas as iniciativas, ações que tinham sua eficácia na era industrial. O Estado deve se libertar da utopia paternalista de que orientará o caminho de todos os seus filhos (o povo). É parecido com o que ocorre em nossa casa. Qualquer pessoa de bom senso sabe que é muito difícil prever como um garoto de 14 anos vai, no futuro, se sustentar. Diante da velocidade do mundo atual, o Estado e os pais não sabem mais o que realmente é melhor para seu filho. Sabe-se apenas que, com um computador conectado na web e uma boa formação cultural, um jovem de hoje pode descobrir ou criar mercados totalmente inusitados. Por tudo isso, temos de abandonar a ideia de que os jovens devem entrar no mercado. O que devemos fazer é incentivá-los a criar o próprio mercado. Em vez de oferecer um caminho definido, o Estado tem de atuar como pai mais liberal e "quase hippie", apenas catalisando processos de criação e ajudando as pessoas a encontrar seus caminhos. Em vez de ser provedor, o Estado deverá ser o catalisador das iniciativas privadas e o articulador de pontes entre grupos sociais.

Para finalizar este tópico, daremos um exemplo concreto de apoio público à criação digital: o Concurso de Jogos Eletrônicos que coordenei. Realizado pelo MinC (Ministério da Cultura), pela Finep (Financiadora de Estudos e Projetos) e pelo ITI (Instituto Tecnológico Inovador), e co-realizado pela FICs (Fábricas de Ideias Cinemáticas), foi uma iniciativa pioneira e inovadora, já que os ministérios da Cultura tradicionais costumam se ocupar apenas de meios de expressão já consagrados. Foi a primeira vez que os games ganharam status de cultura. O recurso disponibilizado pelo MinC era irrisório (R$ 240 mil para 8 *demos* de jogos), mas o concurso catalisou a nascente indústria nacional de games e conseguiu despertar o interesse de jovens talentos iniciantes. Além disso, recebeu imediato apoio de empresas do setor – como a editora Conrad e a Cidade do Conhecimento, entre outras. Houve quase mil projetos inscritos, um número excepcional para editais culturais. O mais interessante é que, baseado em princípios como inteligência coletiva e a licença *creative commons*, o concurso incentivava o participante a abrir sua ideia para a colaboração de outros participantes. A maioria o fez, criando no site do concurso uma comunidade de desenvolvedores nacionais. Nem só os premiados tiraram proveito dessa experiência: a iniciativa do MinC catalisou uma comunidade on-line que pode, nos próximos anos, gerar uma infinidade de novas possibilidades de negócio, ajudando no crescimento da nascente indústria nacional de games. É o Estado atuando como catalisador, não apenas como provedor. É o Estado criando políticas públicas inovadoras para o mundo digital.

Como já enfatizamos, é bem provável que as mídias digitais incentivem a consolidação de um mercado mais democrático e com maior diversidade cultural. No entanto, se o poder público não criar um forte sistema de freios (regulamentações, impostos etc.) e contrapesos (incentivos diretos a produções que tendam à diversificação), até esse setor, democrático por natureza, poderá se tornar concentrado.

Se um mercado permanece sem intervenção pública, as grandes corporações tentarão ocupá-lo, usando-o como mero canal de escoamento de seus produtos tradicionais. A mídia do celular é um bom exemplo. Justamente por ser baseada em comunicação individual (um a um), é o espaço natural para conteúdos segmentados. O usuário pode, por exemplo, pedir para ouvir uma música que ouviu numa festa, mas que não toca na rádio aberta. Hoje, no entanto, o conteúdo musical gerado para telefonia celular se resume a subprodutos dos conteúdos tradicionais das rádios e televisões abertas, da cultura massificada, como produtos da dupla Sandy e Junior ou do *Big Brother* Brasil. Nas mãos das grandes corporações, a mídia digital tem trazido apenas mais do mesmo. Reiteramos que apenas com o apoio do poder público ela poderá contribuir para a diversidade cultural.

Por isso é importante ajudar empreendedores a procurar novos públicos, a criar novos produtos e a descobrir novos mercados. Esse apoio se dá por meio de ações negativas (regulamentações contra a concentração), mas também de ações positivas. Só haverá democracia audiovisual se houver um Estado forte, com alta capacidade de investimento e disposto a apoiar financeiramente as iniciativas inovadoras na área de conteúdo digital.

A questão do audiovisual é de sobrevivência nacional e um dos nós da nossa economia. O Brasil é um dos poucos países do mundo que têm a possibilidade de se consolidar como produtor, e não apenas consumidor de bens audiovisuais. Mas essa independência também está ligada à defesa dos conteúdos nacionais e ao incentivo à pluralização da produção.

CAPÍTULO 3

Hipóteses de como será a TV na era digital

No primeiro capítulo deste livro, discorremos sobre o que caracteriza a televisão e o que caracteriza o digital, apresentando os conceitos e princípios que norteiam essas mídias. Expusemos que o digital é multiplataforma e que seus objetos ideais são, portanto, planejados para atuar em várias mídias. No segundo capítulo, discutiremos a tecnologia e os ambientes por onde a televisão digital transitará.

Nesta terceira parte, considerando as ponderações anteriores, apresentaremos hipóteses de quais formatos e serviços se consolidarão no ambiente da TV. E pretendemos, à medida que formos apresentando tendências, desconstruir alguns mitos que se têm propagado.

Como o tema é extremamente atual, pesquisadores e profissionais são obrigados a tatear os caminhos e a experimentar as possibilidades de ação num mundo quase desconhecido. A bibliografia ainda é escassa, e a falta de um estudo aprofundado faz surgir uma série de mitos. Muitos seminários para executivos organizam-se em torno da ideia de que vivemos uma espécie de "Ano Zero" e que está para surgir uma nova era da televisão, completamente diversa da atual. Eles esquecem, no entanto, que a televisão já tem sessenta anos, e que as relações que estabeleceu com o público não foram modinhas passageiras; ao contrário, atenderam a demandas culturais mais antigas do que ela mesma.

Esses mitos costumam ser construídos inspirando-se no espanto dos teóricos diante de um amplo horizonte de novas possibilidades, e não nos hábitos consagrados de interação do público com a mídia. Mas, como já enfatizamos, mais do que a existência de possibilidades tecnológicas, são os hábitos culturais e sociais de consumo que determinam o caminho a ser percorrido pela TV digital.

A televisão na era digital   135

Apenas a observação de casos reais, aliada a uma análise conceitual, será capaz de apontar as tendências, desconstruindo mitos e apontando para o real potencial de mudança.

▶ RELAÇÕES ENTRE TECNOLOGIA, CULTURA E TELEVISÃO DIGITAL

Trataremos a seguir de conteúdos e formatos que vão se consolidar na emergente televisão digital. Para orientar nossa análise, recorreremos ao conceito de epidemias culturais, desenvolvido por Malcolm Gladwell no livro *O ponto de desequilíbrio: pequenas coisas fazem grande diferença* (2002).

Epidemias culturais descrevem produtos e conteúdos que se propagam de forma epidêmica e se tornam um sucesso ao conquistar o cliente. Um dos atributos desses conteúdos de sucesso é justamente a capacidade de "colar", ou seja, de despertar o interesse do público e não perdê-lo em momento algum. Em sua análise, Gladwell, inteirado da cultura multiplataforma, usa o mesmo modelo para discutir a propagação cultural que se observa em diversos nichos de consumo, de roupas a programas de televisão. A mesma análise nos interessa; no ambiente da convergência digital em que várias mídias se comunicam, é mais importante entender a relação entre o conteúdo e os hábitos do usuário do que possibilidades técnicas puras.

No caso da tecnologia que estamos chamando de "mídia digital", novas técnicas alteram o processo de produção e de exibição, gerando mudanças estéticas no produto e comportamentais no espectador, por exemplo, por meio de um só movimento. Na verdade, conforme já vimos, a nova mídia costuma "quebrar" fronteiras e definições muito rígidas, típicas das mídias anteriores. Assim, separar o processo de realização audiovisual em produção, pós-produção e distribuição deixa de fazer sentido. Tais etapas, que eram nitidamente separadas em tecnologias anteriores, tornam-se cada vez mais próximas. Tudo isso influencia na definição de "nova mídia", que não se refere mais apenas à interface com o público (tela do computador, da televisão, do cinema, *display* do celular etc.), nem é apenas um equipamento de captação digital. Ela engloba todas as etapas do processo.

▶ TECNOLOGIA, FORMATOS E PROCESSOS DE PRODUÇÃO

Vimos que a efetivação e a propagação de determinados gêneros e formatos audiovisuais são influenciadas pelo processo de produção que, por sua vez, é alterado pela nova tecnologia. Quando o som foi implantado no cinema, a câmera se tornou mais pesada, perdendo-se parte da mobilidade típica dos filmes dos últimos anos do cinema mudo. Mais tarde, com as câmeras de cinema mais leves, popularizou-se a imagem da câmera na mão, fartamente utilizada pelo cinema novo da década de 1960. Tipos de película, filtros e lentes ajudavam a definir se o filme ocorreria em estúdio ou em locação, com evidentes impactos estéticos. A implantação da imagem eletrônica possibilitou aos cineastas ver o que estava sendo filmado em um monitor no próprio set, sem precisar, como antes, esperar que a película voltasse do laboratório de revelação.

A chegada da TV permitiu transmissões ao vivo, transformando também os formatos e gêneros da programação. A forma de distribuição igualmente altera a forma de comercializar um produto, e os impactos no modelo administrativo da criação artística acabam influenciando os resultados estéticos.

Os exemplos são inúmeros, mas o que importa aqui é entender que uma nova tecnologia pode alterar o processo de produção e favorecer determinados gêneros e formatos. A produção se transforma radicalmente, crescendo a importância da etapa da finalização (que pode se tornar composição da imagem) e ampliando-se o diálogo entre realizadores, graças às novas possibilidades de distribuição.

▶ A IMAGEM DIGITAL E A REALIZAÇÃO NA TELEVISÃO DIGITAL

A manipulação da imagem digital

A tecnologia digital tem influência em todas as etapas do sistema televisivo, seja nas técnicas de captação, seja nas de distribuição, passando pela etapa de finalização e tratamento da imagem. Neste último aspecto, o digital permite uma manipulação muito maior.

A comparação com a tecnologia do cinema ajuda a entender a mudança que o digital promove. Uma imagem de cinema é composta por fotogramas. Já uma imagem digital é composta de pixels, que, na verdade, são números. Segundo Manovich (2001), uma definição possível para obra audiovisual digital seria: uma função que, dada a horizontal, a vertical e o tempo de cada pixel, retorna com uma cor. Em forma de equação seria: Obra Audiovisual Digital = $f(x, y, z)$.

Ou seja, é a série de pixels em movimento no transcorrer do tempo que define o filme. Dessa forma, as obras audiovisuais tornam-se um caso particular de pintura – a pintura no tempo –, e nascem daí as múltiplas possibilidades da computação gráfica. Com isso, a imagem audiovisual perde a referência da fotografia com película. E também supera a imagem eletrônica televisiva, composta de linhas.

Interessante é que a definição de Manovich de obra audiovisual digital é muito próxima da maneira como o cineasta russo Sergei Eisenstein pensava o cinema nos anos 1920. Há em sua obra uma tendência a construir a imagem reduzindo a ontológica autenticidade do plano cinematográfico. Para Eisenstein, o material de imagem e som existente no mundo visível serve somente para dar início ao processo de criação do real na tela. Limitado à imagem fotográfica da película cinematográfica, a chamada "resistência do plano", Eisenstein utilizava-se de todos os recursos de linguagem disponíveis para construir o quadro: atuação histriônica e baseada no conceito de "tipagem", maquiagem exagerada, iluminação expressionista, *mise-en-scène* simbólica etc.

Outro cineasta russo da mesma época, Dziga Vertov, trabalhou fartamente com manipulação das imagens na finalização. Mas, ao contrário de Eisenstein, Vertov preferia partir de imagens documentais, pois dava grande importância à capacidade da câmera de revelar aspectos pouco visíveis da realidade e de captar os fatos-vida em estado bruto. Esse debate sobre a importância de partir de fatos-vida ou construir toda a imagem foi o ponto principal de uma famosa polêmica entre esses dois grandes cineastas soviéticos. O plano documental, para Vertov, era apenas o ponto de partida que seria esteticamente reconstruído na montagem. A estratégia de Vertov se aproxima da prática construtivista da fotomontagem, que, mesmo utilizando fotografias, opta por manipulá-las livremente. Basta assistir a qualquer filme de Vertov para vermos na tela uma grande sucessão de efeitos, animação de imagens para gerar movimentos, câmera lenta, câmera acelerada, *split screen* (divisão da tela), sobreposições, uso de letras sobre a imagem (*lettering*) etc. Na época esses recursos eram difíceis de ser realizados, pois eram trucagens sobre a película. Hoje, eles podem ser feitos com rápidos comandos do computador. Assim, mais do que manter a imagem intocada, Vertov buscava para a imagem final uma "aparência" fotográfica. Essa aparência era considerada uma estratégia estética, a qual compreendia também a explicitação da manipulação.

Hoje, na era digital, a fotomontagem e a recriação das imagens brutas é muito recorrente. O programa Photoshop permitiu, já no início da era digital, a expressão de inúmeros artistas, que partem de imagens documentais e constroem comentários visuais, num modelo próximo ao que Vertov idealizava. Sites ativistas como o GNN (Guerrilla News Network) e de humor como o Kibe Loco fazem amplo uso desse recurso.

Simultaneidade no audiovisual

A divisão da tela em várias imagens é uma característica da linguagem do computador. Desde a sua criação, a GUI (*Grafic User Interface*), usa o princípio de múltiplas janelas. A GUI surgiu em 1971, de um trabalho inovador na Xerox, e desde então vem se desenvolvendo. Foi apenas na década de 1980 que Steve Jobs apresentou algo próximo do formato atual, com a criação do Macintosh. O sistema operacional Windows também seguiu essa lógica.

138 Newton Cannito

Logo, a linguagem da imagem em movimento começou a utilizar essa possibilidade. Em 1990, vários games, como *Goldeneye* (Nintendo/Rare, 1997), já usavam múltiplas janelas para apresentar a mesma ação simultaneamente de vários pontos de vista. Séries de televisão como *24 Horas* (*24*, EUA, 2000) e filmes como *Cidade de Deus* (BRA, 2002) também lançaram mão do recurso.

Com a possibilidade de divisão do quadro em várias telas, abre-se caminho para a simultaneidade. Pierre Bongiovanni (1996, p. 86-7) afirma:

> A imagem, resultando de uma montagem "multicamada", apresenta-se então como uma superposição de imagens, como uma tela constituída por paredes de vidro transparente, sendo que cada uma é o lugar de uma dramaturgia particular e mantém, ou não, relações de jogo com as dramaturgias que se desenvolvem sobre as paredes vizinhas.
>
> Essa explosão do relato acha-se, naturalmente, nas instalações de vídeo: ali, a imagem não se manifesta somente na profundidade do plano e/ou em sua duração, mas também no mesmo espaço do lugar da representação.

Essa composição do plano em diversas camadas contribui para a criação de uma polifonia narrativa[9], "onde diferentes 'vozes' avançam simultaneamente na construção do discurso fílmico, permitindo ao espectador a leitura de texturas sobrepostas em multicamadas" (Massarolo, 1999, p. 26).

Para vários teóricos, o retorno à narrativa espacial relaciona-se com o declínio das narrativas temporais e o crescimento da importância do espaço. Teóricos da pós-modernidade já enfatizaram o declínio das grandes narrativas e a inter-relação entre eventos simultâneos, característica resultante de fenômenos como a globalização. Mais uma vez, ao falar do digital, vale a pena evocar os cineastas da vanguarda russa. Também nisso Vertov é precursor. Um filme como *A sexta parte do mundo* (*Shestaya chast mira*, RUS, 1926) é um exemplo dessa ligação conceitual entre fenômenos distantes no espaço. A "decodificação comunista do mundo" é também tentativa de explicar fenômenos por meio da inter-relação espacial.

Já na década de 1960, Foucault, no texto "Of the other spaces" (1967, p.22) apontava que estamos na época da simultaneidade:

---

9. Essa concepção de "polifonia", utilizada aqui, relaciona-se ao conceito desenvolvido por Mikhail Bakhtin em *Problemas da poética de Dostoiévski*. A noção de "polifonia" designa a pluralidade de vozes que se articulam no texto, abolindo o narrador fixo e produzindo uma narrativa descentrada e multifacetada.

Estamos na época da simultaneidade, da justaposição; a época do perto e do longe, do lado a lado, da dispersão. Estamos num momento, creio eu, em que nossa experiência de mundo é menor do que de uma vida longa que se desenvolve no tempo, do que uma rede que conecta pontos e interseções com a própria meada.

A montagem espacial, mesmo quando enfatiza os conflitos, segue a lógica da coexistência, muitas vezes de contrários, e é bastante adequada para expressar algumas questões pertinentes ao mundo contemporâneo.

A televisão usa muitos desses recursos. A estética da CNN baseou-se nessa noção. O apresentador atém-se a uma notícia enquanto outras são mencionadas em *lettering*. Também canais de finanças e de meteorologia dialogam com a estética da simultaneidade. Até na ficção a tendência começou a ser enfatizada. Destaques da série *24 Horas* são justamente as cenas de simultaneidade. A narrativa simula um tempo real e, em alguns momentos específicos, a tela se divide, mostrando o que acontece em paralelo em quatro situações diferentes. Esse recurso tornou-se marca registrada da série – que, no entanto, é completamente baseada na narrativa clássica. Nesse caso, a simultaneidade ajudou apenas a construir a famosa montagem paralela, base do cinema narrativo, desenvolvida desde o primeiro cinema e que chegou à plena consciência com David Griffith, ainda nos anos 1920. Ou seja, a simultaneidade pode ser usada também para construções narrativas.

Captação *versus* "finalização"

Até pouco tempo, a história das técnicas da imagem audiovisual se centrava muito na captação da imagem. Discutiam-se novos tipos de lente, películas mais sensíveis para cinema, novos equipamentos para movimentar a câmera, novos tipos de câmera com mais definição ou mais leves para vídeo, equipamentos de som direto etc.

No entanto, com a chegada da imagem digital, o processo de captação passou a ser tão importante quanto o de finalização. Esta, na verdade, transformou-se num processo de composição da imagem, e abriu a possibilidade de o cineasta se tornar um pintor. Mesmo imagens aparentemente "realistas" podem ser reconstruídas em programas de computador. É também possível modificar imagens preexistentes para alcançar determinados resultados. O cinema deixa de ser apenas uma técnica de captação. Em todos os tipos de filme, as técnicas de interferência na imagem se tornam comuns. Cada vez haverá menos diferença entre o cinema "captado" e o cinema animado.

A própria distinção entre gravação e edição, entre produção e pós-produção, deixa de ter tanta importância. As câmeras digitais facilitam a interferência na imagem no próprio momento da captação, com procedimentos manuais ou informatizados.

Nos dias de hoje, a relação entre filmagem "normal" e composição da imagem (os chamados "efeitos especiais") foi invertida. Os "efeitos especiais" agora são norma. *Star Wars: Episódio 1 – A ameaça fantasma (Star Wars – Episode 1: The Phantom Menace*, EUA, 1999) é um bom exemplo. O longa foi filmado em 65 dias. A pós-produção durou dois anos, e 95% dos planos foram construídos em computador. Mesmo filmes aparentemente mais "realistas" são muito trabalhados na finalização. Em *Cidade de Deus*, de Fernando Meirelles, o fotógrafo César Charlone optou por deixar uma luz muito simples na hora da gravação, para possibilitar a livre atuação dos atores. A maioria dos efeitos de iluminação foi realizada na pós-produção. O filme tem uma aparência que nos remete ao realismo, construída com o que costumávamos chamar de "efeitos especiais".

Em televisão, o tempo de pós-produção, em geral, é menor, e não há orçamentos altos para investir em finalização. Mesmo assim já começam a brotar exemplos da televisão digital baseada em efeitos especiais. Uma das novidades dos últimos anos foi a telenovela *Caminhos do Coração* (BRA, 2007), de Tiago Santiago, exibida na Record. Abertamente inspirada no sucesso da série americana *Heroes* (EUA, 2006), essa novela abriu novas perspectivas para a ficção televisiva brasileira. Exibida à noite, ela conquistou o público jovem e infanto-juvenil que andava carente de alternativas no horário – e se identificou com as tramas de mutantes que, na verdade, servem para tematizar a sensação de "ser diferente". A novela também teve um investimento excepcional em efeitos especiais, com dezenas de transformações trabalhadas digitalmente toda semana. Obviamente, o uso de efeitos especiais ajudou a conquistar o público e acabou impondo uma alternativa estética para a televisão brasileira contemporânea. Também vale a pena citar um exemplo considerado "realista". O seriado brasileiro *9mm: São Paulo* (BRA, 2008), da Fox, criação de Carlos Amorim, Newton Cannito e Roberto Dávila, retrata de forma realista a polícia civil brasileira. Mas também nesse caso os realizadores investiram muito na etapa de finalização, "puxando" a cor da série para um tom em preto e branco a fim de criar um universo *noir*. O tempo e o investimento em finalização foram altos, mas o resultado ajudou a diferenciar a imagem da série da do padrão da telenovela. Todos esses exemplos deixam evidente que mesmo na TV a etapa de finalização é cada vez mais importante.

Em contraste com os objetos materiais da mídia analógica, a nova imagem digital é essencialmente mutável. Hoje, ao trabalhar com uma imagem, um *designer* costuma aplicar a ela vários filtros e efeitos. As possibilidades se multiplicam, e as imagens podem ser trabalhadas das formas mais variadas. A combinação de sequências de imagens (em movimento e também em *still*) pode ser feita com softwares como After Effects (Adobe), Compositor (Alias Wavefront) ou Cineon (Kodak). Todos eles seguem a lógica da manipulação algorítmica e podem, de forma muito rápida, transformar o contraste e a cor, rodar um objeto num espaço 3-D, transformar o som etc.

Permanece, no entanto, a necessidade de uma clara opção estética: reproduzir o olhar fotográfico, tentando construir o padrão tradicional de realismo, ou se libertar dele?

Todos esses exemplos mostram que ferramentas de transformação da imagem tornam-se tão essenciais para os cineastas e realizadores de TV como o são pigmentos para os pintores, e que as obras audiovisuais transforman-se numa série de pinturas. Na prática da imagem digital, a indexação da imagem cinematográfica ao mundo empírico deixa de ser fundamental.

Qual o verdadeiro impacto da alta definição?

A televisão projeta uma imagem ponto por ponto. Os pontos compõem as linhas que constituem a imagem. A resolução descreve a quantidade de linhas que o aparelho pode mostrar, o que é importante quando se trata de HDTV. Pixel é o menor conjunto na composição de uma imagem digital; cada pixel é composto por três pontos de três cores – verde, vermelho e azul – e pode exibir até 256 tonalidades diferentes. Combinando as tonalidades de cada cor, é possível exibir aproximadamente 16,7 milhões de cores diferentes (Wikipédia, 2008).

Os aparelhos comuns mostram aproximadamente 480 linhas verticais. Essa resolução é denominada definição padrão (*Standard Definition* ou SD).

A resolução oficial da HDTV é de 1280 x 720 pixels (720 linhas de 1280 pixels), e a maior resolução disponível atualmente é de 1920 x 1080 pixels (*Full HD*).

Existem também aparelhos que têm a chamada definição aprimorada (*Enhanced Definition* ou ED) com apenas 480 linhas de resolução. Os aparelhos que utilizam a ED têm uma tecnologia mais avançada de composição de linhas: formam as linhas progressivas (480p), que são construídas em sequência e geram uma imagem melhor que a SD – a definição padrão é de 480 linhas entrelaçadas (480i) e cria primeiro as linhas pares e, em seguida, as ímpares. A vantagem é que o custo dos aparelhos ED é bem menor que o dos aparelhos de HDTV.

Existem vários graus de definição de imagem e de qualificação. Siqueira (2008, p. 44) aponta quatro divisões:

1. baixa definição (*Low Definition* ou LDTV), com imagens de 288 linhas e 352 pixels por linha, para recepção em celulares, PDAS ou laptops; 2. definição-padrão (*Standard Definition* ou SDTV), com 480 linhas de 720 pixels por linha, para televisores de definição normal, como os atuais; 3. definição melhorada (*Enhanced Definition* ou EDTV), com 480 linhas entrelaçadas de 853 pixels, como a dos melhores DVDS; 4. alta definição (*high definition* ou HDTV), de 1.080 linhas de 1.920 pixels por linha, e, portanto, a melhor imagem, com o maior número de pontos ou pixels.

Ainda segundo Siqueira (2008, p. 59), já existe a *Ultra High Definition TV* (U-HDTV), destinada a grandes espetáculos e de uso profissional. A U-HDTV tem resolução de 4.230 linhas de 7.680 pixels com um som multicanal de 24 canais (22.2).

A possibilidade de compactação multiplicou a quantidade de informação transmitida, permitindo que se envie, mesmo em televisão terrestre e aberta, uma imagem em alta definição muito parecida com a imagem cinematográfica. Muitos consideram que será o novo padrão e que, ao tomar contato com essa qualidade de imagem, o público começará a exigi-la sempre. Mas será que o público sempre faz questão da alta definição?

Evidentemente, a imagem de alta definição é excelente para a transmissão de séries e de filmes construídos numa linguagem próxima à do cinema, como os seriados dramáticos americanos. Mas para certos programas é dispensável.

A alta definição não converterá a televisão em cinema. Primeiro por motivos circunstanciais: as pessoas raramente têm uma sala fechada e escura para assistir à televisão. Ao contrário, elas costumam ver televisão na sala de estar, com luz acesa e enquanto conversam. Além disso, os aparelhos com alta definição são caríssimos. Mas esses ainda são motivos circunstanciais, de ordem econômica e social. São aspectos importantes numa análise realista de negócios, pois, evidentemente, demorará muito para que toda a população tenha uma sala fechada com TV de LCD ou plasma, propícias para assistir à televisão como se assistisse a um filme. Entretanto, pensemos nessa possibilidade.

Ainda assim a televisão continuará tendo suas especificidades e continuará havendo programas de televisão como os atuais, com público para assistir a eles. É o que já acontece com uma parcela da população que tem acesso a esses recursos. Alguns preferem até ter dois aparelhos: um telão para assistir a filmes, montado em ocasiões especiais, e uma televisão em tamanho menor, mais tradicional, que ocupa menos espaço na sala. Ou seja, mesmo com todas as condições técnicas, a existência de alta definição não destrói a estética da televisão.

É possível que no futuro todos tenham televisão em HD – assim como, quando surgiu a TV em cores, a TV em preto e branco foi abandonada. Mas não é a existência do HD que fará o público assistir apenas a formatos mais adequados ao HD. O espectador não vai querer sempre assistir a conteúdos cinematográficos, pelo simples fato de ser variada sua expectativa em relação à televisão. O público nem sempre quer despender atenção redobrada, necessária à apreensão de filmes. Continuará assistindo a formatos como programas de auditório e outros que prescindem de HD. E como ninguém joga dinheiro (e banda) fora, é possível que as televisões mais bem-sucedidas sejam aquelas que potencializem seus recursos, transmitindo em HD apenas o que o público exige que seja em HD, e em SD o que não é necessário ser HD.

Do ponto de vista do espectador, a alta definição é dispensável na programação. Como pergunta Negroponte (1995, p. 40), citando uma famosa série de humor da televisão americana dos anos 1990: "Qual a vantagem de ver *Seinfeld* com definição quatro vezes maior?". A linguagem das *sitcoms* (*situation comedies*, comédias de costumes) baseia-se em diálogos e dispensa a imagem em alta definição. O raciocínio de Negroponte faz ainda mais sentido se pensarmos nos shows de variedade, o grosso da grade de qualquer canal. Qual é a vantagem de assistir ao *Faustão* em HD? Ou um programa qualquer de auditório, mesmo de alta qualidade? Para esse tipo de programa – uma das especificidades da televisão –, a interatividade com o público é muito mais importante do que a alta definição. Eles podem até ser exibidos numa TV de plasma com alta definição, mas seria possível produzi-los e transmiti-los em definição *standard* para que fossem exibidos na televisão de alta definição em formato reduzido. O custo de produção seria reduzido e, no caso de transmissão terrestre, a banda economizada poderia ser utilizada em conteúdos extras que oferecessem possibilidades interativas.

É claro que, se tiver à disposição todos os recursos, o público até poderá preferir a alta definição. Mas do ponto de vista da indústria, oferecer o que é dispensável é amadorismo. O melhor serviço de televisão é também aquele que investe da forma mais racional. Por isso é necessário pensar em onde investir.

Negroponte (1995) conta que as empresas, por não compreenderem o potencial da nova mídia, preferiram investir em resolução de imagem, em vez de em interatividade. Ao tratar do desenvolvimento tecnológico das experiências da TV digital e da "neurose" do HDTV (que dominou os anos 1980 e parte dos 1990), o autor afirma que as empresas atacaram o problema errado: o da definição na imagem. Teria sido mais adequado desenvolver recursos que viabilizassem a interação do espectador – facilitando a busca do programa ou possibilitando a escolha da definição para assistir a ele – e produzir conteúdos mais bem elaborados: afinal, "não há nenhuma evidência que corrobore a premissa de que os consumidores preferem melhor qualidade de imagem a um melhor conteúdo" (Negroponte, 1995, p. 40). O texto de Negroponte é de 1995 e critica os rumos da televisão nos anos 1990; no entanto, no Brasil, essa percepção equivocada domina até hoje.

Em resumo, a televisão na era digital poderá tanto ser interativa quanto transmitida em alta definição – o que importa é que o talento de seus artistas e a variedade da programação serão o principal produto oferecido ao público.

▶ Interatividade

Interatividade que cola

A interatividade não surgiu com a difusão da TV digital. Desde os primórdios a televisão procura a interação com o público: o envio de cartas aos programas, por exemplo, é uma das tradições mais antigas entre telespectadores. Hoje, tais mensagens são mandadas por SMS ou internet. A participação do espectador por meio de votações – para escolhas diversas, seja de um videoclipe, seja do ícone de um programa, como a "Garota do Fantástico" – sempre foi requerida ao longo desses mais de sessenta anos de história da televisão. Pudemos assistir também ao *Você Decide* (BRA, 1992), no qual o público escolhia o final da ficção. O programa fez grande sucesso e o formato, brasileiro, vendeu bem internacionalmente. A telenovela *Prova de Amor* (BRA, 2006), da Rede Record, ofereceu ao telespectador a possibilidade de escolher com quem um dos personagens deveria se casar no fim da trama. Antes disso, o público já havia escolhido o final de outro personagem. A iniciativa chamou a atenção do público e contribuiu para que a novela terminasse quase dois meses depois do previsto.

Essa interferência direta causa no espectador a impressão de que está no comando de um jogo. Já nos seus primórdios, a televisão se empenhava em criar tal sensação, e hoje a interatividade do ambiente digital ajuda a potencializá-la, ou seja, a efetivar o caráter da televisão.

No entanto, ao contrário do que muitos acreditam, nem toda interatividade é bem-sucedida na televisão. Várias experiências foram rejeitadas pelos espectadores. Alcançam sucesso os criadores que elaboram formatos com interatividade mais adequada. Assim, ao pensar nesse quesito, é inevitável depararmos com alguns desafios: onde concentrar os esforços narrativos na TV interativa? Na possibilidade de o telespectador alterar os rumos da história ou na oferta de outros pontos de vista? Na participação ou na interatividade direta?

Para avançar a discussão, devemos entender os tipos de interatividade e os obstáculos para usá-la em televisão. Antes, um histórico de como esta vem usando a interação dos espectadores nos programas.

Histórico de interatividade em TV

Já em 1953, a série infantil *Winky Dink and You* (EUA, 1953), da CBS convidava as crianças a interagir desenhando numa folha especial de plástico, vendida em um kit, que deveria ser contraposta à tela da TV. As crianças poderiam desenhar uma ponte que tirasse o herói Winky Dink da beira do abismo, por exemplo.

Em 1973, surgiu o controle remoto. Foi a primeira interface de interatividade do espectador com a telinha. Por facilitar a troca de canal, transformou a programação e a linguagem da televisão, que passou a procurar cada vez mais criar atrações capazes de "prender" o público o tempo todo. Surgiu o hábito de mudar sucessivamente de canal (o chamado *zapping*), e ver televisão tornou-se cada vez mais um fluxo.

Outra tecnologia desenvolvida para aumentar a interatividade na TV foi o teletexto. Criado pela BBC em 1970, o serviço foi bastante aceito por ingleses e franceses, sobretudo os que buscavam conteúdos como notícias, informações sobre o mercado financeiro e compra de pacotes de viagem. Já em 1977, a HBO lançou o programa *Qube* (EUA, 1977), que permitia aos espectadores obter informações adicionais e participar de enquetes; apesar disso, o programa fracassou, provavelmente pela falta de interesse e disposição da audiência para experimentar a inovação.

O comportamento do público, no entanto, mudou na década de 1980, quando foram lançados os primeiros aparelhos de videocassete – e, posteriormente, com a chegada das versões mais avançadas, que permitiram aos espectadores a sensação de controlar os programas e filmes a que gostariam de assistir. O conceito de interatividade, então, passou a possibilitar ao espectador atuar sobre a grade de programação, interrompendo o fluxo, selecionando e armazenando programas.

Foi essa mudança também que levou o público a pagar para assistir, seja à TV a cabo, seja aos programas *à la carte*, comprados por meio do controle remoto. A tela da televisão passou a funcionar como um menu em que o espectador pode escolher as informações que deseja receber.

Com a difusão da internet, os usuários/espectadores começaram a ter novas perspectivas sobre a interatividade, no entanto seus padrões de comportamento ainda não se adequaram às possibilidades que a televisão poderá oferecer. É preciso frisar que, para atingir o espectador, a TV interativa exigirá mecanismos e linguagem próprios, caso contrário ocorrerá apenas uma transferência da internet do computador para a televisão.

Obstáculos da interatividade em televisão

Nos anos 1990, algumas experiências realizadas nos Estados Unidos apostaram no estilo webTV, aproximando a televisão do computador, mas enfrentaram a resistência dos espectadores e foram malsucedidas. Já os britânicos, seguindo outro caminho, conquistaram mais de 30% do público para a TV interativa. A fim de entender o que ocorreu, vale a pena analisar as dificuldades da interatividade em televisão, sempre em comparação com a internet, mídia interativa por excelência.

A primeira dificuldade é a falta de vontade do telespectador de interagir. Como diz o crítico Arnaldo Jabor: "a interatividade é uma falsa liberdade, já que transgride o meu direito de nada querer. Eu não quero nada. Não quero comprar nada, não quero saber nada" (*apud* Plaza, 2003, p. 27).

Para o ensaísta alemão Enzensberger (1995), a televisão é uma máquina budista, que induz o público ao não pensamento. O espectador de televisão está acostumado à passividade ou, quando muito, à interatividade intuitiva e quase zen possibilitada pelo controle remoto – recurso que ajuda a inibir o pensamento, não a desenvolvê-lo. O interessante é que Enzensberger, na contramão da crítica hegemônica, enfatiza a necessidade e o valor dessa atitude.

Uma tela-padrão de internet não avança sem o clique do usuário. Na televisão não: como a recepção é coletiva (de um ponto para vários usuários, enquanto a internet é de um ponto para um único usuário), o programa avança, mesmo que o espectador esteja interagindo. Na televisão digital, o usuário, ao interagir, abre uma janela ao lado da imagem principal que lhe possibilita votar, comprar ou fazer o que desejar. Em paralelo, o programa segue seu curso.

Para garantir bons níveis de interatividade, deve-se estar atento ainda a um elemento básico: a vontade do espectador de participar da ação. Para que isso se torne realidade, há uma série de fatores a considerar, como seu interesse pelo conteúdo e o grau de facilidade do aplicativo.

Como contraponto, ainda há a questão de o hábito de assistir à televisão ser coletivo. Esse fator poderá levar a família, por exemplo, a um impasse, do tipo "quem interagirá"? Teme-se que a interatividade descaracterize a televisão como fomentadora de discussões de esfera pública.

Classificações de interatividade

Para entender como será a interatividade da televisão na era digital, é importante nos aprofundarmos no conceito e nas classificações possíveis desse fenômeno.

Em TV digital, entende-se como interatividade toda ação que possa ser considerada mútua e simultânea e envolva dois participantes que pretendem chegar a um objetivo comum (Montez e Becker, 2004).

Para Crocomo (2007), a televisão interativa se define como um diálogo que leva os espectadores da postura passiva à de agentes, ainda que por meio de suas escolhas.

Isso significa que a interatividade na TV digital prevê não apenas recursos que possibilitem visualizar a sinopse de filmes, câmeras simultâneas em diferentes ângulos, informações complementares em hipertexto etc., mas também a intervenção do espectador no andamento do programa, graças ao canal de retorno.

Conforme vimos, a maioria das possibilidades de interação existe desde o surgimento da TV. Portanto, é desafio da TV digital desenvolver recursos que potencializem e modernizem as noções de interatividade, o que é diferente de se apropriar do conceito usado pela internet.

Para Crocomo (2007), há vários níveis de interatividade. A de programas como *Você Decide*, *Tela Quente* (BRA, 1988) e *TNT Cinema à La Carte* (BRA, 1999) se chama "reatividade", já que o espectador apenas reage ao escolher uma opção. Ainda que o usuário fizesse sua escolha pelo controle remoto de uma interface de TV digital, sua participação não poderia ser considerada alta. É preciso atentar ao fato de que o grau de interatividade não está diretamente relacionado à disponibilidade de nova tecnologia, e sim à opção estética e ao formato do programa.

Para o autor, além do nível reativo, existem ainda outros dois níveis: o "coativo", em que o usuário pode controlar a sequência, o ritmo e o estilo do programa; e o "pró-ativo", em que o usuário pode controlar tanto a estrutura quanto o conteúdo. Nesse caso, o canal de retorno fica sempre disponível, possibilitando que se enviem e recebam informações em tempo real. Ao pensarmos em televisão dessa forma, assumimos que pessoas comuns são capazes de se tornar produtoras de conteúdo, o que daria à TV caráter semelhante ao do YouTube, na internet, em que o usuário, além de consumir, alimenta o ambiente com suas produções. Esse seria o nível máximo de interação, assim como a possibilidade de usar o canal de retorno imediato para ações interativas, como jogos em rede.

Em termos um pouco mais técnicos, Crocomo vê três níveis de interatividade:

» interatividade local ou nível 1: os dados transmitidos são armazenados no terminal de acesso e disponibilizados por meio de hipertexto na tela do usuário, que pode ir "navegando" pelas informações;

» interatividade nível 2: é utilizado um canal de retorno, normalmente por telefone, que permite ao espectador retornar a mensagem, mas não em tempo real;

» interatividade nível 3: é possível enviar e receber mensagens em tempo real, como nos *chats*, uma vez que o canal de retorno está sempre funcionando.

O potencial técnico, no entanto, não é suficiente para determinar o sucesso da TV interativa, já que o importante é observar de que modo ele se combina com a vontade do público de interagir.

Talvez por essa razão, Pierre Lévy (1999) organize os níveis de interatividade de outra maneira. Para o filósofo francês, eles poderiam ser categorizados assim:

» personalização: a possibilidade de apropriar-se da mensagem recebida já configura o espectador como ser que reage ao conteúdo assistido e o absorve de maneira particular;

» reciprocidade: disponibilidade de um dispositivo que permita a comunicação um-um ou todos-todos;

» virtualidade: enfatiza a mensagem em tempo real possibilitada pela saída e entrada de dados por meio do canal de retorno;

» implicação: o espectador pode controlar um representante de si mesmo (como no game *Garganta & Torcicolo*, apresentado pela MTV em 1997);

» telepresença: interação do espectador, sem sair de casa, em um programa ao vivo.

Podemos concluir, portanto, que Lévy elabora os níveis de interatividade muito mais de acordo com o objetivo que se deseja alcançar, ao contrário de Crocomo, que se limita a uma análise técnica do assunto.

Neste estudo, classificamos os níveis de interatividade da seguinte forma:

1. *Escolher o programa*: a interatividade se dá com base na grade de programação, que interrompe o fluxo da televisão para selecionar programas aos quais o espectador queira assistir. Há uma série de aplicativos para propiciar isso, como o *pay-per-view*, o VOD e outros. Mesmo o EPG, guia eletrônico de programação, pode ser incluído nessa categoria, já que passa informações para o espectador/usuário escolher o programa. *Grosso modo*, antes desses aplicativos a televisão era apenas uma experiência de fluxo. Agora pode ser também de arquivo. Voltaremos a esse assunto adiante, ao comparar a TV de fluxo com a de arquivo.

2. *"Bater um papinho"*: a interatividade aqui não é com o programa, e sim com o outro espectador/usuário. Ela colabora para a conversa imediata e está relacionado ao hábito cultural de formação de comunidades. Na nossa opinião, será uma das formas de interatividade mais bem-sucedidas da televisão (ao lado de "escolher o programa" e de "participar").

3. *Participar*: o espectador vota ou manda cartas para ser premiado. É o tipo de interatividade mais antigo da televisão e existe desde os seus primórdios. É fundamental para entendê-la, pois lhe dá afetividade e faz que os espectadores se sintam parte de um programa. Foi muito bem traduzido pelo apresentador Silvio Santos, ao se referir às mulheres que lotam o auditório de seu programa como "minhas colegas de trabalho". O ato de votar é parecido com o de fazer parte do auditório: é

uma forma de estar presente naquele "lugar" e de contribuir, em meio à coletividade, para definir os rumos de um evento, seja batendo palmas e/ou vaiando, seja votando em algum participante do *reality show* do momento. É a interatividade da participação que transforma a TV na grande arena do mundo moderno, o espaço da esfera pública em que acontecem as grandes assembleias da comunidade imaginária chamada Brasil.

4. *Mudar o programa*: todos os aplicativos voltados à personalização do programa têm essa função. Algumas vezes, essa interatividade foca na direção (escolha da câmera, do ponto de vista, de uma nova trilha); outras, foca na narrativa (narrativa interativa, escolha do caminho a ser seguido). É diferente da participação, em que o voto do espectador, individual, corrobora uma decisão coletiva, mas em que uma única opinião não muda o rumo do programa. Já neste caso, o espectador/usuário poderia alterar individualmente o desenrolar de um programa. É um tipo de interatividade com pouca chance de emplacar, exceto em casos excepcionais, pois se contrapõe a algumas características básicas da recepção televisiva, dentre elas a "noção tribal" de que há uma comunidade imaginária que assiste ao programa e decide, em conjunto, o rumo que ele tomará.

5. Ter a *possibilidade de criar*: a forma mais radical de interatividade é a intervenção direta do usuário sobre a obra, recriando-a ao seu gosto ou com base em algum sistema automático, programado de acordo com seus interesses. A recriação individual é muito comum na internet, entretanto não o será na televisão, pois exige banda e supõe que a obra possa sofrer todo tipo de interferência. Atualmente, muitos programas exibidos na televisão são capturados por usuários e retrabalhados livremente no computador. O resultado, embora geralmente seja exibido apenas na internet, não deixa de ser uma recriação de obras televisivas. Falaremos mais dessa questão ao tratar de "Tendências da cultura digital", no item "Reciclagem e remontagem de imagens de arquivo".

Interatividade e usabilidade

Embora teoricamente a principal preocupação do espectador seja o conteúdo do programa a que está assistindo, focar somente esse aspecto no processo de desenvolvimento da interatividade na TV digital não garantirá adesão de público. Além de conteúdos e serviços oferecidos, deve-se pensar na manuseabilidade do aplicativo.

Tal questão foi vivenciada anteriormente pelos fabricantes de computadores. A popularidade da interface gráfica nesses aparelhos cresceu realmente a partir da década de 1990, com o desenvolvimento do Windows 3.0. Antes, os computadores eram aptos a trabalhar com sistemas operacionais, sendo o mais popular deles o MS-DOS, criado pela Microsoft, que uma década antes já trabalhava no seu aperfeiçoamento e na criação do GUI. Essa interface facilita a usabilidade, uma vez que permite ao usuário comum identificar ícones e outros dispositivos visuais na tela do computador e acessá-los por meio de um clique com o mouse ou de comandos do teclado.

O que se espera é que, assim como os fabricantes de computador criaram um software para facilitar as operações, os produtores de TV desenvolvam uma interface que chame a atenção do espectador e seja manuseável, pois a dificuldade de manuseio pode ser desmotivadora. Como diz Walter Clark, "a televisão não é interativa. Ela é tirana [...]. Ninguém assiste ao telejornal na hora que quer" (Clark e Lima, 1988, p. 26).

Deve-se considerar que a televisão não poderá pressupor que todo o seu público tenha conhecimento digital. A história nos mostra que a base do sucesso da TV está em atingir públicos de diferentes faixas etárias e classes sociais. Portanto, não se deve esperar que todos sejam capazes de interagir, seja qual for a interface usada no aplicativo. Deve-se facilitar ao máximo a usabilidade, a fim de assegurar o interesse e a participação do público.

Além disso, a própria postura do espectador ao acomodar-se para assistir à televisão exige que a interface seja simples. Normalmente, ele se inclina para trás, a cerca de dois metros de distância do televisor, com o corpo relaxado e baixa perspectiva de esforço físico e cognitivo. Todos esses fatores devem, portanto, ser considerados na criação da interface.

Outro fator sobre o qual se deve ponderar é o próprio controle remoto, que corresponde ao mouse se relacionarmos o televisor ao computador. Com a interatividade disponível na TV, o controle remoto terá mais funções e, consequentemente, mais botões. A disposição destes deverá obedecer ao que o usuário já faz instintivamente, sendo as demais teclas mapeadas e sinalizadas de modo a facilitar a interação. Por isso, já são utilizadas setas indicadoras em controles de operadoras que disponibilizam ações de interatividade, como a Sky. No entanto, pela falta de padronização dos controles, o usuário muitas vezes se confunde com as diversas funções e posições das teclas, precisando fazer um esforço mental para realizar determinadas ações.

A usabilidade e suas interfaces devem simplificar, otimizar, facilitar, melhorar e acelerar o acesso à informação. Para tanto, é preciso considerar o espectador/usuário e o ambiente em que ele está inserido. A praticidade e o poder atrativo deverão aliar-se a uma linguagem simples, muitas vezes autoexplicativa (ou seja, que torne o óbvio ainda mais óbvio) e planejada para aqueles que não têm acesso à internet. Caso contrário, a TV digital e suas possibilidades interativas só irão contribuir para a exclusão digital no país.

Desse modo, a interface deve mostrar claramente as opções disponíveis a cada passo, sem confundir o usuário, de modo que ele possa realizar a tarefa de maneira quase intuitiva da próxima vez que acessá-la.

O desafio na criação de uma boa interface, que consequentemente garanta um bom nível de acessibilidade, está em desenvolver um mecanismo que não seja apenas o de transferência da internet para o aparelho de TV. Para isso, os produtores devem considerar que o usuário tem diferentes expectativas em relação à televisão; que os conteúdos possuem características específicas e, portanto, merecem linguagem e interfaces igualmente específicas; que o nível de atenção de quem está diante da televisão é diferente daquele de quem está usando computador.

A tendência é que tais considerações deixem o campo dos estudos e passem a ser relevantes na elaboração e no desenvolvimento de recursos interativos, que levarão o espectador a achar a participação e o conhecimento cada vez mais agradáveis ao longo dos anos.

Além da oposição do mouse ao controle remoto, existem outras possibilidades de mudança. Alguns especialistas apostam que a tela tende a se expandir de 4:3 para 16:9, o que corresponde a um acréscimo aproximado de 10% para a esquerda e 10% para a direita. Outros, que a dimensão aumentará em apenas um dos cantos, no qual se encaixaria a informação adicional que o usuário procura. Uma terceira possibilidade é que a dimensão das telas se adeque de acordo com a interação do espectador/usuário.

Existem ainda os que acreditam que a interface respeitará um padrão no qual o link para a ação interativa fique na própria imagem, que seria vista como um atalho; assim, ao clicar em determinada imagem, o espectador-usuário seguiria a narrativa orientada pela perspectiva daquele determinado objeto ou personagem.

Independentemente da interface escolhida, o fundamental é que ela seja atraente e facilitada o bastante para garantir a boa usabilidade dos aplicativos disponíveis.

Entrar na imagem

O espectador de hoje não quer mais ficar apenas na "superfície"; tal como a Alice de Lewis Carroll, ele quer "entrar" na imagem.

O conceito de "navegação" é importante para definir a relação do usuário com a imagem da mídia digital, especialmente com a TV. A imagem da tela do computador tem com frequência hiperlinks para outras imagens, textos e demais elementos próprios dessa mídia. Essa nova imagem está situada entre dois polos – uma janela ilusória dentro de um universo ficcional (o "espelho") e uma ferramenta para o controle do computador (a "interface"). O design e a arte da nova mídia terão de combinar esses dois papéis "concorrentes".

Como aplicativo, esse tipo de interatividade é baseado, geralmente, no teletexto. Poderia ser baseado em outras imagens também, mas isso exigiria que um número muito maior de informações chegasse até o receptor, ou um canal de retorno permanente, o que faria da TV algo muito semelhante à internet. No modelo de televisão digital adotado, há anos, por canais de transmissão de satélite (como Sky e DirecTV), essa interatividade envia apenas textos e pequenas iconografias. Com tão baixo índice de informações, pode até prescindir de um canal de retorno para a emissora.

Esse tipo de interatividade pode ser também uma saída para a oposição entre o profundo e o superficial em programas televisivos. Numa conferência sobre linguagem da TV digital, o diretor de tecnologia do SBT, Roberto Franco, enfatizou que a nova televisão romperá a tradicional separação entre a linguagem superficial – uma necessidade da televisão genérica[10], que quer atender a tudo e a todos – e a profundidade de uma análise acadêmica, mais especializada e segmentada. Isso porque o usuário poderá interromper uma narrativa "superficial" para se aprofundar no assunto que escolher.

Os aplicativos atuais

Atualmente, as possibilidades de interação estão restritas à tecnologia comercialmente disponível e, para que a TV interativa seja uma realidade, será necessário que os espectadores conheçam todas as funcionalidades oferecidas:

» *Teletext* ou IPVBI (*Internet Protocol over the Vertical Blanking Interval*): trata-se da transmissão de dados incluindo áudio e vídeo. A interatividade consiste na seleção de dados em um sinal recebido. Não há canal de retorno; assemelha-se, portanto, à escolha de canais.

» EPG (guia eletrônico de programação): permite ao espectador selecionar canais e serviços, personalizar sua interface com a programação individual de favoritos e gravar os canais mais assistidos. Substitui a revista de programação e oferece serviço de correio eletrônico. A vantagem é a otimização do tempo de navegação, já que a página fica configurada de acordo com as preferências do usuário. Também não requer canal de retorno.

» Propaganda interativa: solicitam que o espectador/usuário responda a formulários rápidos para receber produtos promocionais em casa ou até mesmo agendar o *testdrive* de um automóvel, por exemplo.

---

10. A definição de TV genérica é aplicada por muitos autores de televisão para estabelecer a distinção com a TV segmentada. A TV genérica quer atingir a todos simultaneamente, por isso procura o senso comum, o gosto comum. O que estamos afirmando é que a rígida separação entre TV segmentada e TV genérica perde um pouco de sentido no mundo digital. Em vez de desvalorizar, retoma os potenciais da forma de expressão genérica. Em um mundo por natureza segmentado e com a possibilidade de produtos totalmente individualizados, aumenta a importância de obras que tenham a capacidade de interessar a todos, que consigam despertar o que há em comum em determinado grupo e promover debates de interesse geral.

- » VOD (vídeo sob demanda): está entre as aplicações interativas mais utilizadas pelos espectadores e, portanto, é uma das mais bem aceitas. O espectador informa à operadora o programa que deseja adquirir e confirma a compra.

- » NVOD (*near video on demand*): funciona tal como o VOD, mas os vídeos são oferecidos a cada 15 minutos, em média, em um canal específico.

- » Múltiplas câmeras: são disponibilizadas imagens de diferentes ângulos, e o espectador apenas escolhe a câmera por meio da qual deseja ver. Não exige canal de retorno.

- » Canal de notícia: assemelha-se muito ao canal do tempo e a canais que disponibilizam conteúdos de revista, por exemplo. O espectador escolhe o que vai assistir por meio do menu.

- » Banco: aplicativo que exige o canal de retorno para efetuar as transações.

- » Governo eletrônico: oferece acesso ao PIS (Programa de Integração Social), serviço de marcação de consultas e recursos para fazer a declaração de imposto de renda.

- » Votação: permite diferentes tipos de votação, como para *reality shows* e escolha de preferências.

- » *Quiz*: requer alto nível de envolvimento do espectador. Permite a utilização de mão dupla, uma vez que há intervenção direta de quem está assistindo/ participando do programa sem sair de casa.

- » Apostas: trata-se de um serviço restrito que exige do participante cadastro e introdução de senha. Corridas de cavalos são um bom exemplo de programação que exige esse tipo de interatividade.

- » Jogos: embora sejam tecnicamente menos avançados do que aqueles para computadores ou *video games*, permitem ao usuário escolher um representante de si mesmo. Esse aplicativo exige alto nível de interatividade do espectador/usuário e já é um caso que converte a televisão em aparelho que exibe uma linguagem típica de outra mídia: os games.

- » *T-commerce*: explora o potencial de compras pela TV. Trata-se de mais um meio de comércio para atingir o público dentro de casa.

- » Classificados: de imóveis ou empregos, podem exigir o canal de retorno do espectador disposto a fazer negócio.

- » Entretenimento: esses canais costumam oferecer músicas, vender ingressos para shows, exibir horóscopo etc. Nem todo conteúdo permite/exige interatividade.

Vale ressaltar que esses são os aplicativos mais difundidos até o momento, e que apenas disponibilizar a tecnologia não garante a interatividade efetiva. Afinal, cada pessoa tem sua maneira preferida de participar, e algumas se sentem bem apenas acompanhando os programas. Caberá então aos produtores chamar a atenção do espectador a ponto de fazê-lo sentir vontade de participar.

O critério de valor interativo está no contexto e nas relações que se podem estabelecer com um espectador cujo interesse passa pela tecnologia, mas não termina nela.

Da interação à participação

O tipo de interatividade mais comum na televisão (mesmo digital) ainda é o que Crocomo (2007) denomina "reatividade", mas que para o diretor dinamarquês Peter Looms é "televisão participativa" (First Partner Strategic Marketing & Research, no prelo). Segundo Looms, esse tipo de interação, embora, não seja novidade, continua crescendo, seja pela vontade do espectador de ganhar um prêmio, seja pela sensação de ter algum poder de decisão, ainda que mínimo.

Looms destaca que a participação do espectador caracteriza a televisão. Se anteriormente essa participação era garantida por meio de cartas, o avanço tecnológico permitiu que o contato se estabelecesse mais rapidamente, por SMS e e-mail. Naturalmente, esse avanço também influenciou o aumento dos índices de participação, assim como a gradativa acessibilidade econômica a canais de interação poderá garantir a interatividade da TV digital. Enquanto os outros tipos de interatividade são mais propícios à internet, a participação é mais adequada ao ambiente televisivo.

Já pensando sob essa perspectiva, Ericsson e Endemol anunciaram, em 2007, uma parceria para desenvolver aplicativos para TV interativa e conteúdos gerados por usuários, que permitam fazer upload, publicar e/ou compartilhar vídeos gravados ou ao vivo por meio de qualquer aparelho móvel para qualquer tela do mundo, seja pela internet, seja por uma emissora de televisão (Equipe Thesis, 2008). O usuário poderá ainda manter contato com uma comunidade de amigos e comentar o que está produzindo ou assistindo. O projeto foi nomeado *Me-On-Tv*. Na Holanda, a tecnologia foi usada durante uma das edições do *Big Brother*, de modo que os participantes eliminados ainda se comunicavam com a casa por meio dos aplicativos.

Esse é um exemplo de aplicativo que provavelmente terá sucesso na televisão, porque potencializa características específicas da mídia televisiva. Conversar sobre o programa a que se está assistindo (para criticar ou elogiar) é uma forma plena de participação do público na televisão, além de ser prazeroso.

A despeito da solidão dos espectadores, a televisão pede que se converse sobre ela. Os programas de maior sucesso são os que conseguem catalisar debates públicos, muitos sobre temas ligados à moral e aos costumes.

A novela sempre foi usada pela audiência para debater o caráter dos personagens. Os *reality shows* fizeram grande sucesso por conseguir mostrar personagens mais ambíguos e que, por serem reais, deram muito "assunto" para os espectadores. O prazer do futebol está tanto em acompanhar o jogo quanto em assistir aos programas de debate, que, além de dar informações, passam muito tempo reproduzindo as provocações que torcedores fazem entre si e discutindo a conduta ética dos jogadores/celebridades, dentro e fora de campo.

A internet e os games são linguagens individuais, pautadas pela possibilidade de o público escolher o próprio caminho. A televisão, ao contrário, é uma experiência coletiva. As pessoas assistem não apenas para ter uma experiência individual, mas também para dialogar com o vizinho. Mais do que simplesmente criar um final que seja seu, o público de televisão quer debater o final exibido. A TV interativa potencializará esse hábito ao facilitar a conexão dos espectadores entre si, possibilitando uma comunicação horizontal; em vez de haver apenas um centro emissor e milhares de receptores, haverá a possibilidade de os receptores se conectarem entre si.

O que deverá mesmo fazer sucesso na TV interativa são conteúdos e aplicativos capazes de reunir a família ou o grupo de amigos em torno de um tema, uma vez que a televisão conservará o papel de catalisadora de conversas. Aposta-se, portanto, numa TV participativa, que proporcione uma experiência ainda mais coletiva; ou seja, a expectativa vai além da experiência interativa.

À medida que o hábito de assistir à televisão tornou-se cada vez mais individual, as comunidades na internet, sobretudo sites de relacionamento, como o Orkut, proliferaram.

Espera-se que, num futuro próximo, a TV digital, com o auxílio de aplicativos como o TV mail, possibilite ao espectador avisar os amigos (e/ou listas de amigos simultaneamente) sobre determinado canal que exiba, naquele instante, algo de interesse comum. Pelo TV chat ele poderá ter o prazer adicional de uma conversa em tempo real, num modelo próximo ao do Messenger ou até mesmo ao do Skype. Tudo isso permitirá que o espectador não mais tenha de assistir à televisão sozinho, podendo interagir com uma comunidade virtual.

Pela primeira vez na história das mídias, temos a real possibilidade de todas elas serem interativas, embora isso não signifique interatividade o tempo todo. Há anos já existe o cinema digital o que não tornou o cinema interativo. O motivo é simples: ninguém quer interagir no cinema. Em televisão pode acontecer o mesmo. Não é porque existe a tecnologia que o público vai adotá-la. A adoção e o sucesso de uma tecnologia dependem de sua adequação à demanda e às expectativas do público em determinado momento. No caso da televisão, temos de pensar em quais tipos de interatividade vão agradar o público.

Multiprogramação

Multiprogramação, ou *multicasting*, consiste na possibilidade de utilizar cada frequência digital para transmitir simultaneamente até quatro sinais diferentes. A faixa de 6MHz atribuída no ato de concessão da emissora para a transmissão analógica permite apenas um sinal. Nas plataformas digitais, essa mesma faixa permite o tráfego de até quatro sinais diferentes em definição *standard* (SD) – ou um sinal em HDTV.

Em longo prazo, as emissoras recorrerão à multiprogramação com estratégias de programação diferenciada. Elas poderão, por exemplo, transmitir quatro canais no horário da manhã e em alta definição apenas no horário nobre e para programas que o exijam, como séries, filmes, novelas e shows. Durante os outros períodos, não seria necessário; naqueles em que a audiência é segmentada, como nos programas para donas de casa, infantis, educativos, noticiários, o SD seria suficiente.

Alguns eventos também podem valer-se dessas potencialidades, as transmissões esportivas, por exemplo; uma rodada de um campeonato de futebol poderá ter quatro jogos transmitidos ao mesmo tempo. Nos Estados Unidos, em 2006, uma rede em Lincoln, afiliada da CBS, ganhou notoriedade por utilizar a multiprogramação para transmitir uma partida do time de vôlei feminino da faculdade local, ocorrida fora da cidade; improvisando de última hora, transmitiu o jogo com imagens captadas por uma equipe da própria cidade que o sediou e narração da rádio.

No Brasil ainda não foi definido se os canais de televisão poderão ou não utilizar esse recurso. A TV Cultura é a favor da multiprogramação e chegou a utilizá-la durante uma semana, em 2009, em caráter experimental, mas esbarrou na falta de permissão oficial.

▶ TENDÊNCIAS DA CULTURA DIGITAL

A tecnologia digital começou a prosperar no momento em que estabeleceu um diálogo direto com algumas tendências culturais do mundo contemporâneo (interatividade, conteúdos de criação colaborativa, democratização dos produtores, entre outras) e disponibilizou meios para que elas se expressassem. Essa influência é sem dúvida de mão dupla. Se por um lado a tecnologia ficou a serviço de tendências reprimidas, por outro permitiu a propagação de alguns hábitos culturais.

No início, algumas dessas tendências se manifestavam apenas na internet, mídia que, por ser nova, está mais aberta à experimentação. Mas logo começaram a contaminar todas as outras mídias, inclusive a televisão.

Isso acontece porque a convergência que o digital propicia não é apenas tecnológica, mas também cultural. Inúmeros autores já falam em "cultura digital", e um dos pensadores de comunicação mais respeitados dos Estados Unidos, Henry Jenkins, dedicou-se a esse tema no livro *Cultura da convergência*.

Assim, já a partir dos anos 1990, e mesmo com a televisão analógica, começaram a fazer sucesso obras que dialogam com a cultura digital. O objetivo deste capítulo é refletir sobre suas características e analisar como ela se efetiva na televisão.

Digital 2.0

A internet foi a primeira a tornar protagonista o usuário, que, em vez de apenas consumir conteúdos, passou a criá-los, além de participar de comunidades.

O surgimento da Web 2.0 efetivou alguns dos princípios da cultura digital. Entenda-se que ao falar de Web 2.0 não tratamos de uma versão de web, e sim de uma nova forma de a web se relacionar com seus usuários e desenvolvedores, como conceitua em seu blogue Tim O'Reilly, criador do termo:

> Web 2.0 é uma revolução nos negócios da indústria de computadores provocada pela conversão da internet em plataforma, e uma tentativa de entender a chave do sucesso de sua plataforma. A mais importante de todas as regras é desenvolver aplicativos que aproveitem os efeitos de rede para se tornar melhores quanto mais são usados pelas pessoas. (O que chamei anteriormente de "inteligência coletiva".) (O'Reilly, 2006)

O termo Web 2.0 designa uma segunda geração de comunidades e serviços baseados na plataforma web, como wikis e redes sociais. A principal característica da Web 2.0 é o que se chama "inteligência coletiva", que se define pela utilização de uma linguagem de programação simples, modular e aberta ao usuário, de modo que ele possa utilizar o programa, modificá-lo conforme sua necessidade, retirando ou incorporando elementos. Essa intervenção individual dá-se em rede, gerando resultados maiores do que a soma de todas as partes e permitindo a solução de problemas complexos.

Em termos de conteúdo, a Web 2.0 modificou a forma de editores de sites, jornalismo e publicidade se comunicarem com o consumidor, abrindo uma grande porta de comunicação e interatividade com o usuário.

Em torno da cultura digital começam a surgir várias tendências, nosso objetivo aqui é analisar como elas podem dialogar com a criação em televisão.

Reciclagem e remontagem de imagens de arquivos

Uma tendência da cultura digital é a constante reciclagem e remontagem das imagens. É comum ainda que usuários façam versões diferentes do mesmo vídeo, reeditando-os ou interferindo na imagem. Essa tendência parte da variabilidade, que como vimos no primeiro capítulo é um dos princípios do digital.

Além de serem passíveis de reexibição, os produtos antigos têm sido constantemente recriados. A produção audiovisual contemporânea utiliza-se fartamente desse banco de imagens. A prática de reutilizar arquivos já era comum nas mídias antigas, mas foi facilitada com as mídias digitais, cujos arquivos podem ser mais facilmente isolados, copiados e misturados, sem as perdas que ocorriam nas mídias anteriores. Hoje, a maioria dos filmes, mesmo os finalizados em película, é editada em computador. Além disso, toda mídia digital (textos, fotos, *still images*, dados de áudio e vídeo, formas, espaços em 3-D) compartilha o mesmo código, sendo mais fácil converter uma em outra.

Nesse sentido, a internet é a materialização do princípio de *database* (banco de dados), pois disponibiliza um gigantesco banco de gráficos, fotografias, vídeos e textos ligados das mais diferentes maneiras. Um exemplo disso são os bancos de imagem e vídeo da web. Os sites de vídeo são espaços onde as pessoas assistem a filmes, mas são também imensas videotecas, com sistemas de busca e localização cada vez mais elaborados[11].

Também essa possibilidade foi antecipada, em plena década de 1920, pelo cineasta russo Dziga Vertov, que sonhava com uma "cinemateca do autor": um lugar onde o cineasta teria, arquivado e organizado, um imenso acervo de imagens e sons, captados por ele e por outros. Com nítida preferência pelo processo de montagem, Vertov vislumbrava que, tendo à mão uma cinemateca pessoal, o autor poderia prescindir da captação da imagem e passar a construir obras com base apenas em arquivo (Sadoul, 1974, p. 175-6).

O mundo digital facilita a criação dessas cinematecas autorais. Os bancos de imagem proliferam na web e são uma clara tendência para o futuro. Hoje, um realizador pode encontrar ali gráficos, fotografias, vídeos e textos, ligados das mais diferentes maneiras, e editar tudo em seu micro caseiro. A cinemateca do autor se efetiva, pois o mundo todo pode estar, à distância de um comando no computador caseiro, conectado à web.

Os exemplos criativos poderiam se multiplicar. *Histoire(s) du cinema* (FRA, 1997), de Godard, é uma das grandes obras realizadas mediante o uso criativo de imagens de arquivo. No Brasil, *Nós que aqui estamos por vós esperamos* (1999), de Marcelo Masagão, é outro exemplo de filme feito quase que em sua totalidade com imagens de arquivo. Na internet, os exemplos são inúmeros. É comum um mesmo vídeo de sucesso no YouTube ter inúmeras versões produzidas pelos usuários, que fazem remontagens, inserem músicas, *letterings* e outros recursos, gerando efeitos

---

11. Caso de YouTube, Joost e outros.

A televisão na era digital   159

inusitados. Um exemplo recente e muito bem-sucedido foi o clipe da música "Pork And Beans", da banda Weezer. Eles fizeram um filme com as "celebridades" da internet, utilizando alguns vídeos que fizeram sua fama e imitando algumas dessas cenas. O videoclipe também se tornou um *hit*.

Em televisão, o exemplo mais inteligente e criativo foi o projeto *Memória ativa* (BRA, 2007), uma série de minidocumentários exibidos nos canais Bandeirantes e BandNews. Os filmes são montagens de material de arquivo da Bandeirantes, resultando em documentários interpretativos e irônicos sobre a história do Brasil. Com filmes curtos sobre vários temas, os roteiristas Eduardo Benaim e Jorge Saad Jafet conseguem despertar no público consciência e riso crítico. Mais que apenas exibir e disponibilizar os filmes antigos, *Memória ativa* dá um exemplo de como é possível utilizá-los para a criação de novos programas, com versões alternativas da história. Por isso, destaca-se como o uso mais criativo do material de arquivo das emissoras no Brasil.

Esse processo é tão rico e radical que abre a discussão sobre o conceito clássico de autoria. Um objeto inteiro da nova mídia pode ser refeito à revelia do autor, seja pela máquina (automação), seja pelo usuário.

Os blogues e as narrativas confessionais

Atualmente, a cultura da internet é muito baseada em blogues. O termo surgiu da junção e abreviação de duas palavras do inglês: *web*, que se refere a *world wide web* (internet), e *log*, que é um diário de registros, utilizado principalmente por navegadores. Os *weblogs* logo passaram a se chamar simplesmente *blogs*.

O blogue clássico era criado e mantido por um único indivíduo, que se dedicava a inserir textos e conteúdos multimídias em seu espaço. Atualmente há inúmeros blogues coletivos e mesmo empresariais.

Qualquer pessoa com acesso à internet que queira criar um blogue, ainda que seja leiga em informática, pode facilmente fazê-lo sozinha, seguindo tutoriais simples disponíveis em diversos sites.

Mas como medir a dimensão do universo blogue? Pode parecer tarefa impossível diante da infinidade de páginas existentes na rede hoje, mas existem empresas especializadas em cadastrar e buscar blogues. Segundo levantamento feito em agosto de 2008 pela Technorati, por meio do instituto de pesquisa comScore Media Metrix, o número de visitantes únicos, nos Estados Unidos, é o seguinte:

Blogues: 77,7 milhões

Facebook: 41 milhões

MySpace: 75,1 milhões

Em 2002, a Technorati registrou 133 milhões de blogues cadastrados em seu site. Um perfil dos blogueiros (como são chamados os autores de blogues) mostra que:

160 Newton Cannito

– 2/3 são homens;

– 50% têm entre 18 e 34 anos;

– 44% são pais.

Quanto ao conteúdo:

– 79% são blogues pessoais;

– 12% são de empresas (69% também são pessoais e 65% também são de profissionais);

– 46% são de profissionais (59% também são pessoais e 17% são de empresas).

No que se refere à temática, a maioria (54%) usa o blogue para falar sobre vida pessoal e estilo de vida. Essa estatística mostra que a tendência principal é a personalização e exposição individual, seja de confissões (na forma de diário), seja de opiniões e gostos. Isso pode ser potencializado pelo fato de não ser obrigatório revelar a identidade real para manter um blogue.

Alguns dos maiores fenômenos da internet dos últimos tempos são blogues com narrativas pessoais e confessionais, que fizeram um contraponto com a artificialidade da narrativa tradicional televisiva. Um dos blogues mais bem-sucedidos dos últimos anos foi o de Raquel Pacheco, ou Bruna Surfistinha, uma garota de programa que narrava com distanciamento cotidiano os programas que fazia. Ela teve tanto sucesso que lançou livro e audiolivro, e foi tão copiada que é possível encontrar milhares de blogues parecidos com o seu, porém sem o mesmo sucesso e repercussão midiática. Essa descrição da chamada "vida real" é uma espécie de variação dos *reality shows* da televisão.

Já em 1997, Murray[12] se impressionava com a tendência documental e autobiográfica da web:

> À medida que mais e mais pessoas tornam-se tão habilidosas com o ambiente digital quanto o são com os velhos papel e caneta, a *world wide web* está se tornando um projeto autobiográfico global, uma gigantesca revista ilustrada de opinião pública. Artistas digitais independentes estão usando a rede como um sistema global de distribuição de arte *underground*, incluindo histórias ilustradas, animações, romances hipertextuais e até filmes digitais de curta-metragem. As narrativas de fantasia e de ficção científica terão sempre uma forte presença no ciberespaço; contudo, os elementos documentais da web – os álbuns de família, os diários de viagens e as autobiografias visuais do ambiente atual – têm levado a narrativa digital a se aproximar dessa corrente. (Murray, 2003, p. 235)

---

12. Janet H. Murray, formada em literatura pela Binghamton University, EUA, foi programadora de sistemas da IBM e é autora do livro *Hamlet no holodeck: o futuro da narrativa no ciberespaço*.

Um movimento que pode ser considerado precursor dos *videologs* (variação dos blogues no qual as postagens são feitas em vídeo) surgiu nos Estados Unidos, após o lançamento, em 1987, da Pixelvision, uma câmera de vídeo feita de plástico pela empresa Fisher-Price, visando ao público infantil. O equipamento registrava em preto e branco em fita cassete, motivo pelo qual a imagem era distorcida. Devido ao preço e às características da imagem do brinquedo, videoartistas se apropriaram dele para a criação de vídeos confessionais.

Para Jenkins, o interessante de grande parte dos filmes feitos com a Pixelvision é a fascinação de seus autores pelos processos e artefatos da vida cotidiana; além disso, por causa de suas limitações técnicas, o equipamento deu origem a um gênero de filmes confessionais, com rostos fantasmagóricos falando diretamente para a câmera (Jenkins, 2008, p. 202).

Humor na cultura digital

Em teatro, essa tradição de narração em primeira pessoa efetiva-se no gênero *stand-up comedy*, que tem público nos Estados Unidos há décadas e recentemente passou a fazer sucesso no Brasil. O *stand-up comedy* baseia-se na apresentação solo de humoristas que fazem uso, sobretudo, de observações do cotidiano como matéria-prima para as apresentações. Uma das características desse tipo de humor são as confissões particulares, que exploram muito a autodepreciação. Ao satirizar a si mesmo, o comediante faz a plateia rir de situações pelas quais ela mesma pode ter passado. O público se identifica com o esforço do personagem e, ao rir dele, está rindo de si e do patético da espécie humana. Se lembrarmos que o burlesco é o personagem que ri de si mesmo e de seu esforço, fazendo que o público se reconheça no drama subjacente ao cômico, o *stand-up* pode ser definido como um burlesco preponderantemente verbal.

A despretensão e o tom naturalista formam um novo tipo de humor, mais cotidiano e menos baseado em caricaturas. No Brasil, o gênero tem lotado teatros há alguns anos. Muitos de seus expoentes (Rafinha Bastos, Danilo Gentili) foram contratados como repórteres cômicos do *CQC (Custe o Que Custar)* (2008), programa televisivo oriundo de um formato argentino que se tornou sucesso na televisão brasileira e é baseado na interação de atores/repórteres com a realidade.

No exterior, o programa que mais soube misturar essas características com a *sitcom* foi o *Seinfeld* (EUA, 1990), que satiriza a si mesmo e se define como um seriado sobre o nada. O ator principal, Jerry Seinfeld, um comediante *stand-up* que na série usa o nome real, faz a aproximação do burlesco com situações absurdas levadas ao extremo, utilizando também o humor físico. *Seinfeld* é Groucho Marx, a comédia intelectual. O *stand-up* de Harpo Marx está no personagem Cosmo Kramer, que trabalha com a autodepreciação em chave de comédia física. Enquanto *Seinfeld* caricaturiza a mente, Kramer caricaturiza a gestualidade e a integração do corpo com o espaço. *Seinfeld* é muito diferente da *sitcom* clássica que vinha da tradição da comédia amalucada americana, baseada em diálogos dramáticos (no sentido de mover a ação). *Seinfeld* introduz o diálogo épico e o constante comentário sobre a cena, características do *stand-up*. E também introduz a vida pessoal e mistura real com ficção: o nome do ator protagonista batiza o personagem e a própria série.

O tom de humor do mundo digital é o de amadores esforçados, que tal como os personagens burlescos (de Buster Keaton, Três Patetas, o Gordo e o Magro e outros) estão sinceramente empenhados em executar uma tarefa, mas não conseguem. Nesse ponto, em alguns casos, o tom do burlesco dialoga com a estética *trash*.

O tom clássico do personagem burlesco tem amplo espaço no humor que faz sucesso no mundo digital. Citemos o exemplo de Ghyslan Raza, adolescente canadense de 14 anos que foi filmado enquanto girava um pegador de bola de golfe, imitando o personagem Darth Maul do filme *Guerra nas estrelas*, na escola onde estudava. Tempos depois alguns alunos acharam a gravação e a colocaram na internet. Tornou-se um dos vídeos mais populares do site YouTube. Apelidado de Star Wars Kid, Ghyslan virou um ícone da cultura pop; foram feitas inúmeras variações do vídeo, animação, remix, inserção no próprio filme *Guerra nas estrelas* etc. O personagem do garoto ainda foi inserido como um *easter egg* (surpresa escondida dentro do jogo) no *video game Tony Hawk*, além de aparecer em alguns desenhos animados de televisão.

Jogos de identidade e confusão entre realidade e ficção

Os processos de construção narrativa em primeira pessoa e a dimensão que certas produções alcançam confundem a percepção de determinados espectadores acerca do que é real e do que é ficção. O teórico cultural e sociólogo Stuart Hall enfatiza que na pós-modernidade o sujeito não apresenta apenas uma, mas diversas identidades, muitas vezes instáveis e contraditórias. Isso tem ligação explícita com dois aspectos:

a) diáspora contemporânea e intensos processos migratórios, que acabam dissolvendo a noção de identidade cultural rígida da nação e construindo estados multiculturais;

b) caráter multicultural da vida urbana. Enquanto as pequenas cidades tendem à padronização cultural, as metrópoles sempre foram o espaço da diversidade. Isso quer dizer que o crescimento da vida urbana na última metade do século contribuiu para a multiculturalidade.

A convivência cotidiana com o outro, com a diversidade, exige que as pessoas aprendam a conviver com a diversidade. Um dos recursos é o jogo de identidade. O carnaval, por exemplo, sempre foi um ritual voltado a isso, um momento no qual o indivíduo pode se fantasiar e assumir outros papéis sociais e sexuais.

Uma das funções da dramaturgia é ser um laboratório de experiência existencial, possibilitando ao espectador vivenciar situações protegido pela interface da mídia. Uma tendência que cresce na contemporaneidade é usar o espaço virtual para criar personagens que representem a si mesmos com outras facetas, trabalhando numa espécie de jogo de identidade. Esses personagens, muitas vezes, são chamados de "avatares", a representação gráfica dos participantes em jogos de "realidade virtual".

Um desses jogos de simulação é o *Second Life*, com inúmeros exemplos de construção de alter egos: homens que adotam personagens femininos ou constroem um corpo perfeito, crianças que se passam por adultos e vice-versa, pessoas que escolhem personagens míticos, lendários, tornando-se animais, vampiros, fadas, elfos etc. Todos os MMORPG (*Massively Multiplayer Online Role-Playing Game*, espécie de jogo onde muitas pessoas interagem em um mundo virtual) trabalham com a lógica de avatares que sejam uma espécie de heterônimos dos jogadores, representações de sua personalidade. E mesmo sites de relacionamento nos quais as pessoas desenvolvem um perfil para apresentação, como o Orkut, são repletos de falsos perfis que permitem ao seu criador experimentar outras identidades.

Essa exposição de personalidades desdobradas no mundo virtual é uma tendência global, mas está especialmente presente no Brasil, país com características multiculturais e acostumado, muito antes da internet, com rituais que permitem às pessoas assumir outras identidades. Não é à toa que somos o país do carnaval e temos o maior número de espíritas do mundo. Essa vontade de ser o outro foi levada ao mundo digital e contribui para o Brasil ocupar o primeiro lugar nas estatísticas de acesso a sites de relacionamento.

A capacidade de confundir o público valendo-se do limite entre realidade e ficção é característica de alguns dos vídeos de maior repercussão na internet e de outras experiências igualmente famosas. Um único exemplo: um dos grandes sucessos da internet, o vídeo *Tapa na pantera* (BRA, 2006), constitui-se de confissões feitas por uma atriz (Maria Alice Vergueiro), que interpreta um texto direto para a câmera, em um modelo próximo ao do *stand-up comedy*. O depoimento trata da relação dela (ou do personagem?) com a maconha. A indefinição entre realidade e ficção gerou imensa curiosidade no público (aquilo era real ou roteirizado?) e foi o maior motivo do sucesso do filme, que rapidamente entrou no rol dos mais acessados.

A publicidade tentou seguir tal tendência, lançando produtos que se aproveitavam dessa ambiguidade. Como exemplo pode-se citar o vídeo de divulgação da

Nike, com Ronaldinho Gaúcho, feito para a internet. Em um plano sequência, ele alterna entre fazer embaixadinhas com a bola e chutá-la na trave repetidas vezes sem deixá-la cair no chão. Em diversos programas de televisão houve debates sobre a sequência ser exequível ou não, até que posteriormente a empresa divulgou a verdade: era uma montagem.

O recurso da ilusão não é novo. Já nos primórdios do cinema, alguns diretores, em especial Georges Méliès (1861-1938), criavam truques com a câmera para realizar feitos fantásticos. As fórmulas para iludir continuam obtendo sucesso: no YouTube há milhares de vídeos nos quais o personagem faz mágica para a câmera utilizando um "falso" plano sequência.

Também em outros formatos essa é uma experiência recorrente. Em *Jogo de cena* (BRA, 2007), de Eduardo Coutinho, atrizes e "pessoas reais" alternam depoimentos. Cabe ao público definir o que é real e o que é ficção. Em *Violência S.A.* (BRA, 2005), de Eduardo Benaim, Jorge Saad e Newton Cannito, dois bandidos aparecem na tela ensinando didaticamente como assaltar alguém na rua, e aí também fica indefinido o status da imagem.

No projeto multiplataforma *Confissões de acompanhantes* (FICs, 2007 e 2008), também se tem em conta esse limite. O projeto já parte da ideia de "confissão", tão presente na internet, e trabalha com humor e *nonsense*. Planejava-se uma série de ficção, mas os produtores optaram, durante o processo de criação, por gerar produtos derivados. Assim, foram desenvolvidos quinze videodocumentários de três minutos cada – exibidos na TV Terra com grande sucesso –, um espetáculo de *stand-up comedy*, um livro e um filme que mostrou o *making-off* com alunos de uma oficina de criação. Os autores trabalham com o limite entre ficção e realidade em todos os produtos, buscando suas interfaces. Ao fazer o *stand-up*, por exemplo, eles romperam a regra do gênero, que prevê o ator interpretando a si mesmo. Usaram o formato que dá autenticidade ao personagem, mas escalaram atrizes que atuam no mesmo tom e conseguem deixar o público em dúvida sobre se falam da própria vida ou interpretam um personagem. A dúvida extrapola o espaço cênico, pois os personagens construídos em conjunto com as atrizes têm também uma representação virtual, com perfis no Orkut e no MySpace.

Intervenção documental

Outra forma de misturar realidade e ficção cada vez mais em voga é caracterizada pelo repórter/ator que, para trazer à tona a realidade, atua como personagem em pleno mundo real. Essa tendência teve em Michael Moore um de seus maiores expoentes. No programa de televisão *The Awful Truth* (EUA, 1999), Moore buscava o conflito para exprimir seu ponto de vista e ao mesmo tempo ressaltar o cômico da situação.

Outro exemplo é o ator Sacha Baron Cohen, que criou os personagens Ali G e Borat. O primeiro é um *rapper* mal-educado que constrange as pessoas ao entrevistá-las. O segundo é um repórter do Cazaquistão que viaja ao Reino Unido e aos Estados Unidos para entrevistar pessoas, a fim de saber o que falta ao Cazaquistão para ser um país desenvolvido. Borat rendeu um longa-metragem de muito sucesso, com mesmo nome.

O FIZ.TV, canal de televisão que atua na internet e elege conteúdos enviados por usuários para apresentar na TVA, também usa um personagem – o Sr. Noir – como repórter de suas matérias. Este, no entanto, segue uma linha totalmente diferente daquela dos humoristas do *CQC*, de Borat ou Moore.

Ao contrário de Borat, o Sr. Noir ri *com* seus interlocutores, não *deles*. Para isso o personagem usou muito do humor do *stand-up*, o humor de autocomiseração. O diretor do canal FIZ.TV, Marcelo Botta, justifica a escolha:

> Descobrimos que, além de "rir com" o seu público, um caminho interessante ao personagem que pretendia se aproximar de seu público era a capacidade de "rir de si mesmo", e isso passou a ser feito não somente nos *posts*, nos roteiros e na atuação do Fábio [blogueiro do site], como, fundamentalmente, na sala de montagem. (Botta, 2008, p. 85)

Essa linha fica especialmente visível na série *Vida no Trânsito*, do mesmo canal, feita em formato *webcom* (*sitcom* de internet). A série se passa no congestionamento paulistano, em que os carros parados viraram residências e os mesmos personagens se encontram todos os dias.

The Office e estética documental

De época para época mudam os procedimentos estéticos que despertam no público a impressão de real. Nos anos 1950, o cinema clássico, com sua decupagem baseada na captação dos melhores pontos de vista de determinada cena, causava forte impressão de realidade no público. Mas o espectador começou a conhecer as regras e perceber o código da narrativa. E, quando isso acontece, o que era identificação dramática vira distanciamento crítico, e o que era drama vira paródia lúdica. Se o objetivo é o distanciamento do espectador, a estética é válida. Mas, se o objetivo é despertar identificação dramática, então é necessário renovar o código.

Os cinemas novos reinventaram um padrão de realidade baseado na improvisação de atores e nos *faux-raccords* que traduziam a subjetividade do personagem, construindo filmes mais líricos, aos quais o cineasta italiano Pier Paolo Pasolini chamou de "cinema de poesia".

Mas a partir da popularização do VHS caseiro a impressão de realidade novamente se transformou. Milhares de pessoas começaram a gravar as próprias festas e a identificar a estética da câmera caseira com o real. O cinema passou a ser a ficção, o mundo da fantasia. Desse modo, se o filme quisesse reconstruir o real, precisaria dialogar com o padrão de vídeo caseiro.

Foi o que fez o movimento Dogma 95. Seguindo regras que lembram as da produção de filmes caseiros, o Dogma 95 conseguiu trazer de volta para o cinema a impressão de real. O diálogo com o filme caseiro é explícito, a ponto de um dos principais filmes do movimento se intitular *Festa de família* (*Festen*, DIN, 1998).

Esse padrão da filmagem em vídeo, com câmera na mão e *faux-raccord*, tornou-se uma nova regra para filmes que querem causar a impressão de real. Mesmo filmes da indústria começaram a usá-lo fartamente, com a diferença de que investem pesado na finalização. Steven Soderbergh, que também foi o diretor de fotografia, sob pseudônimo, do filme *Doze homens e outro segredo* (*Ocean's Twelve*, EUA, 2004), é um exemplo. Também Fernando Meirelles e César Charlone utilizaram esse processo em seus filmes.

Na televisão, isso se efetivou na série *24 Horas*, que acompanha os movimentos dos personagens e a tensão da história com o uso de uma câmera na mão, quase *voyeur* na trama.

Já a série *The Office* (EUA, 2005) trouxe a estética documental para o *sitcom*. A série foi ao ar primeiramente na Inglaterra em 2001 e durou três anos, com apenas 14 episódios. Fez muito sucesso, agradando público e crítica, e em 2005 foi refilmada nos Estados Unidos.

O enredo inicial do seriado gira em torno de uma equipe de documentaristas que acompanha a filial de uma grande empresa, ameaçada de fechamento pela matriz. As cenas da série são as "filmadas" pela equipe do "documentário", que inclusive atua em certos momentos; os personagens tentam impedir a filmagem ou evitam uma conversa por causa da presença da câmera. Mas ao mesmo tempo todos dão depoimentos para a câmera e por vezes buscam a cumplicidade do cinegrafista por meio do olhar.

Esses personagens estão mais para o burlesco do que para o humor destrutivo. São todos frágeis e humanos. Ao mesmo tempo que rimos deles, nos identificamos com suas dores.

No Brasil, a estética de confissões é muito explorada por um autor que transita pelo cinema, teatro e televisão: Domingos Oliveira. Desde *Todas as mulheres do mundo* (BRA, 1966), seu primeiro filme, ele dramatiza situações da própria vida, inclusive participando de seus filmes como ator.

Um de seus mais recentes trabalhos, *Todo mundo tem problemas sexuais* (BRA, 2008), traz para o cinema dramatizações de cartas reais de leitores para a coluna "Vida Íntima", do psicanalista Alberto Goldin, do jornal *O Globo*.

Sua série de confissões começou com *Confissões de adolescente* (BRA, 1994), uma peça de teatro de sua filha, Maria Mariana, que foi levada para a televisão, sob direção geral de Daniel Filho. Nessa série já se alternam depoimentos diretos para a câmera e cenas normais. Foi um grande sucesso.

O modelo de produção e a estética propostos por Domingos, além de reduzir o custo, aproximam o público da história dos personagens, na medida em que dialogam diretamente com a estética documental, cara à contemporaneidade

O reflorescimento da narrativa

Nos anos 1960, os episódios das séries eram totalmente autônomos. A mudança começou no final dos anos 1970, com a série *Dallas* (EUA, 1978), a qual desenvolveu uma linha narrativa que permeava os episódios. Já a série *Hill Street Blues* (EUA, 1981), dos anos 1980, começou a fazer uso de uma complexidade maior na trama narrativa, envolvendo diversos personagens em tramas paralelas.

A rigor, interatividade e narrativa são qualidades opostas. O termo "narrativa interativa" é contraditório em si mesmo, embora existam formatos que misturem as duas e possam ser chamados de "narrativas interativas". Mas, quando começa a interatividade, termina a narrativa, pois esta é justamente a organização do mundo por um só narrador.

Ao contrário do que se convencionou afirmar, a narrativa não está em crise e o digital não é o seu fim. Basta ver o sucesso das telenovelas e das séries internacionais – estas continuam ganhando público em plena era digital. A popularidade da narrativa é permanente, pois ouvir histórias é uma demanda cultural da espécie humana, assim como contá-las é uma atividade social que a humanidade continuará exercendo enquanto houver alguma forma de cultura, mesmo na era pós-digital.

Em suma, a narrativa não vai acabar, pois é uma experiência humana fundamental. Tanto que nem os games, mídia interativa por excelência, a dispensaram. Em *Hamlet no holodeck*, Janet Murray descreve o game multiplataforma *Planetfall*, de 1983, da companhia Infocom, como uma ficção científica na qual o jogador assume o papel de recruta de uma empresa de patrulha espacial, acaba sendo um sobrevivente num planeta aparentemente inabitado e desconhecido e ali encontra um robozinho infantil que o ajuda:

Uma vez que descubra como fazer Floyd funcionar de novo, você não está mais sozinho. A partir desse momento, onde quer que você vá nesse mundo desconcertante e perigoso, Floyd está sempre ao seu lado, tagarelando afetuosamente, implorando por um pouco de atenção, brincando com uma bola de borracha e ávido por fornecer informações e prestar pequenos serviços. Depois de viver muitas aventuras ao lado de Floyd, você encontra a entrada do laboratório de radiação que contém um equipamento crucial. Dentro da sala estão mutantes perigosos que emitem um som terrível. Enquanto você fica do lado de fora da porta, ouvindo os clamores de morte, Floyd se oferece com uma lealdade típica das crianças – "Floyd pega", diz ele – e entra correndo no aposento fatal, sem que você possa detê-lo. Depois de cumprir sua missão, Floyd reaparece "sangrando" óleo e morre em seus braços. (Murray, 2001, p. 62)

Segundo a autora, esse é um dos momentos mais impressionantes do jogo. O jogador costuma se comover com o sacrifício do robozinho, o qual não poderia evitar, pois é uma passagem não interativa, um momento em que o próprio jogo define o destino do personagem. É narrativo.

Pode-se ainda criar uma narrativa interativa alternando os rumos da história o tempo todo. Do ponto de vista tecnológico, será possível. Mas será o que as pessoas esperam quando assistem a uma série de ficção? Será que as pessoas querem decidir individualmente o final do filme? Será que cada pessoa quer ver uma história diferente quando assiste a uma novela ou série?

Na verdade, a narrativa visa justamente o oposto da individualização: uma de suas razões de ser é formar um *background* comum, um conjunto de referências que nos definam como grupo, com base nas quais podemos nos relacionar e recriar as próprias narrativas. Após assistir a uma série ou um filme desejamos conversar sobre ele. A TV dá assunto, confere um pano de fundo comum, e nós assistimos à mesma coisa para ter o que debater, para poder debater. É parte da construção da esfera pública.

Assim, para surpresa dos analistas mais apocalípticos, o que vem acontecendo na era digital é o reflorescimento da narrativa. A fragmentação dos anos 1980, presente em séries *pop* como *Armação Ilimitada* (BRA, 1985) e muito bem analisada no livro *A idade neobarroca,* de Calabrese, vem cedendo nos anos 1990 e 2000 a um retorno das grandes narrativas. O imenso sucesso das séries internacionais *Família Soprano, 24 Horas, Desperate Housewifes* (EUA, 2004), entre inúmeras outras, mostra que a narrativa está bastante presente.

Por mais estranho que possa parecer, o fato é que a tecnologia digital contribuiu para o renascimento das narrativas televisivas. Em primeiro lugar, o digital facilitou a tecnologia *on demand,* a qual garante que o público consiga, de alguma forma, acesso a sua série favorita, por meio dos DVDs à venda ou disponíveis em locadoras, da gravação no HD do próprio *set top box* ou mesmo por meio de download na internet. Ou seja, ao contrário do que ocorre no mundo analógico, no digital é praticamente garantido que todo espectador de séries conseguirá assistir a todos os episódios. Muito em breve será anacrônica a repetição inicial de narrativa como nas novelas de hoje, para contemplar a parcela do público que pode ter perdido o capítulo do dia anterior.

Os episódios, ao se tornar mais narrativos, serão menos numerosos, com histórias mais concatenadas. Enquanto as narrativas dos anos 1950 eram baseadas no *plot* (conflito principal do episódio) e em personagens que não mudavam (Flash Gordon, Zorro, entre outros), nos anos 1990 os seriados começaram a desenvolver curvas longas de personagens, os quais se transformam e são mais complexos. Saímos da narrativa centrada no *plot* e chegamos cada vez mais à narrativa centrada no personagem. Algumas séries antigas permitiam assistir aos episódios em qualquer ordem, pois os personagens praticamente não se alteravam. Agora não. Em vez de episódios, elas começam a ter capítulos.

O fato é que a tecnologia digital, ao invés de destruir a narrativa, recriou-a com toda a força. Uma nova tecnologia permitiu o retorno de formas culturais que muitos já consideravam ultrapassadas. As séries de televisão americanas fazem hoje o que os autores realistas e naturalistas faziam no século XIX; David Chase, o criador de *Família Soprano*, é o Balzac do mundo digital.

Outro aspecto a ser destacado é que o digital dá uma vida útil mais longa às séries. Enquanto um capítulo de telenovela se perde para sempre após ser exibido, um capítulo de seriado é um objeto cultural que pode ser comercializado por anos. Modifica-se assim o modelo de financiamento das ficções televisivas, e isso permite um investimento maior e menos dependente de patrocinador, pois agora as séries começam a ser como filmes e podem ser vendidas direto ao público, seu cliente final, sem intermediação de anunciantes. Isso permite que as séries tratem de temas mais ousados e fortes, comumente censurados por anunciantes empresariais, mas que podem interessar muito ao público.

Princípios na construção de universos

Como todo gênio artístico, George Lucas entendia como poucos as demandas de seu público. Nos anos 1970, o cinema americano estava em crise e ele compreendeu que a saída estava no resgate das mitologias – é visível na obra de Lucas que ele crê na importância da fantasia e aposta na vontade do público de viver em universos paralelos.

Lucas foi também um gênio ao perceber como isso se reverteria em ganhos. Ao negociar seu contrato de trabalho com a Fox para a realização do primeiro *Guerra nas estrelas*, ele abriu mão de salário em troca de participação nos lucros da venda de produtos extras ligados à marca. Lucas fez fortuna, e as corporações começaram a entender que não são apenas vendedoras de filmes para cinema, que os filmes são, em muitos casos, apenas os catalisadores de um universo mais complexo. Isso foi em 1977, e nem todos compreenderam, ainda hoje, a importância do feito.

Quando *Guerra nas estrelas* expandiu-se para livros, histórias em quadrinhos e posteriormente animações, ampliou-se também a cronologia que mostrava acontecimentos que não apareciam na trilogia de filmes. Criou-se um universo complexo que permite a visualização de várias narrativas e a busca de mais informações sobre personagens secundários e outros fatos que foram abordados superficialmente nos filmes.

Essas novas informações fazem o espectador se surpreender e ter vontade de rever os episódios anteriores, para apreender cada nuance da história.

Guerra nas estrelas foi o marco fundador da narrativa contemporânea. Hoje, mais do que construir histórias, o roteirista deve aprender a construir universos. Qualquer criador atual deve se orientar pelos seguintes princípios:

» construir um universo, não apenas uma narrativa;

» incentivar rituais;

» favorecer a formação de comunidades.

Narrativa transmidiática

Henry Jenkins (2008) define a narrativa transmidiática como referência ao surgimento de uma nova estética que responde à convergência das mídias, exigindo mais de seus consumidores e das comunidades ativas de conhecimento. Para o autor, esse tipo de narrativa está intimamente ligado à criação de um universo ficcional, no qual é possível viver uma experiência plena, em que os consumidores assumam diferentes papéis e persigam a história por diversos meios, compartilhando ou comparando suas observações com as de outros fãs, o que asseguraria uma experiência de entretenimento mais rica.

Janet Murray, por sua vez, no já citado *Hamlet no holodeck*, atenta para o desafio do desenvolvimento da narrativa no futuro próximo. Segundo a autora, será necessário que ela – e neste caso enfatizamos a narrativa televisiva – seja tanto imersiva quanto interativa.

A obra transmidiática apresenta vazios de narrativa que abrem um espaço a ser preenchido pelo público; geralmente são disponibilizadas informações sobre personagens e eventos passados para o público que quiser mais informações sobre o enredo. Segundo Jenkins, "uma história transmidiática se desenrola através de múltiplos suportes midiáticos, com cada novo texto contribuindo de maneira distinta e valiosa para o todo" (Jenkins, 2008, p. 135).

A primeira série de sucesso nessa linha foi *Twin Peaks* (EUA, 1990), criada por David Lynch, que tratava da investigação da morte de uma jovem em uma cidade pequena dos Estados Unidos. A série, que teve trinta episódios no total, exibidos entre 1990 e 1992, causou grande impacto porque foi a pioneira em fazer uma grande mescla de gêneros: drama, fantástico, policial, suspense. Além de ser a precursora das séries modernas, inovou ao integrar mídias, com o lançamento do livro *O diário secreto de Laura Palmer*, que continha informações sobre a jovem que fora assassinada na trama. A série criou a possibilidade de o fã explorar seu universo diegético e obter mais informações em outros meios, no caso o livro.

Dawson's Creek (EUA, 1998), por exemplo, deu origem ao *Dawson's Desktop*, um site que permitia ao visitante entrar no "computador" do personagem e ver seus e-mails, sua agenda etc. O sistema também fornecia informações extras sobre a biografia de personagens secundários, expostos em e-mails que Dawson enviava a seus amigos. O site chegou a ter 25 milhões de visitas por semana na época da exibição da série.

"Websódios" também são alternativas para descrever melhor alguns personagens por meio de *flashbacks* ou mesmo para divulgar a série. Isso é importante, pois é um indicador da tendência de criação de conteúdo com um mesmo tema ou universo para diferentes mídias, bem como de sua utilização.

Recentemente, duas das principais séries da rede americana NBC, *The Office* e *Heroes*, também apostaram nos websódios para atingir ainda mais o seu *target* com a utilização de novas mídias.

Outra série que está utilizando mais amplamente os recursos transmidiáticos é *CSI: NY* (EUA, 2004), terceira franquia da série original criada em 2000, que se passa na cidade de Nova York e utiliza o metaverso do *Second Life* como fio narrativo. O *Second Life* disponibilizou um universo do seriado no dia em que foi ao ar um episódio no qual se descobria ser a pessoa assassinada uma celebridade de seu metaverso. O fato obrigava os detetives a investigar também no *Second Life*. A grande jogada foi que o assassino escapou e só voltou a aparecer em outro episódio quase seis meses depois, quando se deu o seu desfecho.

Nesse período, os fãs puderam entrar no ambiente da série no universo do *Second Life*, composto de quatro ilhas – Norte, Sul e duas de orientação para os novatos (tutorial para se inteirarem do ambiente) –, e em seguida participar das investigações em busca do assassino do episódio exibido; o usuário podia ainda fazer uso dos laboratórios baseados nos cenários da série. A cada semana eram inseridas novas pistas, para deleite dos fãs.

CSI: NY ainda trabalha com recursos inovadores de marketing. Em 2005, durante um dos episódios, o *ringtone* de uma música da banda de rock Coldplay inserido na trama ficou disponível para download no site da CBS por uma semana. Outro meio usado para divulgar o DVD da quarta temporada, volume 2, em Londres, foi o lançamento de um game para celular. À medida que os usuários mandavam os resultados de suas investigações por SMS, recebiam novas instruções; os dez primeiros a solucionar o crime ganhariam um celular; e um deles, uma passagem para Nova York.

No Brasil, a série *9MM: São Paulo*, que vai ao ar pelo canal Fox, também recorreu a várias estratégias de marketing viral e de guerrilha. Na ocasião do lançamento, em junho de 2008, 140 atores foram algemados em pontos estratégicos da Avenida Paulista (uma das principais vias da cidade) e libertados pouco mais tarde. Dias depois, a ação envolveu perseguições policiais em parques da cidade, em que havia 47 suspeitos para cada agente. No primeiro caso, a ideia era representar a realidade enfrentada pelos policiais da cidade, que prendem os infratores, mas não veem o empenho da Justiça em mantê-los presos; no segundo caso, a intenção era mostrar a enorme desvantagem no trato com o crime. Além disso, foram produzidos vídeos para o YouTube, que usavam a linguagem de programa de auditório para transmitir conteúdo policial. A junção dos dois registros teve efeito cômico, simbolizando o contraste entre a televisão tradicional do espetáculo e a proposta da série, de mostrar a realidade da polícia brasileira.

Outro ponto de destaque no caso de *9MM: São Paulo* foi a criação de websódios. Assim como nos exemplos anteriores, seus produtores estão atentos às novas tendências e criaram episódios para internet em que pequenos detalhes sobre o passado dos personagens da trama são revelados.

Outra forma muito comum de ação transmidiática se dá na propaganda. Em 2006 (época de Copa do Mundo), a Nike lançou uma campanha mundial com o tema futebol, denominada *Joga Bonito*, em que o ex-jogador Eric Cantona apresentava uma série de vídeos temáticos com jogadores famosos, entre eles o já citado vídeo do Ronaldinho Gaúcho para a internet, e convidava pessoas do mundo todo a enviarem vídeos com versões próprias do tema para o site da Nike. Além disso, torneios foram criados em diversos países e integrados por meio da internet.

Jogos e universos paralelos

O contato dos seres humanos com universos paralelos por meio de jogos acontece desde a infância. Normalmente se dá mediante a manipulação de tabuleiros, em que é necessário assumir o papel de detetive, banqueiro ou qualquer outro personagem que tire a criança da própria natureza. A questão central é que o jogo é, na verdade, um universo que se parece muitas vezes com experiências cotidianas, mas as condensa ao máximo a fim de prender nossa atenção e nos manter interessados.

Por intermédio do jogo, o indivíduo tem a chance de encenar as próprias relações com o mundo e, se perder, tem outra oportunidade de enfrentar as adversidades. Quando exigem mais esforço mental, os jogos nos dão a chance de nos sentir capazes de lidar com a complexidade da vida.

Um dos grandes exemplos de criação de universo paralelos é o RPG (*Role-Playing Game*, ou "jogo de interpretação de papéis"). O jogo caracteriza-se por um sistema, por um jogador-narrador (o mestre, que é quem controla todos os personagens não jogadores da história) e pelos jogadores-personagens. Cabe ao jogador interpretar seu personagem, assumindo inclusive suas limitações, ainda que conheça muito bem o sistema. Pois, independentemente dos conhecimentos prévios do jogador, o personagem vai adquirindo informações e novas habilidades no decorrer do jogo. Isso nos faz lembrar a construção de personagens em *Lost* (EUA, 2004), conforme apresentamos na análise da série. A princípio, todos aparecem e reagem conforme as circunstâncias a que estão submetidos (queda do avião seguida da necessidade de sobrevivência). No entanto, à medida que os *flashbacks* são mostrados, os espectadores tornam-se capazes de construir referenciais que dão "corpo" às personagens e justificam seus comportamentos. Assim como em *Lost*, no RPG o objetivo é vivenciar uma história em que seja possível contornar as adversidades e evoluir no jogo.

A utilização de avatares em ambientes como o *Second Life* é algo semelhante e também mistura realidade e ficção num ambiente multiusuário tridimensional. Esse espaço simula alguns aspectos da vida social humana. Mas, além de jogo, pode ser encarado como um simulador, uma rede social (já que permite a comunicação com diferentes partes do mundo) ou um comércio virtual (muitas empresas adquiriram espaços no *Second Life* com essa finalidade). Apesar de não ter nenhum objetivo bem definido, inicialmente muitos tiveram a curiosidade despertada pela possibilidade de converter as moedas locais do jogo (lindens) em dólares. Para isso, o jogador deve dedicar parte de seu tempo da vida real executando uma tarefa no mundo virtual. É possível desde trabalhar para outros avatares, limpando vidros, por exemplo, até negociar mercadorias (conforme se evolui no jogo e se aprende a criá-las). O ambiente mexe diretamente com o lúdico dos usuários, já que se trata de um espaço onde se pode voar, teletransportar-se e realizar outras atividades inexequíveis no mundo real.

Por fim existe o ARG (*Alternate Reality Game*), em que os jogadores interagem diretamente com os personagens do jogo; assim, o mundo "real", fora do ambiente off-line, converte-se em mais uma plataforma. A mistura entre ficção e realidade é outra característica desse gênero, que dialoga diretamente com a estética de vários sucessos de televisão participativa (como *Lost*).

ARGs, normalmente, usam diferentes mídias, tais como telefones, e-mails, correios, anúncios em revistas e, em especial, a internet, para dar continuidade ao jogo. A maneira como o jogador se relaciona com os personagens é uma das principais diferenças entre RPGs e ARGs. Enquanto no primeiro o jogador interpreta um personagem, nos jogos de realidade alternativa os jogadores interagem com personagens. Eles se colocam como atores do jogo, mas sem assumir uma identidade preestabelecida.

Jane McGonigal define os ARGs da seguinte maneira:

> [...] um drama interativo jogado on-line e em espaços do mundo real, que se passa em várias semanas ou meses, em que dezenas, centenas, milhares de jogadores se reúnem on-line, formam redes sociais cooperativas e trabalham juntos para resolver um mistério ou um problema que seria absolutamente impossível resolver sozinho. (*Apud* Jenkins, 2008, p. 173)

O conceito não evoluído de ARGs surgiu muito antes do que costuma ser considerado um dos primeiros exemplos do gênero. O romance de ficção científica *Triton*, de Samuel R. Delany, de 1976, é um tipo de reprodução de ARG; no entanto, foi em 1996 que surgiu o primeiro exemplar de ARG como conhecemos hoje, o *Dreadnot*, um jogo de internet produzido em parceria com o *San Francisco Chronicle*.

Um dos maiores sucessos foi *The Beast*. Baseado no universo do filme *Inteligência artificial* (*Artificial Inteligence: A. I.*, EUA, 2001), de Steven Spielberg, o jogo se passava cinquenta anos depois da história narrada no filme. Os criadores, uma pequena equipe sob a supervisão de Jordan Weisman, diretor de criação da Microsoft Entertainment, permaneceram anônimos até o final do jogo. A trama tinha três pontos de entrada (*rabbit holes*), um crédito em trailers e pôsteres para um personagem fictício e um número de telefone para o qual quem ligasse e seguisse as instruções receberia uma mensagem com um enigma.

O game durou três meses. Cerca de trinta sites faziam parte da trama, que era desenvolvida conforme os participantes chegavam a determinado ponto. Foi criado um grupo de discussão com os jogadores, *The Cloudmakers*, que teve milhares de participantes e mais de 40 mil mensagens trocadas entre os membros, com ideias para o desenrolar da trama; o grupo inclusive entrou na história do game por meio de referências nos sites participantes da trama.

No Brasil, considera-se 29 de março o Dia Nacional do ARG. A data foi fixada em razão da gafe do senador Arthur Virgílio (PSDB), que confundiu um jogo, promovido pelo Guaraná Antártica em parceria com a editora Abril, com a realidade. Em 2007, Virgílio levou à tribuna a "polêmica proposta" da empresa fictícia Arkhos Biotech, que se identificava como uma das maiores fabricantes mundiais de ativos vegetais para indústria cosmética e farmacêutica, de internacionalizar e privatizar a Amazônia. A empresa em questão, no entanto, era apenas a vilã em um jogo que propunha como desafio descobrir a fórmula do Guaraná Antártica.

O primeiro ARG brasileiro foi o projeto *Sete Zoom*, desenvolvido para o creme dental Close Up, em 2001. O desafio era revelar a identidade da modelo virtual, garota-propaganda da linha de produtos.

Hoje em dia, quem aposta nesse canal de comunicação com os espectadores é a MTV. A emissora, que já havia percebido que o modelo de exibidora de videoclipes a levaria à decadência na atualidade, quando é possível baixar quase tudo pela internet, se conectou à era dos jogos de realidade alternativa com a criação de *2084* (BRA, 2006) e *Teoria das Cordas* (BRA, 2007).

2084 ou *Instituto Purifica*, como ficou conhecido, foi o primeiro ARG da MTV. O jogo teve início com um comercial do Instituto Purifica na emissora, que passava o endereço da organização na internet. Tendo chegado à página, os espectadores/internautas se cadastrariam para fazer parte do jogo, que visava atingir o Beca (Bem-Estar Coletivo Absoluto). A experiência, além de abranger a televisão e a criação de um site para uma instituição fictícia num ambiente real, mobilizou os participantes a criarem comunidades no Orkut e blogues para discutir os episódios do jogo e a democratização da mídia.

O segundo ARG da emissora foi *Teoria das Cordas*. O jogo teve início com a exibição da série de mesmo nome como última atração de um dos programas da emissora, o *Ya!Dog*, durante os meses de maio a julho de 2007. A história envolvendo cinco jovens começou a sinalizar pistas, que poderiam ser descobertas na rede e revelar os mistérios da trama de sete capítulos.

Outra empresa que aposta no universo ARG é a Vivo. A companhia foi a primeira da área de telefonia a investir no segmento, já em 2004. Além de interagir pela internet e por e-mail, o jogador avança nas etapas por meio de serviços da própria empresa, como Cupido SMS, Chat Wap, Quiz SMS e Portal de Voz.

Comunidades

As comunidades são parte fundamental da cultura da internet. O próprio termo rompe a falsa dicotomia entre individualidade e coletividade que norteou os debates políticos entre liberais e socialistas ao longo da história, pois vem de uma tradição na qual um coletivo é formado pela soma de identidades.

No mundo digital a formação de comunidades se desenvolveu com o objetivo de criar uma inteligência coletiva, potencial que aquelas sempre podem alcançar. Elas começam, no entanto, como um ambiente de compartilhamento de ideais e preferências comuns.

O conceito "inteligência coletiva" surgiu em meados da década de 1970, com o pesquisador americano Murray Turoff, que idealizou um sistema de intercâmbio de informação eletrônica (EIES – *Electronic Information Exchange System*), prevendo que "a conferência por computador pode fornecer aos grupos humanos uma forma de exercitarem a capacidade de 'inteligência coletiva'" (Turoff *apud* Costa, 2002, p. 59). O pioneiro em divulgação de comunidades on-line Howard Rheingold compartilha o mesmo pensamento na medida em que acredita que a reunião de pessoas com os mesmos interesses pode servir de filtro para as inúmeras mensagens que poderíamos encontrar em mecanismos de buscas, tamanha a quantidade de informação existente (Costa, 2002). Para ele, pessoas reunidas em comunidades podem se tornar agentes inteligentes umas para as outras.

Pierre Lévy também defende que os ambientes de comunidades virtuais auxiliam os indivíduos. Segundo o autor, "as assim chamadas 'comunidades virtuais' realizam de fato uma verdadeira atualização [...] de grupos humanos que eram potenciais antes do surgimento do ciberespaço" (Lévy, 1999, p. 130).

O princípio da "colaboração de muitos com muitos" é também defendido por Steven Johnson (*apud* Costa, 2002, p. 62), que acredita que só com o avanço das comunidades virtuais a web passa a realmente cumprir o papel de promotora de interatividade.

Trazido para a atualidade, o debate nos ajuda a compreender melhor como se organizam as comunidades virtuais, diferentes de sites de relacionamento por irem além, traçando um objetivo comum e construindo uma inteligência coletiva. Há algumas, por exemplo, que se caracterizam por reunir pessoas dispostas a debater um produto gerado por profissionais.

As comunidades vêm sendo usadas como filtros de informação. As pessoas se reúnem para obter informações que variam desde o melhor lugar para realizar suas compras até sobre séries de televisão.

Tancer alerta sobre uma observação de Jakob Nielsen a respeito de participações desiguais em comunidades virtuais:

> Há usuários que contribuem ativamente e há aqueles a quem Nielsen se refere como "espreitadores". Ele descreveu o fenômeno como "desigualdade de participação" e desdobrou a divisão dos visitantes dos sites sociais on-line [...]. De acordo com Jakob Nielsen, 90% dos usuários on-line são espreitadores, ou usuários que visitam comunidades on-line mas não contribuem; 9% contribuem de vez em quando; e apenas 1% contribui de maneira ativa e constante. (Tancer, 2009, p. 164)

A TV, de fato, é uma das grandes catalisadoras de debates. O que costumava ser julgado como assunto de salão de beleza tomou dimensões muito maiores com o avanço tecnológico. No Brasil, um dos exemplos é o portal Quepassa, o qual reúne fotos e vídeos sobre diversas séries de televisão e promove chats, além de reservar espaço para comentários dos participantes a respeito de suas séries favoritas. Esses espectadores/internautas chegaram a tal nível de organização que se comunicam até com autores.

No final de 1986, a *Newsweek* marcou o vigésimo aniversário da série de TV *Star Trek* (EUA, 1966) com uma reportagem sobre os "Trekkies", um grupo de fãs que se reuniam para discutir todos os detalhes da série e, independentes como se diziam, passaram a produzir textos para explicar ou corrigir algumas passagens pouco compreensíveis nos episódios. As passagens ganharam mais e mais colaborações a acabaram se tornando obras completas. Os Trekkies não tinham vínculo algum com as corporações responsáveis pela obra e sentiam-se profundamente motivados a levar ao maior número de pessoas suas versões e complementações para o enredo.

Foi o ponto de partida para a mobilização de grupos de fãs de outros produtos de entretenimento, o que Jenkins define como um fenômeno de "cultura participativa" (Jenkins, 2008, p. 28). As ações de fã-clubes desse nível chegam a produção de *fan fictions* (*fanfic*), roteiros e postagem de suas realizações na web, num movimento mundial de divulgação de milhares de novos audiovisuais invisíveis à grande imprensa e ao conhecimento do público em geral. É um movimento de grande interesse para a TV interativa e, de acordo com Dan Harries, já recebeu o nome de "audiência interativa".

Jogos de suspense e decodificação

Na construção de um "universo transmidiático" com narrativas conjuntas, jogos e enciclopédias, o autor se torna uma espécie de ancião que guarda segredos. Tanto J. J. Abrahms (*Lost*) quanto os irmãos Wachowski (*Matrix*, EUA, 1999) se especializaram em lançar comentários enigmáticos, que mais complicam do que explicam, sobre o universo que criaram. Eles entenderam que explicações matariam o interesse do público por esse jogo de decodificação.

Também nesses casos se percebe como a inteligência coletiva é essencial. Como lembra Lévy:

> Um grupo humano qualquer só se interessa em constituir-se como comunidade virtual para aproximar-se do ideal do coletivo inteligente, mais imaginativo, mais rápido, mais capaz de aprender e de inventar do que um coletivo inteligentemente gerenciado. O ciberespaço talvez não seja mais do que o indispensável desvio técnico para atingir a inteligência coletiva. (Lévy, 1999, p. 130)

Por exemplo, o universo de *A bruxa de Blair* (*The Blair Witch Project*, EUA, 1999), de Daniel Myrick e Eduardo Sanchez, foi todo preparado para que o filme se tornasse o primeiro fenômeno transmidiático, com relatos de bruxas, um falso documentário, depoimentos de pessoas. Myrick explica o que o grupo chamava de "primeira diretriz": "Tentamos criar uma lenda falsa, completa, com múltiplos pontos de vista, inclusive céticos, e mistérios inexplicáveis" (*apud* Jenkins, 2008, p. 143).

O longa-metragem foi realizado em oito dias, com um orçamento de U$ 40 mil. Teve enorme repercussão porque foi divulgado pelo site de mesmo nome, que disponibilizou o filme (antes da estreia no cinema) e informações complementares, como um exemplo pioneiro de ARG. Na opinião de John W. Gosney, *A bruxa de Blair*, mais que um ARG, foi pioneiro em marketing imersivo, que tem como seguidores diversos longas, como *Matrix*, e séries de TV, como o *Lost*, que, além de sites, exploram diversos outros veículos de comunicação (Gosney, 2005, p. 12-5).

Spoilers e jogos de detetive

Em inglês, *spoil* quer dizer "estragar"; logo, *spoiler* pode ser traduzido como "estraga-prazer", o sujeito que conta o final do filme. Assim, as comunidades de *spoilers* dos *reality shows* são formadas por grupos que desvendam as estratégias do jogo e as revelam.

Percebe-se que mais uma vez o público se relaciona com a televisão segundo a lógica do jogo, no caso um jogo de decodificação de segredos. É a inteligência coletiva, de Pierre Lévy, em ação. A princípio, a iniciativa desses grupos pode parecer sem importância, por se relacionar a algo lúdico; no entanto, convém considerar que é o lúdico que prepara o indivíduo para jogar em ambientes reais.

Jenkins, em uma rica análise de *Survivor* (EUA, 2000), mostra que o jogo não ocorre apenas entre os jogadores que participam do programa propriamente dito. "Em torno de cada episódio cuidadosamente engendrado surge uma competição paralela – um gigantesco jogo de gato e rato entre os produtores e o público" (Jenkins, 2008, p. 52). Conta ainda que, no caso de *Survivor*, a comunidade de *spoilers* se tornou tão boa no jogo e na revelação de seus segredos que os produtores se confessaram incapazes de proteger o direito dos outros consumidores de ter uma experiência em "primeira mão" ao longo da série.

Pedagogia da imaginação e usuário criador

Vimos que os universos virtuais são espaços onde é possível democratizar a imaginação; são os espaços para criação.

Essa tendência já começou com os jogos. O RPG é inteiramente baseado na democratização da criação. Tem evidentemente um mestre, que define as regras e atua como condutor do jogo, mas cada usuário tem iniciativa própria.

Perguntado sobre a natureza do MMORPG, Raph Koster, ex-jogador de RPG que ajudou a desenvolver o game *Star Wars Galaxies* explicou: "Não é apenas um jogo. É um serviço, é um mundo, uma comunidade" (*apud* Jenkins, 2008, p. 215). Koster argumenta ainda que os jogadores devem ter a sensação de "posse" do mundo imaginário, já que vão investir muita energia e tempo: "Não é possível comandar um universo ficcional com milhares de pessoas. O melhor que se pode esperar é que o universo seja vibrante o bastante para que as pessoas ajam de acordo com os princípios ficcionais" (Jenkins, 2008, p. 216).

Para participar, os jogadores devem sentir que fazem diferença, não apenas em relação às próprias experiências, mas também às experiências dos outros jogadores. Trata-se, para Koster, do desejo dos jogadores de moldar o próprio espaço, deixando uma marca duradoura. Por tal razão, os produtores devem, segundo ele, fornecer meios para tornar isso viável.

Tem sido comum os fãs passarem a criar versões próprias dos universos diegéticos de produtos culturais. Jenkins conta casos em que esses fãs artistas entram em confronto com os produtores do filme, detentores dos direitos de propriedade intelectual. Analisa também como a LucasArts está sempre "tentando encontrar o equilíbrio adequado entre incentivar o entusiasmo e proteger seus investimentos na série [*Star Wars Galaxies*]" (Jenkins, 2008, p. 48).

Milhares de fãs fizeram as próprias histórias com base no universo de *Star Wars* e as transpuseram para várias mídias, como livro, HQ e cinema. Para Jenkins, a cultura de se fantasiar de Darth Vader no Halloween ou dormir nos lençóis da Princesa Leia é resultado do desejo de reescrever a história, cada um à própria maneira.

O *Star Wars Revelations* (EUA, 2005), média-metragem de aproximadamente 40 minutos que faz uma ponte explicativa entre os episódios III e IV da série, ilustra bem isso. Outros filmes já haviam sido feitos por fãs, mas nada parecido com esse. O projeto envolveu fãs do mundo inteiro, que trabalharam em cooperação os efeitos especiais e construíram os cenários digitais. O filme, que está disponível gratuitamente para download no site da produtora Panic Struck Productions, teve o aval de George Lucas devido a seu caráter não comercial.

Mesmo *reality shows* podem catalisar a criação de novas histórias pelos fãs. Jenkins conta o caso de um fã de *Survivor* que se inspirou na especulação sobre uma série que reuniria todas as estrelas do programa e escreveu três temporadas imaginárias.

Jesse Alexander e Mark Warshaw acabaram inserindo um dos personagens (Hana Gliterman "Wireless") na trama de *Heroes*. Embora o plano fosse que ele fizesse parte apenas no contexto da web, acabou chegando à televisão devido ao enorme sucesso que obteve entre os fãs que acompanhavam os desdobramentos da série também pela internet. Houve ainda a promoção "Create your own Hero" (Crie seu próprio Herói), possibilitando ao espectador fazer parte da produção da série, tornando indefinida a fronteira que separa espectadores e produtores.

Outra experiência que trabalhou com a criação dos espectadores usuários foi o Concurso Cidade dos Homens, organizado pela FICs e 02 Filmes. Nessa pioneira experiência de criação colaborativa pela internet, mais de quinhentos alunos de todo o Brasil participaram por quatro meses de oficinas virtuais em que desenvolviam roteiros para o seriado da Rede Globo. O autor do melhor roteiro foi contratado para integrar a equipe de roteiristas da série. A experiência, no entanto, foi muito rica para todo o conjunto dos participantes, que exercitaram sua capacidade criativa e formaram comunidades em torno de interesses comuns, os quais mais tarde reverberaram em outros projetos artísticos. O método de criação de histórias e roteiros foi publicado em livro, sob o título *Manual de roteiro*, de Leandro Saraiva e Newton Cannito (FICs/Conrad, 2004).

No Brasil, em 2005, houve o Primeiro Concurso de Ideias Originais e Demos de Jogos Eletrônicos – JogosBr, organizado pelo Ministério da Cultura e pela FICs, o qual premiou em dinheiro os oito melhores projetos de jogos eletrônicos, a fim de que eles fossem concretizados, ainda que em versão *demo*. Antes do projeto técnico de jogo, foi elaborado um ambiente de criação colaborativa pela internet, onde os usuários colocavam ideias de jogos que podiam ser comentadas por outros participantes. Aquelas mais visitadas e comentadas ganhavam destaque na homepage do portal e o comentário de um especialista. O ambiente expôs o processo criativo e usou a inteligência coletiva da comunidade para desenvolver melhor as ideias.

Observamos, portanto, que já começam a surgir algumas oportunidades para que os espectadores/usuários possam participar do universo digital também como criadores. Esse será um diferencial importante na criação do futuro, e os realizadores que conseguirem dominar o processo e incluir os espectadores como criadores terão mais chances de alcançar sucesso.

▶ DEMOCRATIZAÇÃO E CONTEÚDO COLABORATIVO

Um dos pontos importantes a serem levantados quando discorremos sobre convergência é, sem dúvida, como ficará o modelo de criação. Enquanto assistimos ao debate sobre o meio predominante de veicular o que será produzido e como o público irá consumi-lo, é relevante discutir também como será organizada a produção criativa, quem serão os realizadores e de que maneira eles organizarão a criação. Para isso, apresentamos as matrizes culturais e as propostas clássicas do modelo colaborativo, mostrando como, além de ser colaborativa, a criação pode ser coletiva.

Democratização digital

Como já vimos, uma nova tecnologia pode alterar o modelo de produção e ter efeito nos formatos. Isso acontece com a tecnologia digital e com a distribuição audiovisual, que facilita determinados procedimentos e formas de organizar a produção e difundi-la.

Ao falar da TV na era digital não podemos deixar de citar a democratização dos meios de realização de seus produtos como uma característica importante.

Em alguns momentos, o digital efetiva com mais qualidade propostas e projetos dos anos 1980, quando foi introduzido o vídeo analógico. Em outros, favorece o desenvolvimento de novos modelos.

A mídia digital, tal como aconteceu com o vídeo analógico, possibilita a democratização da produção audiovisual. O barateamento dos custos da tecnologia de captação e finalização, bem como a possibilidade de criar o próprio canal de exibição na web, popularizou essa prática, inserindo novos realizadores e novas perspectivas. O que está acontecendo agora é parecido com o que houve nos anos 1980, quando surgiram movimentos como o do vídeo popular, unificado no Brasil pela ABVP (Associação Brasileira de Vídeo Popular): grupos de todo o país começaram a produzir vídeos de grande impacto estético e histórico. Antes de avançar nos aspectos específicos da relação entre tecnologia digital e democratização, vale a pena buscar as origens culturais das inovações que estão ocorrendo e inseri-las em uma tradição que luta pela democratização da produção audiovisual e pela produção de conteúdo colaborativo e criação coletiva.

O histórico do conteúdo colaborativo

Como já vimos ao analisar as experiências estabelecidas na internet, é tendência da TV no ambiente digital disseminar o potencial colaborativo dos próprios espectadores/usuários na criação de conteúdos atrativos e provocar a convergência com a internet.

No entanto, o despertar para a importância da criação colaborativa surgiu bem antes da explosão da era digital. Já no início da década de 1920, o cineasta russo Dziga Vertov formou um grupo de colaboradores, entre eles operadores de câmera, editores e técnicos, para realizar a série de cinejornais *Kino-Pravda* (cinema verdade). Esses colaboradores, denominados *kinoks*, filmavam por todo o país partindo de temas e desafios propostos por Vertov, que unificava o trabalho na ilha.

Nos anos 1980 surgiu o VHS, uma tecnologia que também permitiu a democratização da produção. Aproveitando a possibilidade tecnológica, foi criada a ABVP, que se definiu como canal alternativo de circulação e distribuição de vídeos igualmente independentes e alternativos. Luiz Fernando Santoro, um dos criadores da Associação, fala da importância do vídeo naquela época:

> O vídeo não tinha o glamour do cinema, não tinha grandes nomes como realizadores e a qualidade nem sempre agradava. Mas, apesar de não serem muito bons, os vídeos davam conta de coisas impressionantes: a explosão do vulcão na Colômbia, a revolução na América Central etc. Nós argumentamos que era através dos vídeos, e não através do cinema, que a história da América Latina estava sendo contada. (*Sinopse*, 2001, p. 6)

Um aspecto central no movimento de vídeo popular era o fato de se tratar de um trabalho coletivo. O vídeo popular nunca foi uma produção autoral, muito pelo contrário: os realizadores encaravam a produção como uma missão política, e existia uma grande disposição em fundir ideias. Estas eram trabalhadas desde a produção até a edição em reuniões de que todos participavam. Eles iam além do conteúdo colaborativo e atuavam já na criação coletiva, um modelo que discutimos ainda neste capítulo.

Com a mídia digital, essa popularização possibilitada pelo vídeo se tornou ainda mais efetiva. O VHS ainda tinha problemas de qualidade para o padrão "imposto" (cultural e economicamente) pelas redes e/ou retransmissoras de televisão. O digital supera isso, uma vez que garante à produção amadora o padrão de qualidade de imagem exigido pelas redes. Além disso, enquanto a ABVP se esforçava para criar uma imensa e complexa distribuidora de fitas VHS que eram enviadas pelo correio, o digital oferece aos realizadores a possibilidade de criarem os próprios canais de distribuição na internet, o que facilitará, num futuro próximo, a busca do espectador interessado em vídeos "alternativos".

Cada vez mais usuários/colaboradores disponibilizam seus conteúdos na internet em sites colaborativos. Já é prática comum em sites de notícias publicar, em suas páginas, vídeos de leitores que presenciaram algo de interesse público. Da mesma forma, espera-se que o barateamento dos custos da tecnologia de captação e finalização faça milhares de produtores terem a própria unidade, o próprio *kinok*, e que a web não seja apenas um local para exibir a imagem, e sim uma intermediária na transmissão dos dados que chegarão até a TV.

A televisão na era digital   183

Tais fatores contribuem para o questionamento de alguns conceitos. O público deixa de ser "espectador" e se torna, também, um usuário colaborativo. Além disso, os usuários começam a discutir suas obras, criar coletivos de realização e rever o conceito clássico de autoria individual.

A própria questão dos direitos de imagem começa a ser repensada. Um objeto da mídia digital pode ser comumente refeito, à revelia do autor, seja pela máquina (automação), seja pelo usuário. O modo como o artista organiza seu trabalho e é remunerado também sofre modificações com o avanço da mídia digital.

Assim, com as possibilidades do digital efetiva-se a democracia audiovisual, resultante da descentralização da produção e da criação de redes de produtores organizadas de forma não hierárquica.

Colaboração em TV e em internet

Atualmente, a maior parte dos colaboradores são internautas usuários do YouTube. A fórmula de usuários/produtores e exibidores dos próprios vídeos no site possivelmente é o que primeiro nos vem à mente quando nos referimos a conteúdos colaborativos. Na maioria desses casos, porém, eles colaboram apenas gerando conteúdo para o mesmo site. Grande parte dos vídeos é criada de forma independente e individual. Há, no entanto, várias outras possibilidades de aproveitar o potencial colaborativo, por exemplo na própria produção de vídeos.

Tal modelo, entretanto, não faria sentido para a televisão, pois ela nunca terá um banco infinito de vídeos, mesmo que a tecnologia permitisse um número infinito de canais. Conforme vimos na definição de televisão, ela é preponderantemente um meio de exibição de fluxo ininterrupto. Como um vídeo disperso se encaixaria na grade de programação? Em que horário? Na sequência de qual programa? A TV sempre terá alguém agregando os conteúdos e organizando o fluxo dentro de algum formato. Enquanto a internet é o meio ideal para guardar arquivos infinitos, a televisão é o meio no qual o público espera que alguém tenha organizado o fluxo que ele deseja acompanhar.

A internet continuará como o espaço do vídeo amador por excelência, embora a televisão também possa exibir esses vídeos, desde que haja programas formatados para agregá-los.

Já vimos que o site que opta por ser cauda longa, ou seja, por abrigar muitos vídeos de baixa audiência, acaba tendo resultado favorável. Os vídeos podem ser para públicos totalmente diversos e segmentados. Já na televisão cada canal precisa ter uma identidade. Ao sintonizar determinado canal, o espectador comum espera determinado tipo de conteúdo. No caso da TV aberta, que trabalha com amplas faixas de audiência, um programa deve procurar ser genérico, visando chegar a um modelo que interesse a públicos diversos para agradar ao maior número possível de pessoas.

O jornalismo como exemplo de conteúdo colaborativo

Alguns profissionais do jornalismo já estão atentos à importância dos "colaboradores". Enquanto grandes emissoras ainda mantêm uma equipe fixa de profissionais e envia repórteres para onde está a notícia, outros veículos já começam a se valer da produção colaborativa.

O FIZ.TV, canal do Grupo Abril que atua também na internet, conta com a colaboração de diferentes pessoas, residentes em diversos locais, que tratam os assuntos sob o ângulo que mais as afeta e enviam vídeos pela internet para que sejam exibidos no site e concorram à chance de entrar na grade de programação do canal. Não há custo de deslocamento; os colaboradores não são necessariamente profissionais da área de comunicação, mas a abordagem do assunto é mais diversificada do que se costuma ver na televisão convencional. Se por um lado a falta de qualificação pode ser uma desvantagem, por outro a diversidade daí decorrente pode ser um diferencial competitivo: a TV continua genérica, mas consegue incorporar conteúdos variados dentro de uma programação. Mesmo programas da Globo começam a seguir essa tendência. O programa do jornalista Caco Barcelos, *Profissão Repórter*, com a colaboração de uma equipe de jovens repórteres, a cada semana mostra as várias facetas de um mesmo tema. Cada um dos repórteres da equipe foca um ângulo da notícia. A supervisão artística garante a qualidade do conteúdo.

As mudanças no meio de produção de conteúdo, decorrentes da TV digital, deverão influir também em outro tipo de cobertura, a de guerra. Se anteriormente as emissoras de TV enviavam suas equipes aos locais de conflito ao menor sinal de guerra, a fim de obter todas as imagens, hoje elas contam mais com a cobertura de jornalistas independentes. Esse fato decorre, em parte, de não ser interessante para os "promotores" da guerra que as consequências dos ataques sejam amplamente divulgadas. Os militares, cientes disso, cumprem com eficácia a tarefa de manter os jornalistas mais audaciosos afastados. Por outro lado, os jornalistas independentes muitas vezes conseguem a informação com mais facilidade.

As grandes redes têm postura ambígua em relação aos jornalistas independentes. O custo deles é menor, porém seu trabalho é menos passível de controle. Entretanto, pode-se prever que as redes não vão conseguir manter o controle absoluto da informação por muito tempo e haverá cada vez mais repórteres independentes trabalhando nessa área.

A cobertura dos ataques israelenses à Faixa de Gaza em 2008 já mostrou inovações. Enquanto as fronteiras se mantiveram fechadas e o local inacessível, a Rede Globo, por exemplo, optou por entrar em contato com moradores da região que transmitiam, por telefone, suas impressões sobre o fato. Antes da chegada do correspondente Alberto Gaspar à região próxima à fronteira, vídeos amadores com imagens do local foram enviados à redação por esses colaboradores.

Chris Cramer, consultor da Reuters e ex-presidente da CNN Internacional, em 2002 já reconhecia a importância dos meios alternativos de produção. "Esses meios podem ser alternativos e pouco convencionais, mas já são, hoje, frequentemente, os primeiros a dar as notícias" (Brasil, 2002).

A própria CNN, emissora em que Cramer atuou durante onze anos, teve trajetória semelhante. Primeiramente desprezada pelas grandes emissoras como uma rede que transmitia *chicken noodles news* (literalmente, "notícias de canja de galinha", ou seja, superficialidades), a CNN muito antes da era digital passou a se valer de conteúdos colaborativas e acabou por obrigar essas mesmas grandes redes a rever sua forma de trabalhar o jornalismo.

Do colaborativo ao coletivo

A colaboração mais ampla deve ser, portanto, uma das grandes promotoras de mudança na televisão nos próximos anos. A tendência é que possamos ver programas que tratem de um único assunto sob os mais diferentes ângulos. Imaginemos a capacidade de interatividade dinamizada a ponto de tornar a televisão um canal bidirecional pelo qual o espectador poderá enviar, em vez de uma carta relatando sua experiência (como vemos hoje em programas como *Globo Rural*), um vídeo com imagens de sua lavoura destruída pela praga. Essa imagem terá dois usos diferentes e complementares: pode ser postada na internet como material amador e acessada por quem procura especificamente esse conteúdo ou pode ser usada como parte de uma reportagem televisiva profissional, inserida na grade e vista por um público genérico. Isso já acontece em casos excepcionais, e no futuro será mais recorrente.

O que deve ficar claro é que o colaborativo atual não dispensa um editor, um padrão e um propósito para o material enviado. O poder de decisão continua centrado em um profissional, ou equipe, que estabelece o que deve ser feito e como, ou decide sobre o que se encaixa nos padrões preestabelecidos. Não há discussão, não há consenso. Mesmo colaborativo, o discurso continua tendo uma central de organização. Colaborativa é a imagem, não a obra que ela compõe.

Entretanto, a criação pode também ser colaborativa e coletiva. Diferentemente do que ocorre hoje, em que uma central reúne o material enviado, organiza-o conforme seus padrões e exibe-o de acordo com os próprios critérios e interesses, o coletivo demanda discussão ampla durante o processo de criação, o qual não se encerra enquanto não houver entendimento e consenso. Nesse caso, portanto, a democratização vai além da estética final do produto e do acesso aos equipamentos ideais, explorando também o poder criativo dos participantes durante todo o processo.

Da colaboração voluntária à catalisação criadora

Já comentamos que no canal FIZ.TV os vídeos mais bem avaliados são exibidos no canal de TV. A convergência ocorre pela relação que o canal estabelece entre site e televisão. Enquanto na internet todos os vídeos são bem-vindos, na televisão aqueles mais votados ou escolhidos pela curadoria são inseridos na programação.

Esse canal se diferenciou do YouTube ao buscar curadoria para os vídeos, mostrando ao público que existia uma central e uma inteligência pessoal por trás do site. No entanto, na grande maioria dos programas, a organização é pautada pelos tradicionais gêneros televisivos (animação, documentário etc.), que são tratados de forma absoluta. Adere-se, desse modo, ao conceito de televisão que apenas enfileira conteúdos, sem se preocupar com a organização do fluxo, com a expectativa do público e assim por diante. Poderia, para fugir a esse modelo, pensar em formatos criativos de empacotamento, que tal como a maior parte dos formatos televisivos atua pela mistura de vários gêneros, criando revistas de variedades que vão utilizando os vídeos do portal por critérios variados e pelas pautas da semana.

Um dos projetos do canal, no entanto, já foi mais elaborado. O programa *Fiz + Sotaques* trabalha numa tendência que consideramos um dos caminhos da criação colaborativa para televisão. O programa não conta com equipe fixa de repórteres. A cada semana, correspondentes diferentes abordam assuntos sob perspectivas comuns a cada região, unificando o material por meio da edição. Todos os contatos e ações dão-se no ambiente virtual: os colaboradores se reúnem em chats para decidir a pauta da semana; cada um trabalha nela de acordo com a realidade do local onde vive; o material é enviado a um único editor por meio da internet; é, então, encaminhado ao Grupo Abril, exibido pela internet e, posteriormente, pela TVA. Apesar de a forma inicial de produção se aproximar um pouco mais do coletivo, uma vez que a discussão tenta ser democrática, a edição final ainda fica a critério do Grupo Abril, que determina o futuro do conteúdo. Isso, como veremos, acontece também em programas colaborativos de redes alternativas e da TV pública.

Experiência precursora desse tipo de programa foi o *Deep Dish TV*, importante projeto de mídia alternativa dos Estados Unidos, organizado de forma a potencializar a produção coletiva. O grupo tinha uma central que escolhia uma temática (desemprego, por exemplo) e recebia material de todos os lugares. Editava esse material e o reenviava por satélite ao país inteiro. As emissoras gravavam e reproduziam quando queriam. Era a efetivação do ideal dos *kinoks* de Dziga Vertov, ou seja, cinegrafistas de todo o mundo enviando o que captaram para uma central de montagem.

Para o projeto do *Deep Dish TV*, importava mais o fato de haver muitos operadores de câmera em locais diferentes do que os detalhes técnicos de "qualidade" da gravação. Os vídeos que realizaram sobre a Guerra do Golfo, por exemplo, foram fundamentais para alterar a opinião pública americana a respeito da guerra. As grandes emissoras estavam comprometidas com o governo, mas os vídeos do *Deep Dish TV* mostravam, pela primeira vez, as pessoas que eram contra. Há até registro de um desertor que diz: "Eu não vou morrer pela Texaco!" Apesar da circulação restrita, os vídeos do *Deep Dish TV* contribuíram para o início de um processo de mudança da opinião pública.[13]

Por isso a colaboração em TV é diferente da colaboração em internet. Nesta última, é comum que se dê na criação individual de um vídeo amador. Já na primeira, a colaboração deve ser na construção de um programa unitário. É esse o grande desafio!

Devem-se buscar formatos que consigam fazer a transposição do conteúdo realizado de forma individual e altamente segmentado para um de interesse genérico e realizado de forma coletiva. Ou seja, criar programas que consigam catalisar uma criação conjunta e modos de empacotar para um público maior o conteúdo produzido individualmente e, muitas vezes, por amadores.

Na produção audiovisual amadora, cada um produz o que quer e na forma como quer. Uma tendência em TV é gerar projetos que abarquem a produção dos espectadores e garantam que ela seja feita dentro de certos moldes (temáticos e/ou formais) previamente estabelecidos.

Tais moldes são fundamentais por vários motivos. Nunca uma rede, por mais correspondentes que tenha, conseguirá superar os conteúdos gerados por usuários. Sua marca, portanto, virá do modo como organiza o conteúdo que lhe for enviado.

O projeto *Ponto Brasil*

O *Ponto Brasil* é resultado de um acordo entre a Secretaria de Programas e Projetos Culturais do Ministério da Cultura e a Empresa Brasil de Comunicação,

---

13. Experiência citada no depoimento de Luiz Fernando Santoro (*Sinopse*, 2001).

firmado para divulgar produção audiovisual dos cerca de oitocentos pontos de cultura de todo o país. Atualmente, o *Ponto Brasil* é um programa audiovisual colaborativo produzido para ser veiculado pela TV Brasil, com direção geral de Leandro Saraiva.

Em sua primeira versão, os participantes dos pontos de cultura eram convidados a enviar vídeos a uma central, que os editava em formatos de 60, 90 e 180 segundos e exibia-os na interprogramação do canal. A concepção do modelo responde à necessidade de lidar com a diversidade temática dos vídeos provenientes de uma rede de colaboradores desconectados.

Eram mostradas figuras desconhecidas ou pouco conhecidas em situações cotidianas, em contraposição ao modelo de espetacularização da notícia e de supervalorização da celebridade, dominante na televisão brasileira.

Superada a primeira experiência, que pecava pela desconectividade da rede, o *Ponto Brasil* entrou numa nova fase. Os programas passaram a ter 26 minutos de conteúdo produzido, mas para isso foi preciso promover o diálogo na rede.

Lançaram-se temas em comum, a serem trabalhados em oficinas presenciais montadas em todos os estados. Criou-se ainda um site no qual a rede de colaboradores pode dialogar entre si e com os mediadores da produção. Nesse espaço virtual, os integrantes de cada ponto discutem os formatos mais adequados para trabalhar os temas abstratos definidos pela coordenação. A discussão gera roteiros, no modelo do DOCTV. Depois desembocam em uma edição conjunta das diversas produções locais.

O projeto se diferencia do que nos é comum, pois se empenha em estabelecer diálogos reais na rede de produtores independentes e manter uma verdadeira comunidade de produtores.

Para organizar uma rede desse porte não basta o contato on-line. Realizadores visitaram os locais onde haveria gravações e inventariaram os pontos de cultura estaduais, com o objetivo de conhecer as condições organizacionais e técnicas de cada grupo. Também cuidaram para que se estabelecessem links entre os grupos com maior afinidade e que trabalham com mais eficiência juntos. Em cada estado existe um "nó", em que um grupo principal ajuda a organizar os outros.

Nesse sentido, o diferencial almejado pelo *Ponto Brasil* é a produção colaborativa com excelência estética, alcançada pela articulação dos grupos criadores durante toda a fase de produção e pela presença de um mediador com autoridade para organizar reuniões, catalisar processos criativos, fixar prazos e decidir sobre o formato final.

Depois dessa etapa, começam as negociações a respeito do formato e de como será a oficina. Para a discussão, cada grupo pode ter no máximo três representantes, que precisam ter em mente que, nesse tipo de projeto, o conceito de autoria é relativo. O "nó" chega a ganhar dinheiro pela construção da rede, mas lucra mais em capacidade de articulação entre os contatos.

São realizadas pré-oficinas e oficinas, para que o coordenador do "nó" tome conhecimento da produção de cada grupo. O "nó" aceita o contrato para indicar, mobilizar e organizar a produção dos grupos locais. Cada grupo entrega duas unidades de material de 5 minutos, pré-editado, e também se encarrega do preenchimento de formulários que dizem respeito a termo de compromisso, edição, projeto estético. O grupo tem dez dias, a partir do encerramento da oficina, para entregar o material definitivo.

É importante haver um catalisador da criação, pois os temas dados aos grupos são abstratos e exigem interpretação, reflexão. A organização do projeto enfatiza edição e elaboração, não apenas produção.

Pouco se discute sobre a importância da reflexão/reformulação na produção colaborativa, e a produção cultural do *Ponto Brasil* se diferencia ao promover essa discussão. Segundo o diretor geral, Leandro Saraiva, em entrevista ao autor (dia 14 de junho de 2009): "O objetivo das discussões e da organização das oficinas é a sofisticação da expressão estética; não é apenas reunir o material, mas elaborá-lo. Não queremos apenas a democratização das tecnologias. Queremos democratizar a formação estética".

O Ponto Brasil, ao priorizar a formação estética, procura vencer um obstáculo considerável. Falando da experiência da ABVP, Santoro enfatiza que a falta de formação foi o principal limitador. "É necessário um bom projeto de formação audiovisual. É ele que dará condições a grupos que querem ter seu próprio programa de poderem criar com autonomia, a partir daquilo que conhecem. Para tanto, um bom referencial audiovisual é fundamental" (*Sinopse*, 2001, p. 6).

O *Ponto Brasil* apropria-se da metodologia conceitual desenvolvida pela equipe do projeto DOCTV e a recria. Iniciado em 2003 com uma parceria entre a Secretaria do Audiovisual do Ministério da Cultura, a Fundação Padre Anchieta – TV Cultura e a Associação Brasileira de Emissoras Públicas Educativas e Culturais, com apoio da ABD (Associação Brasileira de Documentaristas), o DOCTV fomenta as etapas de formação, produção, difusão e comercialização dos materiais produzidos, de maneira a criar mercado e formar profissionais. Desse modo, a preocupação dos coordenadores não se limita ao nível técnico; o suporte atinge todas as etapas do processo, até mesmo a de elaboração do projeto a ser inscrito no concurso.

A metodologia desenvolvida pelo DOCTV redefiniu os termos para a criação de documentários.

Tal como ocorre no programa do *Fiz + Sotaques* e ocorria no programa de produção alternativa *Deep Dish TV*, a direção do *Ponto Brasil* reservou para si o direito ao corte final. Nessa etapa, produção corporativa, pública e alternativa convergem, mas isso não significa que não houve avanços. A criação colaborativa não é zero ou um e pode ser medida por um grau de participação do público na criação. Mesmo com o corte final sendo prerrogativa da emissora, é evidente que o produto resulta do diálogo entre criadores. É mais do que uma imposição "política" da emissora; tem correspondência com a função social desse tipo de empresa. Ela não pode se limitar a dialogar apenas com os realizadores, deve dialogar também com as expectativas dos seus espectadores. Lembremos que a televisão deve fazer programas para públicos genéricos, dialogar com públicos variados e exibi-los em fluxo. O modelo da televisão exige que a incumbência do corte final seja de quem tem a responsabilidade de se preocupar com o público genérico: a emissora.

Apostando em um modelo

Seja na internet, seja na televisão, a produção colaborativa de conteúdo será uma tendência. Enquanto a função da internet é disponibilizar um grande acervo para atender a todos os gostos, a função da televisão é agregar os conteúdos, se for o caso reeditá-los e inseri-los em formatos que permitam sua exibição para grandes públicos genéricos.

É possível pensar redes e cooperativas de produtores que troquem imagens para todos reeditarem. Por enquanto é o que vem organizando o *Ponto Brasil*, projeto que consideramos o mais avançado no debate sobre conteúdos colaborativos em pontos de cultura do Minc. Mas isso pode ser feito também por organizações sociais e pequenos produtores empresariais.

Quando falamos de televisão, o mais importante é pensar em produções alternativas com conteúdos de impacto. A televisão, como já enfatizamos, tem esse papel de palco onde ocorrem os debates públicos brasileiros, seja na esfera da política institucional, seja na dos hábitos culturais de moral e ética. São debates que tendem a ser genéricos e interessar a vastos setores, uma tarefa que a televisão executa de modo mais eficiente do que a internet. Por isso, é importante que a TV, além de contar com a colaboração voluntária, saiba catalisar a criação colaborativa, propondo temas unificadores e concursos.

A convergência, no entanto, permite que, tal como nos casos do FIZ.TV e do *Ponto Brasil*, o programa tenha uma saída na internet. Numa plataforma, pode ser exibido o corte do autor e disponibilizado todo o acervo. Mas na televisão é necessário haver o corte do diretor geral, que selecionará os trechos mais adequados ao seu público e os empacotará nos formatos televisivos que dialoguem verdadeiramente com os telespectadores.

A união dos produtores em cooperativas, por exemplo, teria de resultar em novos meios de trabalhar conteúdos amplamente massificados sob nova perspectiva, uma vez que os assuntos se repetem em uma sociedade politicamente organizada, como é a nossa. Isso quer dizer que nem todo tema será novo; a novidade pode estar no modo como ele é mostrado, sob determinados conceito e perspectiva. É nesse ponto que o colaborativo surge para expandir o patamar que a produção atual já alcançou, com seus novos olhares e formas de trabalhar sob diferentes perspectivas. Não se trata apenas de obter informações de locais aos quais equipes das grandes emissoras não chegariam, mas também de observar o que as pessoas que aí vivem, e de certa forma tornam-se correspondentes, têm a acrescentar, e de que maneira.

O objetivo da produção colaborativa, portanto, não é apenas divulgar a "obra" do realizador amador. É diversificar os programas para atender ao interesse do espectador.

Por fim, sublinhamos que, em alguns casos, é possível cunhar processos de criação coletiva que utilizem a inteligência dos realizadores para conceituar sobre o programa. Apenas assim se efetivará a democratização conceitual e estética, tão importante quanto a democratização dos equipamentos de realização.

CAPÍTULO **4**

Gêneros e formatos que colam

▶ ## DOIS FORMATOS DE TELEVISÃO NA ERA DIGITAL

Concentramo-nos neste capítulo em apresentar e discutir as iniciativas inovadoras realizadas nos gêneros "ficção" e "*reality show*", descrevendo os recursos explorados pela série *Lost* e pelo *Big Brother* e ressaltando em que medida as possibilidades digitais distanciam esses programas do modelo analógico e em que medida os novos elementos permitem que o gênero já presente na televisão tradicional se realize de forma mais completa.

Ficção: o caso *Lost*

Lost, uma das mais comentadas e premiadas séries de TV dos últimos tempos, é um exemplo de produto que planeja a interatividade para muito além da televisão. Em vez de uma ficção obrigatoriamente interativa, a narrativa é aparentemente tradicional, mas inova ao se expandir por outras mídias. O sucesso da série está relacionado às suas estratégias interativas. É mais um exemplo de programa que, mesmo se for transmitido de forma analógica, tem uma concepção totalmente digital.

O episódio piloto da série produzida pela ABC foi ao ar em 22 de setembro de 2004, e já no primeiro ano conquistou 15,5 milhões de espectadores por episódio. Além do drama dos sobreviventes do voo 815 da Oceanic Airlines, que se passa numa ilha desconhecida e misteriosa, o que atraiu a atenção dos espectadores foi a continuidade da trama no mundo paralelo. Os produtores de *Lost*, Damon Lindelof, Carlton Cuse e J. J Abrahms construíram um universo ficcional que extrapola a teletransmissão, envolvendo o lançamento de produtos e a continuação do jogo de adivinhação no ambiente virtual, por meio de ARGs (*Alternative Reality Games*).

No mundo real, os produtores da trama usaram a ferramenta de marketing viral para despertar o público para os acontecimentos da série. Primeiro publicaram anúncios da Oceanic Arlines buscando pilotos para a companhia aérea, que, embora fictícia, conta ainda hoje com uma página na rede. Depois, passaram pistas sobre vídeos espalhados pela internet que desvendavam alguns dos mistérios da primeira temporada àqueles que entravam em contato pelo número de telefone indicado. A partir de então, os próprios fãs começaram a manter sites e blogues sobre *Lost*. Além da *Lostpédia*, um dicionário completo sobre a série dentro da *Wikipédia* (que conta também com versão em português), há um mercado girando em torno dos acontecimentos de *Lost*. Existem revistas (*Season/The Oficial Lost Magazine*), clubes do livro (Lost Book Club), venda de camisetas, sites com teorias (Lost Theories), *podcasts* (Lost Podcast), jogos para computador e *video game* (*Lost Via Domus*), entre outros produtos.

No entanto, o mais interessante em *Lost* é que o espectador que se limita à experiência passiva de acompanhar a série pela televisão consegue se divertir normalmente com a trama. Nesse sentido, ela é mais bem-sucedida do que a série *Matrix*, cujos filmes 2 e 3 exigiam que o público conhecesse todo o universo criado anteriormente para compreender o enredo. *Lost* não. Mas quem se predispõe a pesquisar mais sobre a série será "premiado" com várias informações extras. Há pistas espalhadas pelo mundo todo e retratadas na rede em vídeos e *podcasts* desenvolvidos pelos próprios produtores da série, que se incumbiram de dar vida a esse universo paralelo criando – mesmo enquanto desenvolviam o roteiro – páginas para empresas que, até então, só existiam dentro do seriado, como é o caso da Fundação Hanso. O fato de alguns desses sites serem anteriores ao próprio lançamento da série foi citado por fãs como um atestado de sua "realidade". Obviamente, todos sabem que aquilo é ficção, mas, no novo código de cumplicidade com o público de hoje, essa impressão de real tem que ver com ter sites "reais" das empresas fictícias mesmo antes do lançamento da série. São ações como essa que promovem uma mistura entre ficção e realidade, o que, como já vimos em outros capítulos, é uma das grandes tendências desses primeiros anos de cultura digital. Já comentamos que tal mistura, em muitos casos, é organizada por meio de ARGs.

O primeiro ARG sobre a série foi o *Lost Experience*. Produzido pelo Chanell 4 e pela ABC, o jogo foi lançado em maio de 2006, com o foco na misteriosa Fundação Hanso e, consequentemente, na Iniciativa Dharma. As dicas foram espalhadas pelos continentes e as informações deveriam ser coordenadas pelos participantes do jogo por meio da internet. A questão é que virtual e real se misturaram a ponto de existir fases que só avançavam a partir de experiências reais. Isso ficou explícito na terceira fase, que só teve início depois da aparição de um personagem, Rachel

Blake, que anunciou durante o painel de *Lost* na Comic Con de San Diego[14] que os produtores estavam escondendo a verdade sobre a Fundação Hanso. Durante a discussão com os produtores, o personagem revelou o endereço de um site que iniciaria o terceiro estágio de *Lost Experience* e traria mais informações sobre a organização de Alvar Hanso. Ainda hoje é possível assistir ao vídeo da interferência de Rachel pela rede.

Em entrevistas, Carlton Cuse deixou claro que o mistério existente por trás da Fundação Hanso e das intenções da Iniciativa Dharma jamais teria espaço na televisão. Por tal razão, os produtores optaram por outras ferramentas de comunicação.

O segundo ARG de *Lost*, *Find 815*, teve início em 31 de dezembro de 2007. O website principal, que é parte do jogo, ficou no ar até oito semanas após o término da experiência, tamanho o sucesso. Esse jogo teve início com o anúncio à imprensa da volta das operações da Oceanic Airlines. A companhia teria suspendido as atividades em razão da crise financeira causada pela repercussão da queda do voo 815. No entanto, ao saber do retorno da companhia e do fim das buscas por sobreviventes, um antigo técnico em TI da Oceanic Airlines, Sam Thomas, resolveu lutar para impedir a continuidade dos negócios da empresa e resgatar o corpo da sua namorada, Sonya, que estava a bordo do voo 815. Esse ARG explica como os destroços do avião, anunciados pela paraquedista Naomi durante a quarta temporada, foram descobertos.

O vídeo de Sam invade a nova página da Oceanic no dia em que ela entra no ar. A partir daí, Sam recebe e-mails de remetentes não identificados com pistas sobre o verdadeiro paradeiro dos sobreviventes do voo 815, mas nem imagina o que significam os nomes *Christiane I* (barco de resgate em Jacarta, que aparece na quarta temporada); *Black Rock* (misterioso navio ancorado na Ilha, que aparece na terceira temporada); e Sunda Trench (Fossa Oceânica de Sunda, onde é encontrada a pista falsa do voo 815). Além disso, Sam recebe a mensagem "Não diga nada a ninguém, consequências graves". Apesar dos esforços e de muitas pesquisas, Sam não encontra o que deveria, e sim os destroços do voo 815 (que ele não sabe, mas foram plantados na Fossa Oceânica de Sunda).

A descoberta dos destroços do voo 815 no Oceano Índico é exemplo de informação inicial que não foi ao ar pela televisão. No roteiro, a história dos destroços é apenas levada ao conhecimento dos sobreviventes da ilha por Naomi, que trabalhava para o misterioso Charles Widmore. No entanto, não fica claro na série por que razão esses destroços foram descobertos. Só fica sabendo disso quem participa do ARG. Ou quem lê, ao final do ARG, as revistas especializadas em *Lost*, que contam tudo sobre a série.

---

14. Comic Con — Convenção de Histórias em Quadrinhos, que acontece anualmente. *Lost* fez sua estreia na Comic Con no ano de 2004.

A razão do aparecimento de ursos polares em ambiente tropical também só se explica fora da televisão. De acordo com um *podcast*, os ursos encontrados na ilha são os mesmos que foram mantidos nas jaulas da estação Hidra e aprenderam a usar o aparelho de alimentação para receber biscoitos de peixe (Sawyer fica preso em uma dessas jaulas na terceira temporada). No entanto, apenas os mais curiosos sabem que os ursos foram levados à ilha em razão de um experimento da Iniciativa Dharma, que tinha como objetivo modificá-los geneticamente para que pudessem viver em um habitat diferente do Ártico. Tal informação foi revelada por fãs que decifraram o que estava escrito no mapa da porta de isolamento, que aparece quando John Locke fica preso em uma das alas da estação Cisne (na segunda temporada).

Mais um exemplo de informação acessível apenas aos curiosos: o significado dos números que levaram Hurley a ganhar na loteria (e também o tornaram um azarado), os mesmos digitados no computador da estação Cisne antes da explosão da escotilha. Quem participou de *Lost Experience*, ou leu um pouco mais sobre a série, sabe que os números 4, 8, 15, 16, 23 e 42 são a chave para a Equação de Valenzetti, uma fórmula matemática que supostamente previa o fim da humanidade. Supõe-se que esses números também sejam a resposta para os propósitos da Iniciativa Dharma: mudar os valores numéricos centrais da equação e dar à humanidade a chance de continuar existindo. Esse seria o motivo dos experimentos na ilha. Na verdade, tudo que se sabe sobre a Iniciativa Dharma ainda está no campo das especulações e é muito baseado nas descobertas do personagem Rachel Blake, que comandou o *Lost Experience*.

Além dos ARGs e dos diversos vídeos espalhados pela rede, os produtores usaram as publicações da Marvel para enviar mensagens subliminares aos fãs. Outra medida bastante original foi a criação de websódios (pequenos episódios de dois a três minutos) exclusivos para ambientes fora da televisão. No caso de *Lost*, os produtores apostaram na veiculação desses miniepisódios em celulares como um aquecimento antes do início da quarta temporada.

Dois itens da série ganharam o mundo real: as músicas da banda fictícia Driveshaft (da qual Charlie é integrante) e as canções ouvidas por Hurley em alguns episódios foram disponibilizados em CD; e as barras de chocolate Apollo, o primeiro item consumido por Kate quando descobre a despensa de Desmond na estação Cisne, foram especialmente manufaturadas e distribuídas aos fãs do seriado ao redor do mundo.

O caso de *Lost*, além de chamar a atenção pela utilização de marketing viral, ARGs e outras mídias alternativas para despertar não só espectadores, mas também outros públicos para o seriado, é bastante curioso por ter no próprio enredo um ambiente de realidade paralela. A ilha, além de ter propriedades únicas e misteriosas (como a de supostamente curar o câncer de Rose e possibilitar que Locke voltasse a andar), faz que os personagens tenham mesmo uma vida paralela. Para o que seria o mundo real na trama, até a quarta temporada (quando Charlie morre ao desligar o sinal que impedia que a ilha fosse visualizada por satélite) a ilha nem sequer existe.

Essa fusão entre realidade e ficção atrai a mente humana para diferentes ambientes virtuais multiusuários, fazendo-a desvincular-se do que fica restrito apenas à televisão. Tais ambientes já oferecem ao espectador a oportunidade de encenar ou desvendar a história em vez de simplesmente assistir a ela.

Por que a fórmula faz sucesso?

A resposta está na sensação de interferência de quem cai de cabeça no universo de *Lost*. O espectador deixa de ser comum para ser alguém que interage com a história à medida que desvenda mistérios que jamais ficariam claros no decorrer da trama. Ele tem a sensação de construir, de alguma maneira, o episódio a que está assistindo. Trata-se de uma evolução do modelo interativo que demanda votação por telefone ou internet, como o *Você Decide*.

Lost abrange essas esferas. O espectador passa a incorporar as informações aleatórias sobre o enredo; participa da construção da história conforme induz/deduz o comportamento dos personagens com base em informações extratelevisivas; desloca-se geograficamente por meio da navegação em busca de pistas que desvendem os mistérios; e é capaz de buscar ou alojar na internet uma enorme quantidade de informações sobre a série.

Além de tais características, *Lost* atrai os espectadores pela forma de narrativa que remete à teoria da conspiração. O que há por trás da ilha e quais os objetivos dos Outros? Por que Charles Widmore quis simular a morte de todos no voo 815 da Oceanic "plantando" falsos destroços do avião no oceano? Os passageiros sobreviventes desse voo teriam sido levados à ilha por alguma razão especial? Por que Benjamin Linus deseja levar de novo os Oceanic Six à ilha depois que eles conseguem voltar à vida real? Na trama, parece que tudo conspira para que os sobreviventes jamais saiam da ilha. São situações complexas que tomam conta do enredo e das relações entre personagens e que os levam a sentir que há algo de errado, mas não lhes permitem encontrar as respostas.

Essa fórmula já havia sido usada com êxito em *Arquivo X* (*The X-Files*, EUA, 1993). A série de ficção científica exibida ao longo dos anos 1990 ficou famosa por abordar teorias da conspiração em casos não solucionados que envolviam encobrimentos governamentais, alienígenas, paranormalidade e outros mistérios.

O sucesso da teoria da conspiração relaciona-se com a sensação de impotência do homem contemporâneo ante a realidade, o "sistema", hoje tão complexo que não pode mais ser explicado pelas teorias sociais clássicas. Resumindo, sabemos que o que nos massacra é o "sistema", mas ninguém sabe ao certo o que é isso. As teorias da conspiração traduzem narrativamente essa sensação contemporânea. Construir uma trama sobre um opressor invisível foi um dos propósitos dos criadores de *Lost*. Mas, ao somar isso com um jogo de realidade, eles conseguiram envolver os espectadores a ponto de despertar neles o desejo de interferir na ficção e a sensação de se tornarem mais potentes diante das adversidades.

Lost, um dos maiores sucessos da história da televisão, mudou a forma como o espectador se relaciona com o entretenimento. A partir de *Lost*, o espectador se torna também um jogador.

Reality show: o caso Big Brother

O *reality show* é o mais digital dos gêneros televisivos. O paradigma é o *Big Brother*, primeiro sucesso mundial do gênero e principal referência em nossa análise.

A ideia de gravar 24 horas da vida de um grupo de pessoas pôde concretizar-se graças à tecnologia digital de captação, armazenamento e edição. O *reality show* padrão implodiu as fronteiras entre os diversos gêneros televisivos, na medida em que é, simultaneamente, jogo, documentário e dramaturgia. Um dos prazeres do público de *reality*, como veremos, é decidir se aquilo a que ele assiste é um "*reality*" ou é um "*show*". Essa implosão das fronteiras entre os gêneros é uma característica do mundo contemporâneo e dialoga com a cultura digital. Além disso, o *reality* já nasceu como gênero multiplataforma, uma vez que catalisa ações em internet, celular e outros.

Mundialmente conhecido, o programa foi criado em 1999 por John de Mol, um dos fundadores da empresa Endemol. Desde essa época, 41 países compraram o formato e exibiram ao menos uma edição do programa. Mais de 170 edições já foram feitas em todo o mundo. No Brasil, o *reality* conseguiu mobilizar a população e alcançar 76 milhões de votos na final entre Gysele e Rafinha (oitava edição, 2008). Outro exemplo de grande participação do público foi a votação do paredão entre Aline e Grazielli (quinta edição) (Amin, 2008).

As emissoras que produzem *reality shows* não param de investir em recursos tecnológicos invasivos. No Brasil e em todo o mundo, os produtores anunciam a instalação de novas câmeras a cada edição. São aparelhos com alta capacidade de aproximação de imagem (*zoom*), movimentação vertical e horizontal, que possuem alta sensibilidade para captação mesmo no escuro ou embaixo d'água, além dos microfones que ficam junto aos "jogadores" o tempo todo. Falas, gestos e movimentos são gravados simultaneamente para que o espectador não perca nada do que acontece nos ambientes e se sinta cada vez mais inteirado do cotidiano dos participantes.

No que se refere à casa, há vidraças espalhadas por todos os lados e a produção toma cuidados para não ser notada pelos participantes, como o de usar apenas roupas escuras e se comunicar sempre em voz baixa. Nesses locais, há também a colocação de câmeras sobre trilhos, que permitem a movimentação, de acordo com o comando dos operadores (Peres, 2008).

Os princípios do formato Big Brother e o avanço tecnológico

O princípio do *reality show* já havia sido pensado por um cineasta da vanguarda russa na década de 1920 – Sergei Eisenstein. Esse cineasta idealizou um projeto não realizado chamado *Casa de Vidro*. Eisenstein concebia a casa de vidro como uma obra de cubos transparentes compondo vários quartos. Em cada quarto ocorreria uma série de cenas independentes, mas carregadas de analogias e olhares atravessados[15].

Em cada espaço seriam colocadas inúmeras situações e personagens: um jovem e uma filha, mobílias burguesas, um amante deitado na cama, contrabandistas e policiais que passam sem se ver, um homem batendo na esposa e outro que tenta defendê-la mas bate na parede de vidro, alguém limpando a parede de vidro, um robô que funciona mal, entre vários outros personagens e situações imaginadas pelo cineasta. Eram vidas que seguiam independentes, simultânea e paralelamente, mas que se chocavam de forma aleatória e às vezes violenta.

No desfecho, os habitantes começam a se enxergar através das paredes transparentes, e esse "conhecimento" mútuo atiça os conflitos e ódios, até a catástrofe final, simbolizada pela destruição da casa de vidro por um robô que "sobrevive" como representação da consciência do "novo homem".

Eisenstein aponta repetidas vezes que o trabalho consistia em pegar os tipos e seus conflitos psicológicos mais tradicionais e mudar os ângulos de visão, procurar os novos pontos de vista e ângulos de tomadas, as novas interpretações.

A simultaneidade das ações no projeto *Casa de Vidro* abriria inúmeras possibilidades para o diretor e o operador de câmera fazerem uso de vários procedimentos para construí-la: a utilização de cenas fragmentadas dentro de um quadro, diversos tipos de fusão dos sujeitos, ações paralelas em profundidade de campo etc. No entanto, o projeto *Casa de Vidro* foi impossibilitado pelas limitações da tecnologia cinematográfica da época.

---

15. Mais informações em "La Maison de verre", "La Casa de vidrio, presentación y comentarios de Francisco Salina". In: "Eisenstein inédito", *Quaderni di film critica*, 1980.

Atualmente, esse projeto é realizável porque há tecnologia digital. Recursos como sobreimpressão de imagens não geram perdas da qualidade da imagem original, como no caso da película, e podem ser feitos de forma muito mais simples.

O que vemos hoje, no entanto, é a utilização tecnológica a serviço do gênero *reality*, dando-lhe uma dimensão que vai muito além da realidade e outro conteúdo ideológico. Antes de abordar essa questão, no entanto, vamos falar um pouco mais das ações multiplataforma do gênero *reality*, em especial de seu formato mais famoso, o *Big Brother*.

Ações multiplataforma

No caso de *Big Brother*, grande parte das ações interativas se concentra no site, que não foi pensado para atingir um público específico, dada a quantidade de pessoas que acompanha o programa pela televisão.

Para garantir a interação do público, portanto, o *layout* do site privilegia o usuário iniciante, facilitando a navegação. Há vídeos, informações e promoções que não vão ao ar pela televisão; o site funciona ainda como canal de comunicação, indireta e de uma só via, entre espectadores e confinados. É por esse canal também que o espectador pode participar de chats com os participantes que já foram eliminados do programa.

Outra ferramenta bastante explorada pelos produtores do *reality* para garantir a participação da audiência é o celular. A plataforma não só possibilita que o espectador escolha quem deixará o programa por meio do envio de mensagem SMS, como disponibiliza o acesso às conversas dos participantes dentro da casa (conhecido como *big wap*). O celular ainda permite que o usuário receba notícias (*big news*), participe de conversas com outros fãs (*big chat*) e faça o download de músicas tocadas no programa (*big tom*)[16].

O *Big Brother* não garante audiência e faturamento apenas aos seus produtores. Programas vespertinos de outras emissoras, jornais e revistas de diferentes editoras, além de outras páginas da própria Rede Globo, como o site Paparazzo, conquistam público com a imagem dos participantes. Ao mesmo tempo, legitimam e retroalimentam o programa, que se torna pauta de todos os outros canais. Assim cada edição do *Big Brother* se torna um "evento" que cria notícias a partir do nada e com elas mobiliza todas as mídias. "Nada", aliás, é um termo importante para esses programas de televisão, que numa linha que lembra Duchamp trabalham com a desconstrução do gênero. *Seinfeld* se definia como uma série sobre nada. *Big Brother* é um documentário sobre nada.

---

16. Informações disponíveis na página do Big Brother na internet (http://bbb.globo.com).

Reality *ou show?*

A tecnologia atual permite que os produtores tenham, além de uma série de câmeras trabalhando simultaneamente, controle de uma mesma central e condições de editar com a ajuda de programas de edição que trazem as imagens por comandos de palavras-chave, como o programa Blinkx, e de tornar a realidade ainda mais atraente.

Mas a que custo? Embora oficialmente a edição seja feita de maneira a preservar o caráter autêntico das ações dos participantes do jogo, questões sobre o "grau de realidade" do programa sempre são levantadas. Em entrevista ao portal G1, Boninho, um dos produtores do formato no Brasil, revelou que, embora interfira em um *reality show*, a edição do programa "tem elementos de humor e brinca com o tom dramatúrgico brasileiro" (Bartolomei, 2002). Isso ficou evidente, sobretudo, nas últimas edições, em que os espectadores puderam acompanhar as "novelinhas animadas", como *Páginas Vividas* e *Paraíso Surreal*, de Maurício Ricardo. Os títulos parodiavam os das "novelas reais", no ar na emissora no mesmo período (*Páginas da Vida,* BRA, 2007; *Paraíso Tropical,* BRA, 2007). O chargista passou a ter mais visibilidade a partir da oitava edição, em que, além de cobrir com imagens as histórias contadas pelos "brothers", passou a roteirizar as tramas da casa (Bravo, 2008).

A perspicácia do trabalho de produção digital interfere na mensagem que é passada ao receptor; este, embora saiba que está assistindo a um programa com pessoas reais que se submeteram a um jogo, começa a perceber o programa como fictício, lúdico e real ao mesmo tempo, sem ver contradição nisso. O programa é meio jogo, meio dramaturgia e meio documentário. Trata-se do rompimento das fronteiras dos gêneros como estamos acostumados a vê-los, algo muito peculiar à cultura digital, em que o usuário navega por diferentes plataformas, e que agora passa a se transportar também para a televisão.

Para Jost (2004) é o trânsito entre os gêneros o que caracteriza o *reality show*. O espectador, ainda que não tenha consciência disso, dedica-se a imaginar qual seria a estratégia de determinado participante para ganhar o jogo, ao mesmo tempo que sucumbe à improvisação da vida real e, em alguns momentos, acha que determinadas ações não passam de representação. Por essa razão podemos definir o gênero *reality show* como metamelodrama.

Big Brother *e a telenovela: do melodrama ao metamelodrama*

Em 2002, o portal Observatório da Imprensa entrevistou vários nomes importantes do audiovisual a respeito do tema *reality show*, como o ator, produtor e diretor de televisão Daniel Filho e o colunista da *Folha de S.Paulo* Eugênio Bucci. Quando questionado sobre por que o formato *reality show* faz sucesso, Daniel Filho apontou o *voyeurismo* como fator determinante. Eugênio Bucci também indicou "as pulsões primárias, relacionadas ao olhar" como fator relevante, além do exibicionismo ("Daniel Filho, Marcelo Tas, Eugênio Bucci e Roberto Moreira", 2002).

Sem negar a importância do *voyeurismo* e das pulsões primárias no formato *Big Brother*, acreditamos que essas ainda são motivações pouco suficientes para explicar a fidelidade do público ao programa. Reconhecemos que tais elementos atuam como "atrativos" (dentro do conceito de atrações, usado no cinema mudo e em Eisenstein), entretanto, na nossa opinião, não é só por isso que o formato continua fazendo sucesso. A audiência tem aumentado, assim como a participação do público nas votações, ou seja, a participação ativa não pode ser apenas pelo *voyeurismo* curioso e passivo. Indiscutivelmente *Big Brother* é um exemplo de programa que "colou". E minha hipótese é que ele colou por ter abordado os mesmos temas da novela brasileira, mas criando uma forma inovadora de representar a sociedade, uma forma muito adequada à experiência contemporânea e à cultura digital.

O público assiste ao *Big Brother* com a fidelidade com que assiste a uma novela. Afinal, o programa tem uma dramaturgia que aborda fartamente os dois principais temas de qualquer telenovela: o amor e a ascensão econômica e social. O amor é um dos grandes temas do programa, e o modo como o "personagem" se comporta em seus relacionamentos é um dos fatores que o público leva em conta na hora de escolher quem vai vencer. A ascensão econômico-social é outro tema fundamental. Primeiro pelo próprio prêmio em dinheiro, mas também porque o programa é praticamente um *casting* – ou uma seleção de empregos – de candidatos à fama. Quem sobrevive a esse teste de exibição pública está em condições de ser uma celebridade. O tema da seleção de empregos e da ascensão social é também comum a outro *reality* de sucesso, *O Aprendiz* (BRA, 2004), embora em outra área. Enquanto o *Big Brother* seleciona celebridades, *O Aprendiz* seleciona executivos que ingressarão no ambiente corporativo.

Ao abordar os dois principais temas dramáticos de qualquer telenovela, o *Big Brother* conquistou o público desse gênero a ponto de levá-lo não só a passar horas assistindo a programas e lendo revistas que debatem o caráter dos "personagens", como a gastar dinheiro para votar pela eliminação de um deles. São atitudes que extrapolam o mero *voyeurismo* e mostram que o programa conseguiu despertar as emoções dramáticas do público. Por outro lado, apesar de abordar os mesmos temas da novela, *Big Brother* o faz de forma inovadora.

Em relação à novela tradicional, *Big Brother* se diferencia por ser um *reality* e também um jogo. O programa é uma novela, é documental e ainda é um game.

Enquanto a novela brasileira é fortemente ancorada no gênero melodrama, *Big Brother* realiza um metamelodrama, um melodrama permanentemente criticado e debatido. Para entender como esse formato "colou" no gosto do publico, é necessário retrocedermos um pouco para discutir as formas como o público tem se relacionado com a telenovela.

Inquirida num grupo de discussão sobre o que quer ver em uma novela, uma espectadora respondeu: "Eu quero que a novela tenha romance, apesar de eu saber que isso não existe"[17].

O mesmo acontece com a ascensão social, outro tema importante em *Big Brother*. O público ainda gosta de narrativas de ascensão social, "apesar de saber que isso não existe" do modo como é apresentado. Por isso, essas narrativas são tratadas cada vez mais como simulacros de história. Em vez de uma grande narrativa concatenada, com um personagem lutando contra o destino e por seus direitos – tal como no romance do século XIX ou em novelas clássicas como *A Escalada* (BRA, 1975) e *Cidadão Brasileiro* (BRA, 2006) de Lauro César Muniz –, a representação em *Big Brother* é muito mais despretensiosa. O público de televisão, acostumado às regras da dramaturgia clássica, aderiu ao drama moderno. Ele não acredita mais nos personagens e na "verdade" de uma obra e quer ter seu espaço de questionamento. O jogo foi a forma encontrada para manifestar essa reserva em relação à verossimilhança da narrativa.

Tanto é assim que programas vespertinos passaram a debater diariamente qual o participante mais envolvido ou os acontecimentos do programa. Alemão (*BBB7*) realmente ama Siri? Ou eles ficaram juntos apenas dentro da casa para vencer o jogo? Ou seja, eles não estariam apenas representando um papel que, na percepção deles, agrada o público? Aquilo é verdade (*reality*) ou ficção (show)? *Reality show*. A contradição do próprio nome já diz tudo.

Esse debate sobre a "realidade" das emoções faz o *Big Brother* se estruturar como um metamelodrama. No melodrama clássico, os contornos de vilões e mocinhos são bem delineados. Agora são mais difusos. E a grande graça é debater a "verdade" do melodrama.

O debate sobre a "realidade" dos sentimentos é a grande questão. É como se o público ainda estivesse preso à formatação de mundo imposta pelo melodrama, mas ao mesmo tempo tentasse superá-la, criticá-la – ou pelo menos distanciar-se dela. O *Big Brother* é tal como o samba de Nelson Sargento, "Falso Amor Sincero", que diz: "Nosso amor é tão bonito. Ela finge que me ama. E eu finjo que acredito".

Mais do que uma ironia, esses versos de Sargento expressam muito bem uma forma de sentimento que cresceu bastante na contemporaneidade e que o *Big Bro-*

---

17. Frase citada em depoimento de Antonio Calmon (autor de novelas da Globo) durante a retrospectiva Antonio Calmon, no CCBB-SP, 2003.

ther incorporou. É uma percepção de que a "falsidade" e a "verdade" são intercambiáveis, de que muitas relações no início "falsas" acabam se tornando "sinceras". Assim, em vez de aderir completamente ao melodrama, o público começa a assistir a um metamelodrama como *Big Brother*; um programa no qual o tempo todo discutimos se os valores e regras do gênero melodrama realmente se aplicam à realidade, sem recusá-la.

O jogo no reality show *e as regras do* Big Brother

Para entender o programa é importante recuperarmos algumas considerações sobre o jogo: trata-se de um modo de organizar a experiência humana que conta com a participação do público. Este, que era espectador, torna-se interator.

A ideologia de uma narrativa é definida pela escolha de cenas e por uma questão crucial: quem move a história? É um personagem? É uma força social? Qual força move a história e qual se opõe a esse movimento são duas indagações fundamentais para analisar uma narrativa. Em um jogo, porém, quem move o "enredo" linear são os próprios jogadores, o que não significa que ele não tenha autoria nem ideologia. Na verdade, a ideologia de um jogo é definida pelas regras que o criador inventou para gerir o "mundo ficcional".

Há ainda narrativas interativas. Histórias que em alguns momentos possibilitam a interferência do público na determinação dos caminhos do drama e em outros são regidas pelo narrador. É um misto entre as duas formas.

Vamos pensar um pouco mais sobre o jogo *Big Brother* para entender o discurso que essa obra constrói. O jogador tem um objetivo claro: ganhar um milhão de reais – ascender socialmente – e um objetivo mais difuso, mas igualmente importante: tornar-se uma celebridade. Ganha o jogo quem ficar mais tempo na casa. A eliminação é feita semanalmente, num "paredão" com dois ou três jogadores. O público vota para escolher o eliminado. Dentro da casa os participantes jogam para não ir para o paredão. Os participantes do paredão são escolhidos internamente de duas formas:

a) o primeiro é indicado pelo líder (um dos jogadores, escolhido por um teste de sorte ou de capacidade básica, muitas vezes física);

b) o segundo é indicado em votação direta pelos participantes do jogo.

Essa situação gera uma relação esquizofrênica entre os personagens. Há uma permanente ambiguidade entre fazer amigos e querer eliminar o outro. O jogador precisa fazer amigos, pois não quer ser votado e isso implica estabelecer alianças momentâneas. Por outro lado, ele sabe que só um vai vencer. Ou seja, age segundo a premissa "amigos, amigos, negócios à parte".

Os jogos são diversos e mudam a cada edição do programa. Traições são recorrentes. O líder, por exemplo, tem a vantagem de ser imune na semana, mas a desvantagem de ter que indicar alguém abertamente. Quem ele indicar ao paredão se tornará seu inimigo. Tudo isso constrói um simulacro de uma tragédia de Shakespeare.

Os jogadores não podem se tornar Iago (o vilão de *Otelo*), nem para os companheiros de confinamento, nem para o público. A obra é aberta, está em construção, e o jogo pode virar a qualquer momento. Além disso, o público está lá de juiz, assistindo a tudo. O jogador sabe que se for muito malvado será eliminado pelo público assim que for ao paredão. No *Big Brother*, o público exerce o papel de sensor moral e goza o duplo prazer de assistir ao cotidiano de personagens de farsa, pequenos – ou até "menores" que ele –, imersos em pequenas disputas, e de se sentir superior a esses "seres rebaixados". Além disso, exerce o papel de deus julgador, eliminando o jogador que extrapolou, que foi longe demais para vencer. O público, que em seu dia a dia profissional vive uma situação parecida com a dos personagens da casa, no programa assume as rédeas: é o juiz moral de uma simulação de sua vida.

O jogador ideal é aquele que consegue manipular o grupo para não ser indicado ao paredão, sem deixar isso evidente para o público. Uma tática mais arriscada é conquistar o público apenas, ir ao paredão várias vezes e vencer na votação popular (como fez Alemão, no *BBB7*). A esquizofrenia, além de permear as relações internas, permeia também a relação do jogador com o público, o (in)distinto público. Também nesse aspecto, o jogo *Big Brother* é uma simulação do jogo social do homem contemporâneo. Por um lado, o jogador toma atitudes em prol de seus interesses para vencer. Mas por outro tem de parecer desinteressado. Não importa o que faça, sua imagem tem de se manter intocável.

O jogo dos participantes do *Big Brother* é também aquele a que cada um de nós está submetido diariamente no mundo do trabalho. Com a flexibilização do trabalho, quase não há emprego fixo, apenas trabalhos informais, onde a cada momento o indivíduo vive uma situação nova. O jogador (tal como o público) quer sucesso, mas está sempre em situação instável, num verdadeiro jogo de regras maldefinidas, cercado de pessoas que mal conhece e podendo ser eliminado a qualquer momento. O jogador deve ser capaz de entender rapidamente os códigos de comportamento do competidor e agir em resposta, articulando politicamente com a pessoa certa. Por isso, a cada *Big Brother* o público assiste com prazer a uma nova versão desse jogo, a uma nova simulação de sua vida, e aprende novas lições de como agir para "vencer".

O interesse no jogo

O jogo desperta o interesse do público porque lhe abre a possibilidade de participar por meio do voto, de escolher quem será o vencedor. Não se trata de *voyeurismo* apenas. Na realidade, normalmente as pessoas esperam que vença aquele que lhes parecer mais autêntico. Dessa forma, a base do melodrama, o triunfo do herói verdadeiro, está mantida. Para se certificar disso, o espectador decide interagir com o programa e escolher aquele que considera mais merecedor.

Vale discorrer também sobre o recente sucesso do *reality show O Aprendiz*. Esse *reality* abandonou as mulheres seminuas e centrou-se na questão do emprego. Os participantes tentam conquistar uma vaga de destaque numa corporação importante. São avaliados, na versão original, por Donald Trump e, no formato exibido no Brasil, pelo empresário Roberto Justus. O chavão de eliminação, garantindo a autenticidade do programa, não poderia ser mais direto: "Você está demitido!", expressão bem conhecida pela sociedade. Mais uma vez o *reality* atua como simulador da vida contemporânea.

Os simuladores não estão limitados ao ambiente da televisão, são também um grande sucesso em jogos de computador. Um exemplo é *The Sims*, que com variáveis matemáticas básicas simula a vida de uma família. O interesse por simuladores de seres humanos vem crescendo, explicitando a vontade do homem contemporâneo de entender – de forma simplificada, obviamente – as regras do mundo social onde vive.

O interesse do público em interagir com programas de televisão não é, no entanto, inédito. Muito antes do sucesso do *reality show*, o espectador já se comunicava com as emissoras por meio de cartas. A diferença é que hoje as comunicações chegam de imediato ao seu destino, graças às plataformas geradas com o avanço tecnológico. É o que torna possível, em um programa como *Big Brother*, a produção estimular a participação do público por meio de todas as ferramentas disponíveis, não ficando mais restrita à mera votação (que pode ser feita por internet, telefone ou SMS).

O que há de reality no reality show. A "consciência de Nana"

Como dito anteriormente, um dos atributos do *reality show* é o fato de não pertencer a um gênero específico. Não podemos dizer que o que está sendo apresentado é real (pois os envolvidos estão dentro de um jogo), assim como não há como afirmar que se trata de lúdico ou fictício (pois, embora seja um jogo, as consequências dele refletirão na vida pessoal dos participantes).

Aqui se deve considerar que não é só o espectador que transita entre as três formas de perceber os fatos. O participante do jogo é também protagonista desse caminhar entre um gênero e outro. Muitas vezes esses participantes tentam representar um tipo de personagem que interesse ao público, apropriando-se de uma ficção para parecer mais instigantes do que de fato são.

Consciente disso, o público tende a buscar momentos em que sabe que os participantes do jogo agem com mais espontaneidade – apesar das câmeras ligadas 24 horas por dia.

Uma das atuações multiplataforma do programa é baseada nisso. Assinantes de TV paga podem ver cenas ao vivo transmitidas direto da casa e, quem sabe, conseguir um "flagra". Há ainda a possibilidade de comprar um pacote específico, que disponibiliza um canal 24 horas da casa. Tudo isso com o objetivo de captar o que o cineasta russo Dziga Vertov chamava de "vida em improviso".

Esse conceito começou a ser empregado no ano de 1923; em 1924, Vertov terminou o longa-metragem intitulado *Cine-olho* (*Kinoglaz*, RUS, 1924), que tem como subtítulo "A vida em improviso"[18].

A intenção inicial era conseguir captar os "fatos-vida" tal como eles eram. Para isso o trabalho dos operadores de câmera deveria ser orientado no sentido de superar a máscara da ficção interpretada, registrando pessoas reais no seu ambiente cotidiano, ocupando-se de suas atividades habituais.

Um grande marco na exibição dos *reality shows* foi quando entrou no ar o *reality Casa dos Artistas* (BRA, 2001), no SBT. O programa se antecipou ao *Big Brother* e foi o primeiro no Brasil a colocar pessoas confinadas em uma casa. Tudo era novidade para participantes e público. Ao final de cada edição de domingo (quando se procedia a eliminação de um concorrente), o apresentador Silvio Santos se despedia das pessoas da casa: então, eram transmitidos mais alguns minutos ao vivo, sem edição – e sem que os participantes soubessem que o espetáculo não havia terminado. Era um momento muito esperado pela audiência, que tinha certeza de ser a melhor forma de assistir ao ideal da vida em improviso. A inocência desses primeiros participantes garantia o atrativo do segredo de Silvio, a possibilidade de que eles se abrissem um pouco mais por se imaginarem longe das câmeras. Mas essa inocência demorou o tempo do primeiro *reality*. Nos seguintes, os jogadores já estavam atentos, o recurso perdeu seu valor e nunca mais foi usado.

Foi nesse primeiro *reality* que uma das participantes, Nana Gouvêa, revelou uma consciência inesperada sobre o formato do programa, evidenciando ao vivo que entendia como aconteciam as manipulações da edição na construção dos "personagens". Num desses momentos, ao final do programa e em transmissão ao vivo, ela disse que não adiantava como eles se comportavam na "realidade", pois a edi-

---

18. O conceito, no entanto, não foi citado nos manifestos publicados na revista *Lef* e, segundo Sadoul, ocupa um espaço muito limitado nos textos escritos por Vertov entre 1924 e 1928 (Sadoul, 1974, p. 12). Ademais, tudo indica que essa teoria foi elaborada principalmente por Mikhail Kaufman (op. cit., p. 121).

ção já tinha definido que Bárbara Paz e Supla seriam o casal romântico daquele *reality*. E que ela, na construção da edição, estava fazendo apenas o papel da "modelo gostosa". Ou seja, confinada no primeiro *reality*, sem ainda ter assistido a um programa editado, a modelo e atriz percebeu que a edição era determinante na relação entre realidade e representação. Após sair da *Casa dos Artistas*, ela declarou: "A edição do programa era injusta comigo. Eu só aparecia de biquíni, como um pedaço de carne". A "consciência de Nana", manifestada no transcurso do primeiro *reality*, pode ser considerada um marco no gênero brasileiro. A partir daí, os participantes/personagens deixaram de ser puros.

A "consciência de Nana" aumenta a cada edição dos *realities* e leva os participantes a assumir cada vez mais o papel de jogadores. Alexandre Frota, já na primeira edição de *Casa dos Artistas*, colocou-se como um grande jogador. Depois dele, a cada edição do *Big Brother* os participantes entram no jogo conscientes das regras desse universo e dispostos a representar para o público. Pedro Bial, além de apresentador, atua como comentarista esportivo, que opina abertamente sobre quais são os "melhores jogadores". Não há tabu quanto a isso.

Pudemos assistir a um exemplo dessa consciência ao observar a atuação do psiquiatra Marcelo Arantes na oitava edição do *Big Brother Brasil*. Marcelo testou diferentes táticas para conquistar o público; primeiro iniciou o que supostamente poderia ser um romance com a participante Gysele. Depois, para chamar a atenção e se tornar polêmico, declarou sua homossexualidade. Arrumou confusões que o levaram ao isolamento dentro da casa e, finalmente, recorreu à ficção, criando personagens que, na verdade, eram simulacros dos demais participantes do programa para protagonizar a história que escreveu em seu blogue.

Claramente, o psiquiatra tentou se apropriar de todas as esferas do jogo para conquistar o público, independentemente da razão que o levava a assistir ao programa. Entretanto, o receptor sabe que, embora seja um jogo, este deve enfatizar o comportamento real das pessoas diante das condições que lhes são impostas. Como dissemos, o público costuma eleger para vencedor uma pessoa autêntica dentro do formato melodrama. Mas o público também tem consciência do jogo e sabe da importância de um bom vilão dissimulado. Por isso jogadores como Marcelo (e, antes de todos, o *bad boy* Alexandre Frota) podem não ganhar o prêmio principal, mas avançam muito e conseguem fama momentânea. O público evita tirá-los, consciente de que há um vilão dentro de cada um (mesmo oculto ou paralisado, ele está sempre presente).

Isso quer dizer que, embora seja consciente de que o *reality show* nada mais é do que uma encenação do cotidiano num ambiente de confinamento, o espectador espera que o jogo de papéis não seja forçado a ponto de tornar o programa inteiramente ficcional. Ele quer ficar no limite entre realidade e ficção. Em termos de cinema, é como se tivéssemos passado do cinema direto para o cinema verdade.

Reality show *e documentário: do cinema direto ao cinema verdade*

O *reality show* assemelha-se ao documentário na medida em que tenta transmitir ao espectador imagens que o coloquem o mais próximo possível da realidade. É o que esteve presente na transição do cinema direto para o cinema verdade. No cinema direto, a câmera almejava passar despercebida pelos documentados, colocando-se ao lado do drama do protagonista. Baseava-se, portanto, na observação e captação do cotidiano sem intervir no que estava sendo filmado. Já o *cinéma vérité* de Jean Rouch baseava-se em interatividade, improvisação e imprevistos. Enquanto para os americanos a câmera olho deveria ser passiva, quase oculta, nos filmes de Rouch não era um obstáculo para a expressão, ao contrário, deveria motivá-la. O cinema verdade trabalha com a consciência de que o "personagem" do documentário tem percepção do jogo da representação e também atua para a câmera.

Isso não destrói necessariamente o interesse da eventual captação da vida em improviso, do momento espontâneo, real. Esse é o clímax do episódio, o momento mais esperado. Mas, no dia a dia da dramaturgia, a construção é baseada na tensão entre os personagens reais que conscientemente jogam com a câmera para construir sua imagem e o momento em que eles se revelam. É uma espécie de jogo *Detetive*, no qual o objetivo é descobrir quem é o assassino. Em *Big Brother* não temos mais o melodrama clássico, com mocinhos e vilões claramente definidos. Temos um melodrama moderno, no qual o público tem de descobrir quem é realmente herói e quem é vilão, em vez de apenas aderir a um ou outro. Esse modelo dramatúrgico mais moderno já influenciou até mesmo a telenovela. *A Favorita* (BRA, 2008), da Rede Globo, propunha ao público que procurasse descobrir quem era a verdadeira mocinha e quem era a vilã da história.

Os próprios produtores têm essa visão de que o programa *Big Brother* é, na verdade, uma ficção real (Jost, 2004, p. 48). Para eles é ficção porque há uma roteirização, imposta pelas regras do jogo. E é real porque o jogo não é vivenciado por atores, mas por pessoas comuns.

O jogo, no entanto, é o do *star system*. É o jogo de como ganhar a opinião pública e ir derrubando os outros participantes. É o jogo da fama, de se manter na mídia, em evidência. De conseguir se tornar notícia na revista *Caras*.

Big Brother, como já observamos, é uma espécie de *casting* para celebridade. Vencer o jogo é começar a concorrer na indústria de celebridades. Afinal, o que precisa uma celebridade é justamente ser capaz de gerar notícias sobre sua vida íntima (de preferência notícias de novas relações amorosas), sem se deixar abalar psicologicamente pelas eventuais derrotas. É esse o perfil psicológico exigido para ser uma celebridade. Dessa forma, *Big Brother* consegue ser, simultaneamente, o melhor elogio e a maior crítica que já foi feita à cultura de celebridades. É a cultura de celebridades em seu auge.

CONCLUSÕES

A televisão no ambiente digital – A TV 1.5

▶ **A** TECNOLOGIA A SERVIÇO DA EXPRESSÃO AUDIOVISUAL

O que espanta aqui é o imobilismo, a rotina, a fuga diante de problemas absolutamente novos que se superpõem enquanto o desenvolvimento técnico do cinema corre na frente.

Não devemos temer nada.
Nossa tarefa é reunir e resumir as experiências do passado e do presente, armando-nos com esta experiência para enfrentar novos problemas e dominá-los, permanecendo conscientes, ao fazer isso, de que *a base genuína da estética e o material mais valioso de uma nova técnica é e será sempre a profundidade ideológica do tema e do conteúdo*, para os quais os meios de expressão cada dia mais aperfeiçoados serão somente meios de dar corpo às formas mais elevadas de concepção do universo, as ideias do comunismo. (Einsestein, 1990, p. 12-3)

O que Einsestein, na década de 1940, já apontava com obstáculo para a evolução do cinema encaixa-se para a televisão de hoje. "Não devemos temer nada", dizia ele, referindo-se à possibilidade de utilização de nova tecnologia para a expressão cinematográfica. E logo a seguir ele defende que o uso puro e simples de uma tecnologia não pode ser a motivação final da expressão artística.

Desde a década de 1920, Vertov e Eisenstein investigaram os potenciais de linguagem da então inovadora tecnologia cinematográfica. Ambos tinham interesse pelas inovações tecnológicas, mas sempre procuravam motivações ideológicas e estéticas para os procedimentos de linguagem que criavam.

A famosa polêmica entre Eisenstein e Vertov era bastante centrada na mútua acusação de "formalismo". O termo poderia ser traduzido para os dias de hoje como o "uso desmotivado de procedimentos de linguagem audiovisual". Ou, no caso da televisão digital, "uso desmotivado de tecnologias". Pejorativamente falando, é o que eles chamavam de "truques". Vertov, no entanto, compartilhava dos mesmos valores de Eisenstein, e numa resposta a ele afirmou que fazia justamente o oposto ao formalismo desmotivado: "No busco invenciones formales. Todo lo contrario. Busco un tema y una situación de rodaje que me puedan evitar al máximo recurrir a procedimientos complicados, a soluciones forzadas, a formas alambicadas" (Sadoul, 1974, p. 198-9).

Os realizadores audiovisuais de hoje – em cinema, TV ou internet – trabalham com a mídia digital, uma profunda revolução tecnológica no modo de realização audiovisual. Enquanto tecnologias anteriores alteraram apenas um aspecto da produção audiovisual (a captação de imagem, de som etc.), o conjunto de equipamentos da mídia digital está alterando a própria lógica de produção e distribuição. Recursos estéticos de linguagem que eram superdispendiosos (como *lettering*, fusões, efeitos especiais de forma geral) se tornam de uso corriqueiro. Também a circulação de produtos e a organização de redes foram imensamente facilitadas. Mas, tal como lembraram Eisenstein e Vertov, para que ocorra a verdadeira expressão artística, as possibilidades tecnológicas não devem ser tratadas apenas como "truques". Não é apenas porque existe uma possibilidade técnica que seu uso gerará uma boa obra de arte. Muitas das obras atuais de artistas digitais, sejam em vídeo, televisão ou arte de computador, são apenas experiências técnicas sem maior significado estético. São, como diria Eisenstein, formalistas. Truques. Também ao falar de televisão: aqueles que apenas defendem o uso do potencial tecnológico sem pensar em como ele é apropriado pelo público estão longe de entender o que realmente vai acontecer.

Além disso, devemos sempre lembrar que o digital altera simultaneamente todas as mídias, exigindo que os realizadores rompam fronteiras e elaborem conceitos funcionais em todas elas, mesmo as não audiovisuais, pois a convergência não é apenas digital nem atua somente nas novas mídias. Também as velhas mídias (livros, teatro) fazem parte da atual lógica de criação de universos e produtos multiplataforma. O desafio ficou ainda maior.

▶ AS MATRIZES HUMANAS

A percepção e aceitação do público em relação às inovações da TV digital é uma das principais preocupações deste livro. Diferentemente de Eisenstein e Vertov, que, como todos os realizadores de vanguarda, acreditavam em rupturas bruscas nos hábitos culturais do público, nós acreditamos que a mera existência de uma tecnologia não é suficiente para transformar o público. No campo da estética e do gosto dos espectadores não ocorrem revoluções bruscas, e a televisão como a conhecemos não deixará de existir.

Uma boa pergunta é: como e por que se inventa uma tecnologia? É interessante notar como as novas tecnologias são adotadas para responder a demandas que já existem e a necessidades humanas criadas pelas mudanças sociais. Bucci enfatiza como a televisão foi sonhada antes de sua própria existência:

> O nascimento da televisão, não nos esqueçamos, menos que surpreender o público como um rádio que vinha com imagens em movimento, veio dar consequência a um modo de olhar que já estava pronto ou, no mínimo, bem esboçado pela sociedade que Bilac viveu. (Bucci e Kehl, 2004, p. 28)

Ou seja, a tecnologia não modifica tudo. Fundamentalmente ela não altera o fato de a espécie humana continuar sendo humana. Existe uma matriz humana que permanece, com as mesmas necessidades de imaginário que sempre teve: demandas concretas por mundos de fantasia, momentos de relaxamento, narrativas que dão sentido à existência e muito mais.

Isso não significa que nada muda. A história existe e se transforma. E a tecnologia surge para responder às necessidades de cada era. O mesmo acontece com as formas estéticas. Como enfatizamos em "Tendências da cultura digital", o momento presente – como todos os outros momentos da história – é mais propício a determinada tendência estética. Sempre há uma que "cola" mais do que a outra. Mas aceitar que existem tendências é diferente de acreditar que o público vai deixar de consumir narrativas (diante das quais ele fique passivo) ou vai deixar de relaxar assistindo a espetáculos para apenas interagir em conteúdos educativos, informativos etc. Essas são necessidades humanas que existem desde muito antes da televisão e vão continuar existindo mesmo se mudarmos o nome do aparelho que as oferece.

O desenvolvimento da televisão pode ser resumido como um gradual autoconhecimento de como suas potencialidades tecnológicas e estéticas podem atender com mais eficiência às eternas demandas culturais da espécie humana. Por isso, a televisão atualiza manifestações culturais anteriores, levando-as para sua plataforma tecnológica, analógica ou digital. O digital não vai destruir a televisão; vai contribuir para sua evolução natural, na medida em que potencializa suas características. As melhores soluções tecnológicas, portanto, serão sempre as elaboradas em diálogo com as necessidades do público.

O que mudará, gradativamente, será a relação que o espectador tem com a televisão. Conforme vimos, a televisão não se tornará um meio como a internet, pois, ao mesmo tempo que existem espectadores/usuários altamente ligados no desenvolvimento de novas tecnologias e dispostos a experimentar quase todas as inovações, existem aqueles que desejam apenas ligar o aparelho e se divertir ou se distrair com o que está sendo transmitindo. O usuário/espectador atento a novidades tecnológicas faz parte de um público segmentado que gosta de toda e qualquer novidade. Por isso, ele não pode ser usado como parâmetro para prever o gosto de um público mais amplo, que quer apenas melhores conteúdos e mais facilidade de acesso.

▶ UMA NOVA ERA PARA A COMUNICAÇÃO

Sem dúvida a era digital é uma nova era para a comunicação, mais democrática, que oferece às pessoas a possibilidade de se comunicarem melhor e, ao fazer isso, minimizar conflitos e construir uma sociedade mais harmônica.

Enquanto teóricos discutem se o público prefere internet ou televisão, o espectador assiste à televisão e ao mesmo tempo obtém informações extras sobre sua série preferida na internet.

O digital supera falsas dicotomias. Muitos criticavam a televisão por ser massiva e elogiavam o computador por ser individual. A cultura digital redescobriu o conceito de comunidade, em que o coletivo é formado pela ênfase na individuação de cada pessoa. Assim, ao mesmo tempo que surgem coletivos de criação, valoriza--se a autoria.

Para muitas vanguardas do começo do século, o futuro e o presente deveriam se opor ao passado. O projeto futurista de Marinetti, que tanto influenciou a vanguarda russa, em seu manifesto "Fundação e manifesto do futurismo", pregava: "Queremos destruir os museus, as bibliotecas e as academias de todo tipo" (*apud* Chipp, 1999)[19].

Já a cultura digital não vê dicotomia entre o passado e o presente, entre a tradição e a inovação. Ao contrário, nunca o passado foi tão valorizado. A biblioteconomia e os museus digitais começam a ser tendências. A internet é a democratização completa dos objetos que antes eram acessíveis apenas aos frequentadores de museus físicos. Ao mesmo tempo, muitos objetos artísticos digitais inovadores são construídos pela recriação de imagens de arquivo.

O diferencial da convergência é que não se trata de algo imposto por uma hierarquia (de cima para baixo). Os usuários/espectadores mais participativos anseiam

---

19. Publicado originalmente em *Le Figaro*, Paris, 20 de fevereiro de 1999.

por essa mudança. Portanto, pequenas empresas, de alto capital criativo, deverão obter bons resultados atuando como agências de conteúdo multiplataforma, e não apenas como produtoras para determinada mídia.

O debate começa a deixar o âmbito tecnológico e atingir as práticas culturais e de consumo, mostrando que a mídia deixará de ser impositiva e valorizará o caráter participativo do público, que tende a apropriar-se dela e recriá-la.

Ao mesmo tempo que a tecnologia audiovisual se tornará um meio de comunicação de que os espectadores poderão se apropriar, autores, diretores e produtores terão sua importância preservada. Todos poderão usar o vídeo tal como usam o texto escrito para mandar um e-mail; o que não significa que todos sejam exímios escritores.

No universo da convergência digital completa, o público ainda terá formas diferentes de se relacionar com os formatos de cada mídia, selecionando o que deseja de cada uma, uma vez que todas elas têm suas especificidades. Para ser bem-sucedida no universo da convergência, a televisão deve buscar investir no que tem de melhor.

▶ A MAIOR AUDIÊNCIA CONTINUARÁ SENDO DA TV

Sem dúvida será reduzida a participação da televisão na audiência geral. Os índices absolutos de programação de audiência que a televisão conquistou nos anos 1970 nunca mais se repetirão, pois novas mídias hoje competem com ela.

O jornalista e diretor do Instituto de Estudos de Televisão, Nelson Hoineff (2009), aponta que a queda de audiência deve-se, entre outras razões, à disseminação de fontes de entretenimento diversas, tais como mp3, celular e TV paga. Mas mesmo com a queda de audiência, o especialista mostra-se otimista. Ele atenta para o fato de que, apesar de haver uma série de possibilidades com as quais o público pode se entreter, a TV continua sendo uma grande catalisadora de público, tendo em vista que diante de todas as opções as novelas ainda conseguem atingir 40 pontos de audiência (caso de *Caminho das Índias*, que estreou em janeiro de 2009, na Rede Globo). O público que assiste à televisão hoje é três vezes menor do que era há dez anos, mas ainda é um público numeroso.

Minha opinião é que, mesmo no futuro, qualquer programa de televisão vai ter mais audiência do que webTV. Por um motivo simples: sempre que a audiência da webTV crescer, a televisão irá englobá-la. Isso não significa que a televisão é melhor ou pior que a internet. Significa apenas, como já ressaltamos aqui, que a televisão trabalha com audiências genéricas, e a internet tende a interesses segmentados. O conceito de cauda longa não é adequado à televisão, que continuará transmitindo um número limitado de programas, de modo que as pessoas mais diversas assistam à mesma coisa. Isso não é apenas por causa das limitações tecnológicas. É também por questões culturais, pelo fato de as pessoas gostarem de ir à padaria, ou seja aonde for, e conversar sobre a novela do dia; gostarem de conhecer uma pessoa de outra cidade e poder comentar o jogo de futebol a que todos assistiram. Por essas razões, a queda da audiência de novelas não deve nos impressionar. É claro que, principalmente entre jovens, surgem os movimentos de diversidade cultural que constroem identidades para uma pequena tribo cultural que visa se diferenciar das outras negando o genérico. Mas isso sempre foi típico da cultura jovem (momento da individualização e reação; de oposição aos pais), e, mesmo neles, segue forte a vontade de formar comunidades. É a necessidade de assuntos de interesse comum que define a estética das programações genéricas. Mesmo a televisão segmentada procura uma forma genérica de se comunicar com o seu público específico e imagina a criação em termos de grandes grupos humanos. Por isso é possível afirmar: não existe uma oposição entre TV genérica e segmentada. Mesmo a segmentada trabalha com a generalização. A televisão é sempre genérica. O que muda é que ela é mais ou menos genérica, visa um público maior ou menor. Mas sempre são audiências de massa. Se não for assim, vira videoarte. Pois, do mesmo modo que é interessante diferenciar-se, é extremamente importante ter características que atendam a gostos comuns.

Produzir conteúdos genéricos para a TV, no entanto, não garante que todos gostem de tudo que é transmitido, pois as diferentes visões de mundo continuarão interferindo nas escolhas e gostos individuais ou de pequenos grupos.

▶ Um exemplo de televisão atual: a qualidade no padrão da MTV

Nos últimos anos a MTV Brasil se consolidou como uma das mais criativas e inovadoras redes da televisão brasileira. Muito além do tradicional videoclipe, a MTV criou uma série de formatos e revelou grandes talentos televisivos do país dos últimos anos, como João Gordo, Cazé e Marcos Mion. Sempre atenta e preocupada com a renovação, a MTV tem dialogado também com talentos que surgem na internet e no humor *stand-up comedy*, como Marcelo Adnet.

Enquanto o padrão de qualidade da Rede Globo ainda é o esmero técnico oriundo da era Boni, a MTV percebeu e se inspirou no melhor da TV popular: a interatividade e a participação do público, característica marcante dos programas de auditório. A MTV sempre esteve mais para SBT do que para Rede Globo, e investiu em formatos que lembram o circo e o rádio – que, como já dissemos, são as mídias anteriores que têm mais semelhança com a televisão.

A MTV entendeu muito bem o papel da televisão na vida das pessoas e o modo como elas recebem a programação. Como já mostramos, para a maioria dos telespectadores a televisão é, antes de tudo, uma catalisadora de conversas. Dentro desse critério, é melhor um programa malfeito que "dê assunto" do que um programa bem-feito mas desinteressante. O saudoso *Barraco MTV* se pautava pela produção em série de polêmicas, tratadas com a saudável despretensão do papo de bar. Outros programas, como o já citado *Os Piores Clipes do Mundo*, tiveram a ideia de trazer para dentro da televisão o prazer que o público tem ao falar mal e zombar da programação.

Há também, em alguns programas da MTV, um saudável desprezo pela qualidade técnica, um culto ao vídeo caseiro, uma espécie de estética da fome televisiva e bem-humorada. O programa de humor *Hermes e Renato* surgiu como uma produção caseira e, mesmo quando começou a ser produzido pela MTV, manteve a precariedade técnica de roteiro, fotografia e direção. Apesar de à primeira vista ser apenas uma cópia piorada de *Casseta e Planeta*, *Hermes e Renato* conquistou a fidelidade de um vasto público adolescente, fascinado com a oportunidade de se ver representado na tela, simbolizado pelo humor pastelão e pela liberdade dos atores de falar palavrões. *Hermes e Renato* é a prova de que a televisão segmentada pode atingir sucesso, mesmo com precariedade técnica. Ao público segmentado o que realmente importa é estar na tela.

A MTV funciona ainda melhor quando seus programas são paródias dos gêneros hegemônicos da TV brasileira. Um programa de entrevistas como *Gordo a Gogo* é a versão *trash* do Jô Soares; o saudoso *Neurônio* de Cazé era a paródia do *Show do Milhão*; e *Rock Gol* funciona como uma desconstrução do perfeccionismo técnico e da narração repleta de especialistas do futebol brasileiro. O vício de "revelar" e construir talentos – hoje marcante em *reality shows* globais, como *Fama* – já foi desconstruído pela MTV em programas, como *VJ por um dia*. Esses programas inserem o público da MTV na tela e conseguem agradar, simultaneamente, ao público segmentado da emissora e ao público genérico da televisão aberta.

A influência do rádio molda a grade de programação da MTV, os apresentadores atuam como se estivessem ao vivo, a programação tem uma coesão rara em televisão e é repleta de vinhetas inovadoras que constroem a identidade da rede. Recentemente a MTV anunciou uma nova programação, toda baseada em blocos de 15 minutos, um tempo mais próximo do tempo da era digital. A procura de diversidade levou a emissora a abrir espaço para as produções caseiras ou independentes.

As estratégias da MTV são o melhor exemplo para quem pensa em aproveitar-se da nova tecnologia digital para construir redes independentes de televisão. Exceto pela hegemônica Rede Globo, que, aproveitando sua hegemonia, deve continuar tentando falar com todos os públicos, a estratégia de programação da MTV pode servir para todas as outras emissoras. Haverá nos próximos anos duas tendências de programação que se refletirão em dois padrões de qualidade. Por um lado, as grandes redes poderão produzir conteúdos de alto apuro técnico para a televisão de alta definição e para competir no mercado internacional. Mas, por outro lado, haverá o surgimento de inúmeras redes locais e segmentadas que deverão procurar outro padrão de qualidade. A MTV, com seu talento em, simultaneamente, conquistar a fidelidade de um público segmentado e dialogar com o público genérico, é um bom exemplo de programação para as futuras redes independentes. Nem todas dialogarão com jovens, outros públicos podem ser buscados. Mas uma programação mais ágil, mais baseada na transmissão ao vivo e mais próxima do circo e do rádio é um modelo interessante para redes abertas e genéricas que quiserem fidelizar determinado público.

► TV 2.0 ou 1.5?

Este livro defende que a televisão não se descaracterizará com a chegada do digital. Em vez de eliminar as mídias anteriores, o digital tornará cada mídia mais específica. O cinema está evoluindo para possibilidades ainda mais imersivas, com o som *dolby* e as salas em 3D, uma das grandes apostas de George Lucas. A internet potencializa seu papel de enciclopédia infinita de textos, vídeos e fotos e de ambiente interativo 2.0. Cada mídia começa a fazer o que pode melhor. Com a televisão se dará o mesmo.

Os canais vão se multiplicar e exibirão conteúdos colaborativos, aumentando a diversidade da grade e potencializando o prazer do público de zapear em busca de novidades. Se hoje o espectador zapeia pelos 150 canais da Sky e só encontra programações padronizadas das corporações, no futuro zapeará por um vasto universo de conteúdos e terá muito mais chance de encontrar a novidade e o inusitado que procura. Com a real democratização dos produtores, nunca mais um telespectador zapeador sofrerá de tédio.

As linguagens dessas mídias estarão em contato e influirão umas nas outras. Mas manterão sua identidade. Já existem inúmeros filmes influenciados pela estética do game, seja a estética visual, seja a multiplicação dos pontos de vista da narrativa. Entretanto, não deixam de ser filmes por essa influência, pois continuam não interativos. Com a televisão acontecerá basicamente o mesmo. Mesmo que a linguagem do game, do cinema ou da internet comece a influenciar a televisão, ela ainda será televisão, tanto pela limitação tecnológica (a convergência total ainda demorará muito) quanto, e principalmente, por sua identidade.

A TV se tornará ainda mais TV, com todo seu potencial de séries narrativas e possibilidades de conteúdo sob demanda, que permitirão aos autores tornarem os enredos mais atraentes, pois não terão de se preocupar com o espectador que perdeu algum episódio, tal como já fazem as grandes séries americanas. Além disso, a ficção televisiva será construída como narrativa transmidiática, que perpassa várias mídias, elaborando universos em que o público poderá imergir e participar.

Um diferencial importante de conteúdos criados sob o olhar da cultura digital é que eles podem ter sua vida útil prolongada. Nossa aposta é que os produtores passarão a trabalhar com um conceito tipicamente jornalístico, o da repercussão. Se a obra conseguir repercussão, ela colará, pois incentivará a criação de novos produtos, tais como livros, filmes, jogos para computador, bonecos etc. Portanto, o critério de sucesso é a capacidade da obra de despertar debates públicos e imersão no universo.

A obsessão atual pela interatividade na televisão é baseada em um padrão de qualidade que procura imitar a internet. É claro que a interatividade será uma característica possível da TV na era digital; mas o importante não é defendê-la como paradigma absoluto, e sim entender em que medida ela deve ser utilizada e qual de seus tipos é mais apropriado à TV. A boa televisão é a que sabe usar a interatividade dentro da especificidade da linguagem televisiva. A televisão e o YouTube jamais terão o mesmo propósito. A TV deverá ser "mais interativa", mas não como costuma ser a interatividade na internet, baseada na informação e no raciocínio, e sim na brincadeira e no lúdico. A TV do futuro será mais ao vivo, mais rádio e mais circo, num padrão de qualidade que lembra o que já discutimos a respeito da MTV. Por isso, preferimos denominar essa nova mídia TV 1.5, recusando a denominação 2.0, que pressupõe domínio de características que são da internet.

Resumindo: nossa aposta é que o fluxo da televisão não se perderá (apesar da capacidade de armazenamento que ela terá); que a interatividade na televisão será baseada na potencialização do modo participativo que os espectadores já conhecem e utilizam atualmente; que esses espectadores poderão se agrupar em comunidades, em razão da maior segmentação que deverá ocorrer nos programas (o que já vemos na TV paga); que o paradigma da TV será o do jogo aliado à narrativa, e não o da enciclopédia aliada ao jogo, como na internet; e que haverá maior participação do público na produção de conteúdos, mas que, ao contrário do que ocorre na internet, haverá filtros que selecionarão os conteúdos e agregadores que verão como esses conteúdos amadores podem ser inseridos numa grade de programação de interesse genérico. Será a TV 1.5, isto é, antes de tudo, a televisão em seu máximo potencial, exercendo todos os seus potenciais criativos.

ANEXO

Proposições para a TV brasileira

O objetivo deste anexo é fazer proposições concretas de ações que podem ajudar a transformar a televisão brasileira, garantindo seu pleno desenvolvimento na era digital. Para isso pensamos e criticamos suas especificidades, ou seja, analisamos como se posicionam os jogadores em nosso mercado e como é organizado o modelo que define as relações entre televisão pública, emissoras comerciais, poder público, espectadores, produtores independentes e artistas criadores. Em paralelo, retomamos vários pontos dos capítulos anteriores, fazendo propostas de atuação para empresas, governo e criadores em cada um dos temas abordados. Nossa análise considera a televisão em vários aspectos: tecnológico, econômico e cultural. Alternamos, portanto, debates de política cultural com debates sobre política científica e industrial, tentando ver a televisão em suas várias facetas.

▶ TV E POLÍTICAS PÚBLICAS E CULTURAIS

O Brasil tem uma das maiores culturas televisivas do mundo. Sem dinheiro para buscar outros mecanismos de informação e entretenimento, cerca de 110 milhões de brasileiros assistem diariamente à televisão. Uma pesquisa realizada pelo Ibope mostrou que 57% dos brasileiros apontam a TV como o principal meio de entretenimento.

Em *Consumidores e cidadãos* (1997), o teórico argentino Néstor García Canclini debate a importância de as políticas públicas e culturais atuarem também em televisão. Ele define quatro circuitos socioculturais no mundo contemporâneo, a saber:

– o histórico territorial: conjunto de saberes, costumes e experiências organizado ao longo de várias épocas em relação com territórios étnicos, regionais e nacionais, que se manifesta sobretudo no patrimônio histórico e na cultura popular tradicional;

– o da cultura de elites: constituído pela produção simbólica escrita e visual (literatura, artes plásticas) – poderia fazer parte do patrimônio anterior, mas abrange apenas classes médias e altas;

– o da comunicação de massas;

– o dos sistemas restritos de informação e comunicação (internet etc.) destinados a quem toma decisões.

> A competência dos Estados nacionais e de suas políticas culturais diminui à medida que transitamos do primeiro para o último circuito. Inversamente, os estudos sobre o consumo cultural mostram que, quanto mais jovens são os habitantes, mais seus comportamentos dependem antes dos últimos circuitos do que dos primeiros. Nas novas gerações, as identidades se organizam menos em torno de símbolos histórico-territorias, os da memória pátria, do que em torno de Hollywood, Televisa ou Benetton. (Canclini, 1997, p. 38)

Ante essa realidade, uma política cultural democrática não pode, em nome de purismos estéticos ou de hábitos preferenciais dos gestores públicos e agentes culturais, abrir mão de uma atuação eficaz nos dois últimos circuitos. Temos de pensar a atuação em televisão pública também do ponto de vista de uma política cultural, dos valores que a orientam.

▶ REGULAMENTAÇÃO PÚBLICA: CENSURA OU CONTROLE SOCIAL?

Para a efetivação de uma política pública e cultural para a televisão brasileira, devemos em primeiro lugar aceitar um princípio básico: a importância de o Estado intervir no setor, criando mecanismos que contribuam para a diversificação da programação. Influenciadas pelo nefasto controle aos meios de comunicação imposto por regimes autoritários, algumas pessoas entendem que qualquer interferência do Estado na programação televisiva é censura. Em nome da liberdade de expressão, acabam defendendo a ausência de controle, o que abre espaço para outro tipo de censura: a privada, estabelecida pelos proprietários dos meios de comunicação.

Não devemos esquecer que a televisão, mesmo quando operada por empresas privadas, é patrimônio público. A empresa privada recebe uma concessão para operar o limitado espectro eletromagnético (propriedade pública) por tempo limitado. Logo, ainda que a empresa seja dona do conteúdo que produz, não é – nem poderia ser – dona do limitado espectro eletromagnético.

Em "A lei da selva" (Bucci, 2000), Vera Nusdeo Lopes mostra como é exercido o controle social sobre a comunicação em países democráticos. Nos Estados Unidos, todo o setor de comunicações é regulamentado pela Federal Comunications Comission, criada em 1934. Um dos critérios na definição das concessões de operações de televisão é a análise da grade de programação, visando garantir canais com a maior pluralidade possível. A Alemanha também impõe o respeito ao pluralismo ideológico aos operadores, assegurando o chamado direito de antena, ou seja, uma cota de transmissão proporcional à dimensão e à importância dos diversos grupos políticos, sejam eles agrupamentos ideológicos, sindicatos etc. Nesses países, o controle público sobre a televisão tem garantido o direito do cidadão a ter uma programação diversificada.

Vera Nusdeo Lopes (Bucci, 2000) comenta ainda que o controle social da programação é a forma que a sociedade tem para combater a "censura exercida em nível privado, ou seja, aquela levada a efeito pelos próprios detentores de determinado meio de comunicação, que, em função de interesses políticos, empresariais ou mesmo religiosos, obstrui o livre fluxo de informações, opiniões e interpretações" (p. 123). A autora afirma ainda que "há maneiras de instituir esse controle de forma que ele seja o mais democrático possível, por meio, por exemplo, de um órgão de fiscalização formado por diversos setores da sociedade e representantes de todos os poderes, impedindo que um único segmento determine toda a política de comunicação de massa no país" (p. 126).

▶ A MUDANÇA DO MODELO EM QUE "VIVE" A TELEVISÃO BRASILEIRA

A criação de televisão vive num ambiente determinado pelos marcos regulatórios, pelo modelo de negócio e pelos *players* (jogadores), que são as empresas e instituições atuantes no mercado e na sociedade. É esse ambiente que, como já vimos, pode ser chamado de modelo. A entrada da tecnologia digital reorganizará esse ambiente. Para que surjam novos e inovadores programas de televisão é necessária uma mudança radical no modelo da televisão brasileira, uma mudança no modo como são organizadas as relações entre as empresas, o Estado e a sociedade.

A atuação do Estado democrático no modelo da televisão brasileira deve ser pautada por duas orientações simultâneas:

a) É necessário haver crescimento econômico do setor. Um grande crescimento. A produção de conteúdos audiovisuais é uma área chave para a soberania nacional, tanto econômica quanto cultural.

b) O crescimento tem que ser acompanhado da descentralização da riqueza. Esta, nesse caso, é também acompanhada da democratização da produção de conteúdos, que multiplica os agentes produtores e contribui para a diversidade cultural e de opiniões, fundamental para qualquer democracia.

Por meio de decisões políticas, o Estado pode orientar essa mudança a fim de que ela contribua para esses dois objetivos. Antes, entretanto, é necessário amplo conhecimento de como é o ambiente hoje, para que a atuação seja realista, estratégica e respeite os *players* atuais, inclusive as grandes empresas de comunicação. Esse conhecimento deve incluir a análise dos ambientes de televisão e convergência digital, a análise da tecnologia e do modelo de negócio.

Além disso, para que a atuação política seja eficaz, não podemos pensar de forma simplista. Por exemplo: não existe uma oposição direta entre empresários e democratização da comunicação. É claro que existem empresas que desejam manter a concentração, mas há também grupos empresarias fortes que querem mais diversificação para que suas empresas possam crescer. São aliados importantes. E mesmo as empresas que planejam manter a concentração não devem ser tratadas como "vilãs", pois têm interesses complexos, são importantes ao país (é bom para o Brasil ter grandes empresas de comunicação) e podem ser aliadas em várias questões. Resumindo: esse tipo de jogo é mais complexo do que um filme com vilões e mocinhos. O desconhecimento do ambiente pode gerar propostas de difícil aplicação que coloquem em risco a chance de desenvolver o setor, com crescimento e democratização. Isso já aconteceu nos anos 1980, quando teve início a televisão por assinatura. Havia grandes esperanças relativas às possibilidades democráticas da nova tecnologia, mas, como os movimentos sociais desconheciam questões estratégicas fundamentais do setor, sua luta teve poucos resultados. Em decorrência, a televisão paga brasileira é hoje tão concentrada quanto a televisão aberta. Essa concentração trouxe também o fracasso econômico do empreendimento, que nunca vingou nem colou para o público brasileiro, o qual não encontra na TV paga a diversidade esperada. É um bom exemplo de como a vontade de manter a concentração pode gerar também o fracasso do empreendimento econômico. Já se tivermos mais diversidade e democratização, teremos mais chance de real sucesso econômico. Com a entrada do digital temos uma nova possibilidade de democratizar a comunicação, mas para isso precisamos de uma atuação mais consciente e pautada em medidas concretas.

O governo deve atuar apenas na regulamentação e na correção do mercado, com o investimento em pesquisa, por exemplo. Também o investimento em produção direta de conteúdos audiovisuais deve ser orientado por essa lógica: incentivar a inovação e fazer correções nos rumos do mercado. Este tende a uma eterna repetição que muitas vezes se transforma em obsessão, o que é ruim, inclusive comercialmente. O lucro do instante é o prejuízo do futuro. O poder público, menos preso ao lucro imediato, pode contribuir para a reorientação do mercado, atuando de forma pontual para corrigir distorções. Tal como um acunputurista social, o Estado deve tocar em pontos específicos que podem curar todo o sistema

– uma espécie de do-in antropológico, nas felizes palavras do ex-ministro da Cultura Gilberto Gil.

É, em grande parte, o que o Ministério da Cultura tem feito nesses últimos anos. Projetos como o DOCTV e o FICTV atuaram de forma muito inteligente nessa correção do mercado e podem ser usados como exemplos de novas políticas a ser desenvolvidas. Discorremos um pouco sobre os conceitos por trás disso e de como o Estado pode atuar para corrigir o modelo da TV (e da produção) audiovisual brasileira, fazendo-a realmente se desenvolver em todo o seu potencial. Primeiro levantamos questões sobre o modelo da televisão atual e listamos possibilidades de atuação. Falamos ainda de como o edital FICTV (que ajudei a elaborar e do qual sou consultor e supervisor artístico) tentou solucionar essas questões. Espero assim concluir o livro com um exemplo concreto de política pública que pode servir de inspiração para outras atuações, publicas e privadas.

▶ DIAGNÓSTICO DA TV BRASILEIRA COMERCIAL DE HOJE: A AUTORITÁRIA MEDIÇÃO DE SUCESSO E SEU CONSEQUENTE FRACASSO

Nos anos 1970 e 1980, a televisão brasileira cumpriu com imenso talento sua maior função: inovou artisticamente, representou o Brasil e conquistou o público.

No entanto, há alguns anos, a televisão brasileira entrou em crise. Dominada por uma ideologia comercial imediatista, rendeu-se à medição da audiência instantânea (minuto a minuto), uma invenção dos anos 1990. Essa medição acabou por favorecer o apelo aos impulsos imediatos da plateia, geralmente o impulso de sexo e violência.

No entanto, o sucesso instantâneo vem trazendo o fracasso em médio prazo. A televisão brasileira está perdendo muito rapidamente todo o prestígio que alcançou em trinta anos (dos 1960 aos 1990). A crise manifesta-se até nos números da audiência em todas as classes. O público A e B vem abandonando a televisão, que ficou restrita apenas às parcelas mais carentes da população.

Alguns consideram que o surgimento de novas mídias, como a internet, seja o maior culpado pela crise de audiência da televisão. É um falso argumento. O problema real é que o conteúdo da televisão comercial brasileira não consegue conquistar vastas parcelas do público, que acabam por migrar para a internet. Só fica na televisão quem não tem outra saída. O público A e B em geral e os jovens em particular vêm migrando para os programas de televisão paga, em especial as séries americanas, produtos que estão na vanguarda da inovação em audiovisual internacional. Esses programas, em vez de concorrer com a internet, acabam por catalisar o uso cruzado de várias mídias. Um programa como *Lost* começa na televisão, mas continua como um jogo de investigação na internet e com inúmeros produtos para celular, games e outros. Não há, portanto, uma oposição entre televisão e demais mídias. O que ocorre, na verdade, é que os programas da televisão brasileira não têm seduzido uma grande parte do público, que prefere buscar os conteúdos que lhe agradam em outros fornecedores, os quais não estão disponíveis na televisão aberta e, infelizmente, ainda são estrangeiros. Se quisermos recuperar o público nacional para o conteúdo brasileiro (como era até o início dos anos 1990), precisamos ter a coragem de inovar em nossa produção. Enquanto *Lost* faz uma narrativa transmidiática que seduz os jovens, as telenovelas da Globo permanecem presas à representação do jovem típico dos anos 1980, como surfista de praia. Agora a onda é outra. O que era *nerd* nos anos 1980 é valorizado hoje: os jovens são ratos de computador, vivem sedentos de informação e se deixam conquistar por *Lost* justamente por participar de um jogo de adivinhação que prevê, inclusive, vastas pesquisas na internet. Se a televisão brasileira quiser reconquistar o público jovem, precisa saber trabalhar com seu novo gosto. É possível, por exemplo, pensar uma novela das seis com um núcleo de personagens jovens que catalise um jogo de adivinhação para a ser desenvolvido também na internet e no mundo físico. Para isso, entretanto, é preciso a coragem de renovar e chamar autores que entendam como acontece um jogo transmidiático. A televisão poderá inovar e reconquistar o público jovem.

Ao contrário do que afirma a ideologia liberal (ou o "capitalismo utópico"), a livre concorrência entre os canais comerciais não tem contribuído para a diversidade da programação ou para a melhora dos produtos oferecidos. Muito pelo contrário: a concorrência entre as redes acabou levando à homogeneização da programação. A tradicional disputa pela audiência do domingo é um exemplo que se aplica a toda a grade. Pautadas pela aferição instantânea de audiência feita pelo Ibope, as três redes líderes, Globo, Record e SBT, entraram numa monótona disputa pela exibição mais apelativa. Até aí ainda podemos ver certa "disputa comercial". O impressionante é que a "ortodoxia do mercado" faz que mesmo as emissoras menores, que atingem apenas dois ou três pontos de audiência, optem por imitar a programação das redes hegemônicas, criando subGugus ou subFaustões. A ideologia da imitação gera o mito de que há um único tipo de programa comercial, e o espectador perde a liberdade de escolha, já que os demais canais transmitem programas parecidos.

Conforme analisamos no capítulo específico, a televisão brasileira está presa a um único modelo de negócio, baseado em audiência imediata e inserção de *breaks* e *merchandisings*, e tem desconsiderado outras possibilidades. A ditadura do índice de audiência medido pelo Ibope é um equívoco, inclusive do ponto de vista comercial. Essa visão estreita do que significa sucesso comercial tem limitado o pleno desenvolvimento da televisão brasileira, impedindo o surgimento do novo, o que realmente cativa o público a permanecer diante da telinha. Com essa eterna repetição, a TV brasileira tem trocado o sucesso instantâneo pelo fracasso em médio prazo. Tal como um homem obcecado pela namorada, a televisão brasileira fica suplicando pela atenção do público, realizando todos os seus desejos, adulando-o permanentemente. No entanto, não há nada que um ser humano despreze mais do que alguém que o bajule o tempo todo. O público pode até dar uma atenção momentânea, mas aos poucos se entedia com o puxa-saco, até que chega o dia em que diz: "Acho que devemos dar um tempo!" É o momento em que o público se cansa da televisão. Tal como uma namorada que se cansa do namorado puxa-saco, o público vem, gradativamente, "pedindo um tempo" para a televisão brasileira. Para cada pessoa há um tempo limite, e é isso que tem causado o gradativo abandono da TV brasileira pelo público. Os índices de *share* mostram que vem caindo ano a ano o número de pessoas que assistem à televisão. Tal qual uma esposa traída, que culpa a amante pela desatenção do marido, os executivos de televisão acusam as novas mídias, supostas responsáveis pelo abandono do público televisivo. Não é verdade. Quem acessa a internet não precisa abandonar a televisão e não o faria se houvesse interesse, tal como os jovens fãs das séries de sucesso. A crise, portanto, aumenta ano a ano. No entanto, em vez de tentar recuperar esse público, as emissoras se fixam ainda mais nos espectadores que permanecem fiéis, bajulando-os e apelando cada vez mais. Entretanto, essa atitude de nada tem adiantado.

É necessária uma urgente e completa mudança de paradigma. Entretanto, televisão é hábito; para que o público retorne a determinada emissora é necessário um planejamento, um investimento de anos em conteúdos inovadores para, aos poucos, consolidar o interesse pela emissora. Para isso ocorrer, é preciso que se implantem novas formas de medição de sucesso, diferentes da medição de audiência instantânea e absoluta, a medição tradicional do Ibope. E é necessário investimento em programas inovadores.

Há inúmeros casos de séries que demoraram muito para se tornar grandes sucessos. *Seinfeld* é um bom exemplo. Nas duas primeiras temporadas, o seriado passou quase despercebido, pois, como todo programa inovador, enfrentou uma resistência inicial do público. Porém, quando conquistou a audiência, virou o maior sucesso da história da televisão americana. A inovação tem dessas coisas. Não há garantia de tiro certeiro e pode demorar para emplacar. Exige investimento criativo e persistência dos executivos em manter o programa na emissora, apesar da aparente "falta de sucesso imediato". Mas quando acerta pode virar um imenso fenômeno, um produto que realmente "cola".

Acertar um sucesso como *Seinfeld* é o desejo de toda empresa de televisão, pois isso traria novos públicos para sua rede. Mas como uma emissora poderá prever qual, entre seus vários produtos com pretensões inovadoras, vai realmente colar caso ela persista em investir nele? É muito difícil prever isso, mas observar o comportamento dos fãs pode ser uma boa forma. Gladwell já analisou a importância desse seleto público que gosta de inovação e é formador de opinião. Em muitos casos eles são os responsáveis pelo sucesso de uma série, pois vão criando uma cultura em torno dela, e fazendo a melhor propaganda que existe: o boca a boca. É o princípio da economia afetiva. Portanto, se uma série tiver pouca audiência, mas uma boa comunidade de fãs realmente fanáticos, há que se ficar atento: ela pode virar um sucesso.

As empresas de televisão precisam ficar atentas, pois a lógica do sucesso instantâneo e fugaz tem destruído a construção de sucessos verdadeiros e duradouros. Tal como um participante de *reality*, um *Big Brother*, a televisão tenta viver de sucessos momentâneos. Isso vem destruindo sua identidade e, aos poucos, afastando o público, que se cansa das constantes micagens apelativas feitas apenas para chamar sua atenção. O público, tal como todo ser humano, pode até gostar de uma "putaria", mas o que procura mesmo é o amor. Pode até gostar de uma série para passar o tempo, mas o que procura mesmo é algo que mude sua vida – tal como era a televisão brasileira dos anos 1970 e 1980.

Se até do ponto de vista econômico a medição de audiência atual é um equivoco, do ponto de vista cultural ela é uma completa aberração, pois:

a) não oferece opções de programação para nenhuma minoria descontente com a grade;

b) a homogeneidade não contribui para o aperfeiçoamento estético da população, que perde a liberdade de escolha e não exercita seu direito de construir os próprios gostos. Como resumiu Canclini: "As pessoas não veem o que preferem, mas preferem o que lhes oferecem" (Canclini, 1997).

Uma política cultural democrática deve prever a criação de condições que possibilitem a diversificação da oferta dos produtos, atendendo, além de ao gosto da maioria, às demandas das minorias e dos vários públicos segmentados. Como fala Canclini (1997): "As políticas culturais mais democráticas e mais populares não são necessariamente as que oferecem espetáculos e mensagens que cheguem à maioria, mas as que levem em conta a variedade de necessidades e demandas da população".

Portanto, se quisermos realmente mudar a televisão brasileira, precisamos começar a pensar novas formas de medição de sucesso. Um exemplo: é necessário fazer pesquisas qualitativas para mediar o envolvimento de fãs com um determinado conteúdo inovador, que pode não estar dando audiência imediata mas vir a ser um fenômeno. Muitas outras formas de medição de sucesso podem ser pensadas: que pensem no sucesso em públicos segmentados e anunciantes, que meçam a audiência somada de um canal de TV paga ou a importância de um único programa na decisão de um espectador de assinar um pacote de televisão paga... É possível medir o potencial de vendas de DVDs de um programa, o potencial de venda internacional etc. Ou seja, há uma infinidade de formas de medir o sucesso comercial.

Todas essas pesquisas demandam alto investimento, mas são fundamentais. Uma ideia é fazer parcerias com universidades que criem institutos públicos de pesquisa de consumo de bens culturais e apliquem métodos inovadores de medição.

▶ Diversificação dos produtores!

O principal problema da televisão brasileira é a homogeneidade da grade de programação. Esse é um problema cultural e também econômico. A pouca diversidade nos conteúdos é o que tem afastado o público da televisão brasileira. É necessário que esta se adapte aos novos tempos e se abra para uma maior diversidade em sua programação.

O Brasil tem três especificidades que contribuem para a centralização e pouca diversidade. São elas:

a) há uma concentração excessiva na televisão por assinatura;

b) o modelo da televisão pública nunca se sedimentou com força;

c) a produção de televisão brasileira é verticalizada, ou seja, ao contrário da maioria dos países, a emissora é também produtora de seu conteúdo.

Só se garante a diversidade da programação se for assegurada a diversificação dos grupos produtores e dos processos de produção. As políticas culturais devem, portanto, criar mecanismos de incentivo à produção do cidadão comum, de empresas produtoras independentes e redes de televisão independentes, possibilitando o surgimento de programas inovadores.

Vamos falar de cada um desses casos e pensar alternativas para aumentar a diversidade de grupos produtores.

TV por assinatura: multiplicação dos produtores, diversidade estética e conquista do público

O sistema de televisão por assinatura tem três pilares: a operadora, a programadora e as redes (os canais propriamente ditos). No Brasil, a principal empresa de TV paga tentou controlar todas as etapas e, por isso, os conceitos acabaram se confundindo. A Globo implantou uma operadora de cabo, forneceu pacotes de programação e criou uma empresa detentora de vários canais de programação, a Globosat.

O interessante é comparar o modelo de surgimento da TV paga brasileira com a americana. Nos Estados Unidos, a TV paga surgiu de redes independentes. As reflexões de Nelson Hoineff ajudam a entender os modelos de televisão por assinatura dos dois países em questão:

O modelo americano se desenvolveu, desde o início dos anos 1980, tendo como núcleo a formação de novos canais. Com base no surgimento desses canais, foram montadas as operadoras, que eram localizadas e portanto capazes de abrigar o menu de opções que atendesse à demanda dos assinantes potenciais. O resultado é que em menos de dez anos foram criadas mais de trezentas redes de TV por assinatura nos EUA. Muitas delas com nada mais de centenas de milhares de dólares, o que não dá nem para fazer um filme de baixo orçamento. Algumas dessas redes, que nasceram da identificação de nichos segmentados, tornaram-se em dez anos gigantescos impérios de comunicação. Discovery, CNN, Cartoon, ESPN, entre muitas outras. Outras, mantiveram-se como pequenas redes voltadas para comunidades específicas, a partir de um cardápio de identificações étnicas ou culturais. Redes voltadas para negros, judeus, mulheres, gays, segmentos sociais com interesses complementares à oferta de programação da televisão genérica. Os operadores, seja por cabo físico, por MMDS, por DTH na banda C ou na banda Ku, serviam para distribuir essa programação e empacotá-la segundo a vontade do assinante. No Brasil o que aconteceu foi bem diferente. A plataforma de TV por assinatura não teve como núcleo as redes, mas as operadoras. A decorrência disso é que praticamente nenhuma rede independente foi criada, e todas as tentativas nesse sentido acabaram sendo abortadas. As pouquíssimas redes de TV por assinatura locais nasceram então atreladas às próprias operadoras – que, também ao contrário do modelo americano, se concentraram em apenas dois grupos, um deles muito maior que o outro. As redes que nasceram com a TVA, da Abril, duraram pouco (Bravo Brasil, ESPN Brasil, o CNA, que morreu antes mesmo de estrear); sobraram as ligadas à Globo, que carregam os valores e os ideais de televisão da empresa, o que em si não é mal algum, mas que se torna muito nocivo quando se torna hegemônico – e, mais do que isso, monopolista. (*Sinopse*, 2001)

Ou seja, enquanto o modelo americano surgiu das redes e dos produtores de conteúdo independente, o modelo brasileiro nasceu das operadoras e das corporações. Discovery, HBO, CNN eram redes independentes que negociavam seu canal com programadoras e operadoras. No Brasil, a televisão paga surgiu já centralizada, com as corporações existentes tentando controlar todas as etapas para assegurar o monopólio.

Hoje, passados quase vinte anos de implantação, podemos dizer que o modelo brasileiro não funcionou ou, no mínimo, funcionou muito abaixo das expectativas. Temos uma baixíssima base de assinantes, a programação é pouco diversa e a TV paga brasileira não se sedimentou no hábito do espectador. O ambiente é inteiro controlado por poucos operadores e há poucos canais independentes de programação. Tal como na televisão aberta, vivemos na TV por assinatura um modelo extremamente centralizador.

Aconteceu o que Nelson Hoineff temia em plenos anos 1980, ao escrever *A nova televisão* (1996): vivemos o "mito dos 500 canais". Ou seja, temos um modelo de quinhentos canais, mas todos produzidos pela mesma empresa, ou mesmo grupo de empresas, com identidades muito parecidas e consequentemente pouca diversidade estética. Há, por exemplo, poucos canais locais fortes. E, como já afirmamos, diversidade da programação é antes de tudo diversidade de grupos produtores.

Há alguns canais brasileiros inovadores, como o Multishow, dirigido pelo talentoso Wilson Cunha, e, mais recentemente, o Canal Brasil, que muito apropriadamente superou a fase de só exibir filmes e começou a criar formatos inovadores. Mas isso ainda é pouco para reverter o desinteresse da população brasileira pela televisão por assinatura.

Os executivos usam como pretexto para o fracasso da televisão paga brasileira o baixo poder aquisitivo da população, que não conseguiria arcar com o custo da assinatura. Será? Será que os executivos cometeram um erro tão básico em marketing e não conseguiram planejar atingir o público de classe C, que é grande no Brasil, vem crescendo e consume muito em vários setores? Acho difícil. Uma simples estatística pode mostrar que o público classe C no Brasil é maior que nossa base de assinantes e tem poder de consumo suficiente para assinar os pacotes.

Acredito que temos de admitir o básico: houve um grande desinteresse do público pelo conteúdo da televisão por assinatura. Como diz minha mãe: "Tem trezentos canais e não tem nada para assistir". Hoje no Brasil só assina TV quem gosta de séries americanas, faz questão de assistir ao futebol com exclusividade ou quer acompanhar shows de alguns músicos *cult*. Minha mãe não gosta de nada disso. Ela adora séries, mas tem que ser nacional, pois ela não faz parte da nova geração mais transnacional e não se reconhece nos dramas americanos. E ela reclama muito de não ter notícias da cidade e do bairro. Um forte canal local seria fundamental em sua decisão de assinar determinado pacote. Canais com conteúdos nacionais clássicos também poderiam ajudar. Imagino que, tal qual minha mãe, muitas outras pessoas têm recursos, mas não se interessam pelo conteúdo transmitido pela TV paga brasileira.

Uma prova disso é a imensa quantidade de pessoas que paga um pacote apenas para melhorar o sinal da televisão aberta. É o caso de minha mãe. Não faltam recursos, ela assina, mas só assiste à TV aberta. Outra pesquisa importante seria avaliar a quantidade de pessoas que assinou e abandonou. Imagino que houve muitas, ou seja, a televisão paga não conseguiu seduzir o espectador.

Uma forma de começar a minimizar esse modelo centralizador é pensar em apoio público ao surgimento de redes independentes. Há duas formas de se entender o que é "realizar televisão". Uma prevê a realização de programas para veiculação em televisão; outra, a criação de novos canais, processo em que a criatividade dos realizadores está no empacotamento de programas, na concepção de grades de programação, na identidade do canal e na criação de interprogramas. Esse aspecto é negligenciado pelas políticas de apoio à produção audiovisual, que sempre se voltam para o apoio à produção de obras, mas nunca à criação de redes independentes.

Com a entrada da televisão digital temos uma nova possibilidade de democratizar a produção e aumentar a diversidade. Mas corremos o risco de cometer o mesmo erro da época de implantação da televisão paga. Se a produção permanecer muito centralizada, o público não terá interesse pela televisão (pois perceberá que ela apenas mostra mais do mesmo) e esta não se desenvolverá em todo seu potencial. Mesmo as empresas comerciais de televisão têm de ter esta consciência: na nova era da comunicação é impossível centralizar tudo. É necessário aprender a trabalhar de forma descentralizada e diversificada.

O papel da televisão pública

A diversificação dos modelos de produção passa também pelo fortalecimento das televisões públicas. Ao contrário da Inglaterra, o Brasil não desenvolveu uma forte televisão pública, e sim fortes televisões comerciais.

Até mesmo o conceito de TV pública é pouco claro. Por décadas a TV pública foi confundida com televisão estatal, financiada e controlada pelo Estado. No entanto, a TV pública deve ter liberdade em relação ao Estado, não pode estar submissa aos interesses do governante de plantão e precisa ligar-se diretamente à sociedade. No Brasil, o modelo é todo baseado em emissoras estaduais, e nunca houve uma forte rede pública nacional. Muitas dessas emissoras são chamadas de TVE (TV Educativa), pautadas pelo paradigma da educação, o que, como já mostramos, indica desconhecimento da especificidade televisiva. A BBC inglesa, por exemplo, tem programação de qualidade e, é claro, alguns programas educativos. Mas não é uma televisão educativa. O modelo de programação das TVs públicas brasileiras revela elitismo, paternalismo e um desconhecimento da especificidade da mídia.

A televisão pública tem um papel fundamental no conjunto da programação televisiva. Mais que um único canal de televisão, é possível pensarmos um sistema público de comunicação com vários canais e atuação paralela em diversas mídias. No entanto, para que a televisão pública cumpra seu papel, ela precisa quebrar alguns preconceitos:

a) Deve se preocupar com o público. Não é "pecado" uma televisão pública se esforçar para conquistar espectadores, a cujos interesses, afinal, deve atender. Enquanto a BBC produz televisão de qualidade e ao mesmo tempo conquista audiência, no Brasil a televisão pública ficou anos presa numa falsa dicotomia entre qualidade e audiência, como se um produto de qualidade jamais tivesse audiência. É uma falsa questão. As melhores telenovelas brasileiras, como *Roque Santeiro* e *O Salvador da Pátria,* foram também sucesso de audiência. Recentemente tivemos o exemplo de *Vidas Opostas*, novela de qualidade com enorme sucesso de público. Isso prova que é possível conciliar audiência com qualidade.

b) Para conquistar o público a TV pública tem de ter a coragem de fazer televisão, em sua especificidade. Deve abandonar o paradigma de ser educativa e aceitar que é um meio de comunicação com linguagem própria. Nada contra uma empresa de televisão pública que tenha, entre seus canais, um voltado à educação. Mas isso é apenas parte de uma estratégia e não pode ser o paradigma da programação inteira. É importante ter também um canal aberto e com conteúdo genérico. Enquanto a televisão pública continuar se confundindo com televisão educativa, jamais prestará um bom serviço público de televisão.

c) Mas, apesar de se preocupar com o público, a televisão pública não precisa – e não deve – ceder aos interesses comerciais. Portanto, não há necessidade de ater-se à medição de audiência instantânea, podendo investir numa melhora progressiva da programação. A principal diferença em relação à TV comercial é que a TV pública pensa no público, não nos anunciantes. A televisão comercial é sustentada pelos anunciantes, e isso costuma gerar censura privada. A televisão pública deve ter independência em relação aos anunciantes, não em relação aos espectadores.

É claro que esse diálogo com o público não precisa ser baseado em completa submissão. A televisão pública não precisa se vender em busca das maiores audiências. Sua programação pode estar voltada para a inovação e o fornecimento de alternativas em relação ao conjunto das emissoras.

d) A inovação estética deve ser um paradigma importante na produção de conteúdos para televisão pública. Entretanto, inovação não é necessariamente vanguardismo desvinculado da preocupação com o público. Televisão não é videoarte, é outra linguagem com características próprias. O princípio número um deve ser sempre mantido: a televisão pública deve se preocupar com o público. Inovação nesse caso, portanto, é buscar novas representações da sociedade que reconquistem as audiências. Mesmo em uma telenovela, mesmo em um formato de ficção aparentemente tradicional, a inovação pode estar na capacidade de criar novos personagens e conflitos que representem o mundo de hoje. Isso é inovação em televisão, e esse deve ser o objetivo da televisão pública.

e) A televisão comercial tem muito medo de arriscar em novos formatos, novos autores etc. e prende-se por isso sempre nas mesmas fórmulas. Esse sucesso imediatista vem gerando fracasso em longo prazo. A televisão comercial está engessada há anos nos mesmos formatos e temas (até porque são os mesmos realizadores) e não tem conseguido inovar para acompanhar a sociedade. A dança de cadeiras entre profissionais, que vira e mexe saem de uma emissora para outra a peso de ouro, mostra bem como há uma crise criativa geral no meio. Não se consegue pensar nada de novo, e o máximo que fazem as emissoras é tentar roubar talentos umas das outras.

O modelo comercial imediatista baseado em audiência espontânea foi o maior responsável por esse impasse. A televisão pública é o espaço possível para correr mais riscos, apresentando alternativas reais à televisão comercial.

f) Fornecer alternativas à programação, apresentando-se como uma opção para o telespectador. Para isso a TV pública deve, em alguns casos, posicionar-se na contramão da grade predominante dos outros canais, oferecendo alguns programas para públicos segmentados e outros em horários diferenciados. A busca de altas audiências deve ser uma preocupação constante da televisão pública, como já dissemos. Mas hoje a televisão terrestre transmitida de forma aberta pode ter multiprogramação, ou seja, vários canais em vez de um único. A televisão pública pode aproveitar algum desses canais para inovar em termos de grade de programação e exercer estratégias de contraprogramação. Mais uma vez estaria mostrando alternativas às emissoras comerciais não hegemônicas. A televisão pública atuaria, assim, no sistema televisivo como um todo, oferecendo opções estéticas para o público e opções mercadológicas para as redes privadas.

Produção interna nas emissoras e crise criativa

Nos Estados Unidos a televisão surgiu com a aliança dos estúdios de cinema, que sempre foram produtores audiovisuais importantes. A economia dos grandes estúdios entrou em crise a partir dos anos 1970, e a produção de televisão começou a ser baseada em produtoras independentes dos estúdios. Foi esse modelo que criou o ambiente para o crescimento e o sucesso das séries americanas, uma das melhores produções televisivas da contemporaneidade.

Já no Brasil a televisão sempre fez produção interna. Com a inexistência de produtores fortes de cinema, surgiu com a implantação de parques de produção internos, montados com profissionais vindos do rádio. Esse modelo de produção interna gera mais concentração e, em médio prazo, leva ao engessamento da criatividade e ao consequente afastamento do público. É o momento que vivemos hoje. Para sair desse impasse, é necessário que as emissoras aprendam a fazer parcerias com a produção independente.

O modelo de produção interna perpassa a televisão brasileira. Em plenos anos 1990 a Globo construiu o Projac, um megaestúdio que lembra o modelo de produção dos estúdios americanos dos anos 1950. Enquanto as televisões do mundo todo investem em produção independente, as emissoras brasileiras ainda tentam copiar a Globo. Recentemente, Record e Rede TV anunciaram a construção de novos estúdios.

Esse investimento em estúdios é um erro estratégico ou, no mínimo, um foco equivocado. A produção audiovisual em si e os estúdios são cada vez mais *commodities* de mercado. O investimento certo seria na inteligência da emissora, nos talentos criativos, que são o grande diferencial de qualquer empresa da era digital. A prova do fracasso desse modelo fica evidente no fato de a televisão brasileira ter estúdios e precisar comprar, cada vez mais, formatos estrangeiros. Enquanto o mundo todo sabe que o lucro real da televisão internacional vem da criação de novos formatos, da inteligência criativa, a televisão brasileira ainda investe no controle da produção. Ou seja, ainda está presa a uma lógica fordista, de controle da produção, de economia capitalista fabril, quando, na verdade, o mercado agora é inteiramente baseado em economias criativas e em controle da criação, dos formatos e dos direitos autorais.

As emissoras brasileiras não vendem formatos para outros países. Esse é um dado preocupante – até mesmo assustador – para nosso pleno desenvolvimento como indústria audiovisual. A Cuatro Cabezas, produtora argentina, tem vendido vários formatos para as emissoras brasileiras, mas nós ainda não temos essa consciência e estratégia. Estamos ainda presos à compra de formatos, importando inteligência para produzir aqui. Enquanto a indústria de moda brasileira faz sucesso internacional, em audiovisual nossas novelas só são exibidas em países do terceiro mundo e/ou canais latinos. Enquanto em moda exportamos inteligência, em audiovisual ainda somos colônia que apenas produz manufaturas a partir de modelos (formatos) elaborados internacionalmente. Ainda temos certa vitalidade em nossa indústria devido às grandes inovações que a televisão brasileira fez nos anos 1960 e 1970. Mas faz quase quarenta anos que estamos repetindo a fórmula. Se continuar assim, iremos, em médio prazo, voltar para a dependência e nos tornar apenas uma fabriquinha que produz conteúdos elaborados por estrangeiros. Voltaremos a ser dependentes intelectualmente dos estrangeiros.

Outro problema desse modelo de estúdios é o aprisionamento em formatos rígidos. Como já dissemos, o modelo de produção determina uma estética. O modelo de estúdios tem realizado muito bem telenovelas, mas é pouco flexível para a realização de séries, que são o principal conteúdo *premium* do mercado televisivo internacional. Séries têm mais variedade de cenários e muitas vezes são filmadas em locações. As séries produzidas pela TV aberta brasileira parecem mais novela do que seriados, pois são filmadas e planejadas para uma produção semelhante à novelesca.

Além disso, em médio prazo, esse modelo acaba por matar a criatividade. A criatividade de qualquer empresa é resultado da constante abertura para o novo, da constante oxigenação dos talentos. A Globo estourou nos anos 1970 por trazer para dentro da emissora talentos do mercado extraempresa, como os autores de novela que vieram do Centro Popular de Cultura (CPC) e que, apesar de serem de esquerda, foram contratados por uma emissora "capitalista" e, apesar de virem do teatro, passaram a escrever novelas. Foram esses riscos que trouxeram as inovações para a televisão brasileira. Hoje, trinta anos depois, a produção *in-house* criou uma verdadeira corte. Os mesmos autores se repetem há trinta anos.

Além dos estúdios, há o modelo de contratos fixos, que é ótimo para dar estabilidade para os criadores, mas pode gerar uma corte de profissionais corporativos, autistas e alienados do restante do país. Faz quase quinze anos que não há seleção de novos autores na emissora, os autores têm todos um plano de carreira interno, e os jovens talentos são treinados desde cedo para fazer bem o "formato Globo". Isso gera enrijecimento. Muitos grandes atores da televisão brasileira surgiram no teatro independente, em especial o Teatro de Arena. Hoje, eles surgem na Oficina da Globo e são treinados em *Malhação*. Dessa forma, a empresa torna-se pouco criativa e não consegue mais traduzir em dramaturgias as mudanças sociais contemporâneas. Os autores continuam repetindo fórmulas de sucesso de vinte anos atrás. O mesmo acontece com todos os outros talentos artísticos, atores, diretores, fotógrafos etc. Enquanto os autores antigos ainda mantêm a vitalidade de quem não nasceu na empresa, os jovens já foram treinados no protegido ambiente corporativo e correm o risco de permanecer alienados da realidade social. O que foi inovação há vinte anos agora vira fórmula; o que foi uma expressão vitalizada de jovens que exerciam seu poder de autoria agora se torna receita seguida por jovens envelhecidos que querem manter seus altos salários.

Para piorar as coisas, a emissora começa a ficar refém de talentos que se tornam mais poderosos do que a própria empresa e são obviamente resistentes a qualquer tipo de mudança. Quem perde com tudo isso é a criatividade e, consequentemente, o público, obrigado a consumir uma produção que se repete há anos, sem nenhuma novidade. Em médio prazo perde também a emissora, que vai se afastando cada vez mais do público. Por tudo isso, é necessária uma urgente oxigenação da produção e dos talentos que fazem televisão no Brasil. A entrada da produção independente é um dos caminhos.

Produção independente

Se quisermos que realmente aconteça a parceria entre emissoras e produtoras independentes, é necessário pensar também do ponto de vista das emissoras. Precisamos nos libertar da lógica de "obrigar" as emissoras a programar produção independente. Temos de aprender a dialogar com elas e a conhecer suas demandas. Não é vilão e mocinho, é um jogo em que todos os agentes (poder público, emissoras, produtoras independentes e criadores) têm de estar de acordo.

As preocupações das emissoras não são descabidas. Como tudo que é novo, a relação entre a emissora e a produção independente ainda precisa ser bem dimensionada. A produção brasileira não tem uma grande tradição em produção independente para televisão. A maioria das empresas de produção independente brasileiras costuma trabalhar para cinema e publicidade, setores com modelos de produção e criação muito diferentes da TV.

O fato é que hoje uma emissora como a Globo sabe produzir alguns formatos de ficção com qualidade (novelas e séries cômicas). E há poucas produtoras independentes com esse conhecimento. O crescimento deve ser gradativo. Não é descabida a preocupação das emissoras de garantir conteúdos de qualidade e que dialoguem com seu público.

Para que a parceria emissora e produtora independente funcione é necessário rever alguns conceitos. Um dele está no próprio termo "produção independente". Afinal o que queremos dizer com isso? A produção é independente do quê? Do público? Da emissora? Vamos falar de cada uma dessas falsas independências para entender melhor como devemos pensar a produção independente.

No cinema brasileiro, por exemplo, a produção independente é, em alguns casos, confundida com produção independente "do público". Parte do pensamento cinematográfico brasileiro acabou por criar uma falsa dicotomia entre "obra autoral" e "obra comercial". A primeira, na sua busca desenfreada por liberdade e qualidade artística, quer se afastar de qualquer preocupação com o público. A segunda, na sua busca desenfreada por retorno financeiro, quer se vender completamente aos supostos "gostos do público". Essa dicotomia é falsa. Todo filme é comercial. Mesmo o filme de arte vende ingressos e tem público pagante, que espera algumas características dele, e o filme dialoga com uma parcela de público. Pode ser que seja um público mais segmentado, pode não ser um *blockbuster*. Mas não deixa de ser comercial. É importante que os "produtores independentes" aprendam a se relacionar com o público, ao mesmo tempo que se preocupam em manter a qualidade e a excelência artística. Isso não significa se render aos números da audiência, e sim dialogar com os interesses do público.

Seria então independente da emissora? Não é. A produção independente deve estar em sintonia com a emissora para que o conteúdo produzido encaixe na grade e dialogue com o público do canal. Afinal, o papel de uma emissora é justamente este: atender e zelar pelo interesse do público. É para ela que o Estado deu a concessão pública de televisão, e isso faz parte do jogo democrático. É justamente este o papel de uma emissora: construir a grade e manter o diálogo entre seus programas e o público alvo. Isso não é apenas interesse "capitalista". Nada contra o "capitalismo" e a busca do lucro. Temos de ter empresas nacionais fortes e lucrativas, o que não é apenas interesse capitalista, é também interesse público. Mesmo uma televisão pública deve seguir o mesmo caminho e cocriar com a produção independente. O errado seria a emissora apenas repassar recursos e responsabilidade pelos conteúdos a produtores independentes. A concessão pública é para a emissora, e ela é que deve ser responsável pelos conteúdos e pelo diálogo com o público.

No entanto, o termo "independente" tem remetido a uma cultura de confronto com a emissora e com o público, uma cultura que está sendo superada pelas novas produtoras independentes e que deve ser definitivamente eliminada. Uma comparação ajuda a esclarecer esse tema. Ninguém costuma falar de produção independente de pneus. A montadora de automóveis trabalha com várias outras empresas, mas elas não são chamadas de produtoras independentes, pois o pneu tem de encaixar no carro. Não tem sentido fabricar – em nome da autoria – um pneu que não encaixe no carro. Da mesma forma, o programa de televisão precisa encaixar na grade. Eu não tenho dúvidas de que os criadores de pneus são criativos e inventam soluções e formatos novos. Mas eles têm de trabalhar dentro de limites estabelecidos pela montadora. Com a produção independente é igual. É claro que em uma indústria criativa para produção de arte (como são os programas de televisão) é saudável que a produtora tenha mais liberdade criativa do que a empresa de pneus. Por isso, a produção de pneus é chamada de terceirizada, enquanto a de filmes é chamada de independente. Mas essa liberdade não é total, e é necessário que o programa de televisão seja uma cocriação entre a emissora e a produtora, e não uma criação totalmente independente da emissora.

É necessário que a emissora acompanhe de perto todas as etapas de uma produção independente. Isso significa: orientar os editais para um determinado tipo de conteúdo, escrever e aprovar roteiros, aprovar elenco, aprovar equipe técnica, acompanhar momentos chaves da gravação, acompanhar edição e finalização. Ou seja: a emissora deve ter o poder de cocriar o conteúdo. É e deve continuar sendo dela o poder de decidir a série ou o filme que vai entrar na grade e influenciar em seu conteúdo.

Em todo o mundo desenvolvido é assim que acontece: a emissora contrata a produção independente para produzir um programa, mas mantém seus direitos de escolha (não é imposição) e supervisão (cocriação da obra). Para isso a emissora tem comissões editoriais, formadas por artistas por ela contratados e que acompanham todo o desenvolvimento do programa produzido de forma independente. Portanto, para que haja realmente produção independente em televisão brasileira, é necessário que a emissora aprenda essa tecnologia de supervisão e mantenha equipes de supervisão artística, ou comissões editoriais.

Empresas cooperativadas

Com o crescente barateamento da tecnologia, o talento dos criadores será o principal diferencial. E ganharão o mercado as empresas que souberem conquistar e manter os maiores talentos.

Além dos altos salários, as empresas podem dividir poder e formar ambientes realmente colaborativos, em que a criatividade possa germinar. Isso já vem acontecendo na área de software e vai chegar à de conteúdo, inclusive audiovisual.

Em *Uma utopia militante: repensando o socialismo*, Paul Singer mostra como as grandes mudanças de paradigma econômico não começam na revolução política. A passagem do feudalismo para o capitalismo, por exemplo, teve início no modo de organizar a empresa. Devido ao momento histórico e ao tipo de produto elaborado, empresas organizadas de forma capitalista começaram a ganhar espaço no mercado daquelas organizadas como corporações de ofício (modelo medieval). Assim se fortaleceu a burguesia, protagonista da Revolução Industrial Inglesa e de outras revoluções burguesas. Hoje, no entanto, estamos em novo momento, no qual as empresas capitalistas não exigem mais máquinas pesadas e controle do "equipamento". Na economia atual, o verdadeiro e principal insumo não são as máquinas (que agora são *commodities*), e sim os talentos, as pessoas que criam os conteúdos da empresa. Por isso, em médio prazo, vencerão as empresas que conseguirem segurar os melhores talentos criativos. E um caminho é dividir os lucros e o poder de decisão dentro da empresa entre seus principais talentos. Serão empresas cooperativadas – não necessariamente entre todas as pessoas, mas ao menos entre o núcleo da equipe criativa. Um modelo que serve como exemplo são os escritórios de advocacia, onde jovens talentosos vão se tornando gradativamente sócios da empresa. É a socialização do modelo de gestão da empresa. É o socialismo surgindo dentro da organização das empresas e conquistando o mercado, uma forma de descentralizar o poder e dividir rendas. Muitas empresas de software já são organizadas dessa forma, com a participação dos talentos na sociedade, o que garante a sua manutenção. O mesmo começará a acontecer com empresas da área criativa, como produtoras de audiovisual, agências de conteúdo e de publicidade e outras empresas típicas das economias criativas.

É uma tendência de mercado que pode ser também incentivada pelo poder público. Afinal, empresas criativas cooperativadas contribuem para vários princípios importantes que o Estado deve explicitamente defender: descentralização de riquezas, descentralização de poder e liberdade individual dos artistas. Imagine, por exemplo, que os jornais fossem feitos por cooperativas de jornalistas. Em vez de expressar apenas a voz do "dono", os jornalistas individualmente teriam muito mais liberdade para expressar suas opiniões, aumentando a pluralidade de vozes e a liberdade de expressão. Ou seja, é interesse do Estado democrático o surgimento e o crescimento de empresas cooperativadas.

Outro ponto que merece mais debate é a oposição entre grandes e pequenas empresas. Apoiar empresas pequenas não é a única forma de distribuir riqueza.

Além disso, a complexidade da produção e do negócio audiovisual demanda empresas grandes. Mais que no tamanho da empresa, poderíamos pensar na composição societária, entendendo melhor como é feita a distribuição de riquezas entre os sócios. Mesmo firmas grandes e "capitalistas" bem-sucedidas, como Conspiração e Mixer, são formadas por vários sócios criadores, que se agruparam para fundar uma única empresa, a qual não é totalmente centralizada.

Mais que apenas defender as pequenas empresas do ataque das grandes, deveríamos incentivar as pequenas a se associarem, criando cooperativas de criadores, que assim se tornariam fortes (mas um pouco mais socializadas, menos concentradas), ganhando porte para disputar o mercado com as grandes empresas capitalistas.

O Estado, que deve ter como princípio público evitar a concentração de renda, poderia incentivar o surgimento de empresas organizadas de forma mais cooperativada. Seria um modo de ação afirmativa: a política de concessão de novas emissoras pode privilegiar empresas cooperativadas. Também as políticas de apoio empresarial do BNDES podem ter linhas específicas para cooperativas audiovisuais.

O caso dos roteiristas em teledramaturgia e a relação com a produção independente

Para que o mercado funcione melhor, o Estado democrático pode tentar também corrigir distorções na forma como as empresas se relacionam com sua equipe. Da mesma forma que há leis trabalhistas da época da implantação da produção capitalista e elas foram importantes para organizar o mercado, hoje, neste novo momento, é possível pensar correções que deem direitos aos criadores/artistas. Seria bom para o mercado audiovisual e para a expressão artística. Um exemplo de correção necessária é a relação entre autores/roteiristas e produção independente. É uma relação que ainda está mal equacionada e pode ser redimensionada.

Antes é necessário dizer: a autoria em televisão é, principalmente, do roteirista. Enquanto em cinema o diretor é mais importante, em televisão é notória a preponderância do escritor. Em toda obra de teledramaturgia, o verdadeiro poder criativo está na mão dos roteiristas. A principal função do diretor de televisão é efetivar bem a obra dramatúrgica criada pelo roteirista. Isso ocorre pelo tamanho da obra, pela serialização, pelo fato de a produção ser necessariamente rápida e com uma maior padronização estética, entre outros motivos. O fato é que, em teledramaturgia, o autor principal é sempre o roteirista, seja em séries *premium*, seja em telenovela. Na produção de séries americanas, o poder está nas mãos do criador, que é quem criou o universo e escreveu os primeiros episódios. Mesmo quando eventualmente dirige algum episódio, o criador das séries americanas costuma vir da área de roteiro e dramaturgia e atua principalmente nisso. Para garantir a autoria, o roteirista costuma supervisionar o roteiro e a direção, atuar como produtor, definir *casting* e participar do corte final.

A Rede Globo também conquistou seu sucesso pela valorização da autoria dos roteiristas, que sempre foram prestigiados intelectual e financeiramente na empresa.

Já as empresas brasileiras de produção audiovisual independente têm outra origem. Elas não vêm da produção de televisão, nem de rádio, nem de dramaturgia. São empresas que cresceram atuando para cinema, publicidade ou instituições. E nesses mercados a regra é: "todo o poder aos diretores".

Isso funciona para determinados tipos de cinema (não para todos, mas para alguns filmes mais autorais) e para a direção de publicidade, que já trabalha com base em roteiros da agência de publicidade e faz filmetes de 30 segundos, em que a imagem é mais importante do que a dramaturgia. Entretanto, não funciona para teledramaturgia.

Essa tem sido a maior dificuldade da produção independente brasileira hoje, tanto para cinema quanto para televisão. Virou até um clichê dizer que o problema está no roteiro. Sem dúvida. Mas isso não ocorre pela ausência de bons roteiristas. A questão é que os diretores brasileiros controlam o filme e desconhecem dramaturgia. Eles tratam o roteirista como um datilógrafo de luxo e não conseguem dialogar de forma rica com ele. O problema, portanto, não é a ausência de roteiristas, é a ausência de diretores que saibam dramaturgia. Ou a ausência de produtores que tenham a coragem e/ou desprendimento de dar "poder real" ao roteirista.

Enquanto Boni e os donos da Globo deram real poder aos roteiristas na década de 1970, os produtores independentes atuais, acostumados com a produção publicitária, costumam dar poder ao diretor. Se ele for também um bom roteirista, ótimo. Mas, em geral, o poder aos diretores tem resultado em filmes com ótima direção de arte, boa visualidade, ótimos movimentos de câmera e um roteiro tosco ou simplesmente fraco. Como diz minha mãe: "falta história". E a grande maioria dos filmes se torna um fiasco.

Esse é um problema cultural que remete às origens da produção independente brasileira, a qual nunca trabalhou com criadores de texto (nem publicitários). As produtoras nunca tiveram roteiristas contratados em sua equipe, pois recebiam os roteiros direto das agências. As produtoras independentes nem sabem ao certo o que fazer com um roteirista e, consequentemente, não valorizam seu trabalho. Acham normal um roteirista trabalhar no risco, acham normal um roteirista não ter poder algum na obra etc. Enquanto no mundo todo o roteirista é o funcionário mais bem pago, no Brasil é comum que ele ganhe muito menos do que o diretor de arte ou de fotografia. Essa é uma questão cultural, é o modelo que funciona para as produtoras há anos.

Assim, o mínimo que podemos dizer é que, por motivos culturais e econômicos, não dá para ter certeza de que a produção independente brasileira saberá reconhecer o poder dos roteiristas, pois não tem a tradição de valorizar os autores. Em geral, a formação dos produtores independentes é mais na área técnica, na escolha de equipamentos, na produção de *set*, na direção de arte, na qualidade da imagem e nos efeitos especiais. Na prática isso se reflete em não deixar o poder criativo na mão dos roteiristas, que são tratados como "assistentes de dramaturgia". É uma atitude que bate na tela.

Também há motivos econômicos para a desvalorização do roteirista no setor de produção independente, que vive da produção efetiva do programa. Historicamente, nunca se conseguiu investir pesado na pré-produção. Os criadores e roteiristas, ao contrário, passam longos períodos na pré-criação, em pesquisas, leituras, criação de pré-argumentos e de personagens etc. Passam anos criando escorços da obra futura, o que é fundamental no processo criativo. É por isso que as emissoras comerciais mantêm os autores sob contratos fixos. Mesmo quando o programa não está no ar, os roteiristas estão criando o universo de personagens, espaços e temas que, mais tarde, se traduzirão em roteiros de capítulos da telenovela ou seriado. Essa criação é baseada em longos períodos de leitura e pesquisa, que para um leigo em criação de roteiros pode até parecer ociosidade. Mas valorizar essa etapa e nela investir é fundamental para o sucesso de qualquer obra de dramaturgia.

No entanto, as produtoras independentes brasileiras não têm nem a tradição cultural, nem as condições financeiras necessárias para manter autores fixos sob contrato. E geralmente, ao contratar uma produção independente, desconsidera-se por completo essa longa fase de investimentos em desenvolvimento. Na produção de cinema e televisão, por exemplo, a Ancine pede o roteiro pronto sem que o filme tenha captado um centavo, prevendo que o roteirista trabalhou no risco ou que a produtora investiu recursos no desenvolvimento (algo extremamente raro).

Por tudo isso é possível dizer que criação de roteiros e valorização do autor roteirista são os principais pontos fracos do audiovisual brasileiro de hoje. Se em cinema isso é um grande problema, em produção independente para televisão o transtorno é ainda maior. Entretanto, a solução poderá vir em médio prazo, do próprio mercado, que atua com acertos e erros. Um ou outro produtor e/ou diretor de bom senso dará poder a roteiristas talentosos, e o mercado começará a perceber que o roteirista é peça chave. O exemplo poderá contaminar outros, e o movimento tenderá a crescer. Mas isso pode demorar décadas. Para agilizar, é possível criar incentivos que corrijam tal distorção.

A solução que apresentamos para o momento brasileiro é que os editais públicos ajudem a corrigir essa carência. Isso pode ser feito de várias formas.

a) Retirar a exigência de roteiro pronto na inscrição de projetos para aprovação em leis de incentivo. Essa exigência atual incentiva o mercado a pedir para roteiristas escreverem (um trabalho que deve durar no mínimo uns seis meses) sem ganhar nada. Quando o dinheiro sai, muitas vezes o roteirista recebe apenas uma pequena parcela. O Estado pode pedir somente um argumento e liberar verba para a escrita do roteiro assim que o produtor captar os primeiros recursos.

b) O Estado também pode regular melhor a atividade, exigindo a inserção de contrato com o roteirista no projeto, valorizando assim sua importância como autor. Isso já é fato reconhecido até pela legislação, que define músicos, roteiristas e diretores como autores da obra audiovisual. É possível até fixar porcentagens e garantir que a verba do roteiro vá mesmo para o roteirista. Infelizmente, no Brasil, é comum que a verba de roteiro prevista no orçamento aprovado pela Ancine não vá inteira para o roteirista, sendo dividida com o diretor do projeto. No Brasil, é comum que o diretor, mesmo sem escrever uma linha, assine o roteiro e receba a maior parte da verba. O argumento é que o diretor deu ideias para o desenvolvimento do roteiro. É óbvio, é função dele dar ideias em todos os setores. Por esse critério, o diretor deveria assinar também fotografia, direção de arte, *casting*, som, tudo, entretanto não o faz, principalmente porque trabalha há anos com um diretor de fotografia em publicidade e outros profissionais valorizados. Só assina roteiro, desvalorizando artística e financeiramente o roteirista, porque nunca trabalhou com um autor, algo novo no mercado e cuja importância as produtoras ainda não entenderam. É necessário melhorar a regulamentação para garantir que a verba de roteiro seja paga a quem escreveu o filme. Nos Estados Unidos, nenhum diretor pode assinar o roteiro, a não ser que prove que realmente escreveu mais de 30% do filme. Não basta dar ideias, tem de realmente ter escrito e participado de todo o processo de escrita. Essa regulamentação é boa para o próprio mercado e pode ser um dos instrumentos para o Estado corrigir tais distorções.

c) Criar editais voltados para filmes cujas ideias partam de roteiristas. Hoje todos os filmes partem dos diretores, que são um grupo cultural específico, oriundo de uma elite que faz publicidade e/ou cinema há muitos anos. Eles têm gostos próprios e dificuldades em conversar com o público hegemônico brasileiro de classe C. Controlam, no entanto, a produção independente e não dão espaço para roteiristas escolherem os filmes que gostariam de realizar. Os autores/roteiristas de talento acabam, em sua maioria, indo trabalhar em emissoras de televisão que, ao contrário das produtoras independentes, lhes dão poder. É possível, no entanto, começar a corrigir isso com editais voltados para filmes e séries de televisão que partam de autores roteiristas e em que a produtora entre como cocriadora. Essa valorização dos autores foi incentivada no FICTV e tivemos bons resultados.

d) Devemos também, é claro, aumentar imensamente a verba que as produtoras podem receber para a etapa de desenvolvimento. Em todo o mundo, é comum ter altos recursos para essa etapa, que inclui pesquisa, roteiro, consultorias de roteiro, material promocional, produção de *casting*, viagens para selar acordos de pré--produção etc. No Brasil, como a lei de incentivo é baseada apenas na divulgação das marcas empresariais em filmes, não existe verba das principais empresas patrocinadoras para o desenvolvimento. Por isso, é necessário um apoio direto do Estado nessa etapa, que deve ser prioritária nas políticas públicas.

A valorização dos roteiristas na produção independente brasileira é uma questão chave para o pleno desenvolvimento de nossa indústria audiovisual.

FICTV

Vou falar agora do FICTV, edital para produção de séries de ficção que ajudei a elaborar e em que atuei como consultor artístico. O edital tem várias inovações em seu modelo e pode inspirar novas políticas públicas para o setor de televisão. Foi idealizado pela Secretaria do Audiovisual do Minc – na gestão de Silvio Darin –, pelo mesmo grupo que elaborou o DOCTV, em especial Mauricio Hirata e Paulo Alcoforado, e a coordenação executiva foi de Mario Borgnet. A produção será exibida em televisões públicas. A FICs – empresa que tenho com o produtor Roberto D'Ávila – foi convidada para dar uma consultoria na elaboração do edital e coordenar uma equipe de diretores, roteiristas e produtores que fizeram a coordenação artística.

A primeira coisa a se notar é que é um edital para *produção* e *desenvolvimento* de séries de televisão. A produção de séries é uma carência antiga das políticas de produção audiovisual brasileira independente, que tradicionalmente apoiam apenas a produção de longas-metragens cinematográficos. O edital visou duas correções no modelo de televisão brasileira:

a) Incentivo à produção de seriados. Tradicionalmente a televisão brasileira privilegia a produção de telenovelas. Redes como Bandeirantes, SBT e Record ainda imaginam que a produção de telenovelas é a única possível na área de teledramaturgia. Apenas a Globo faz séries, mas já tem quatro novelas e encaixa as séries depois das 22 horas. A Record fez recentemente a excelente série *Lei e Crime*, mas colocou-a no ar apenas depois de consolidar dois horários de telenovelas. A produção de séries pode ser uma saída mais criativa para as emissoras. Nos Estados Unidos, é uma indústria bem mais forte que a de telenovelas. Nas feiras internacionais de venda de conteúdo, o mercado é todo baseado em séries. Em 2009, o SBT programou um seriado internacional em horário nobre (*Super-*

natural), e a audiência tem sido boa. Há evidências de que exista essa tendência do crescimento das séries no público brasileiro. Mas existem resistências. A principal é que todo o modelo da televisão brasileira é baseado na criação de programação diária, e a série costuma ser semanal. Os executivos de televisão brasileira ainda não tiveram a ousadia de implementar uma grade de programação com séries semanais em horário nobre. Entende-se o motivo: isso mudaria todo o modelo de audiência e, com ele, a relação com os anunciantes. *Supernatural*, por exemplo, é exibida nos Estados Unidos semanalmente, enquanto no Brasil o SBT a leva ao ar diariamente. Esse modelo dificulta a produção de séries, que são conteúdos *premium*, com filmagem mais demorada, produção mais cara e menos episódios. *Supernatural* só pode ser exibida diariamente aqui porque já teve várias temporadas nos EUA. Uma série nova, entretanto, não teria programação suficiente para exibição diária e seria, no máximo, uma microssérie que também não resolveria o problema de fixar a audiência do público diariamente. É um problema real e, para resolvê-lo, é preciso apoio do Estado para emissoras que querem entrar na produção de séries. Serão necessários alguns anos de exibição de uma grade de séries semanais em horário nobre para que o público adquira esse novo hábito. Uma política pública voltada para isso seria um exemplo de apoio do Estado para a produção de conteúdo em formatos inovadores. O FICTV configurou-se como uma dessas políticas. Outros exemplos de apoio foram o Artigo 3A da Lei do Audiovisual, permitindo a produção de séries incentivadas pelas redes abertas, e o PEF (Programa Especial de Fomento), que permite o incentivo a grades inteiras de programação. São dois mecanismos recentes e ainda pouco utilizados, mas que mostram como o Estado brasileiro – liderado pelo Minc e pela gestão da atual diretoria da Ancine, com presidência de Manoel Rangel – tem atuado na correção dessa distorção.

b) Parceria entre emissoras e produção independente. Como já dissemos na análise do modelo, a televisão brasileira, tradicionalmente, produz quase 100% de sua programação internamente. Por isso é importante o incentivo à produção independente em televisão. A regulamentação das políticas públicas citadas (FICTV, Artigo 3A e PEF), por exemplo, só permite o incentivo se a produção for independente.

Foi o que promovemos no FICTV: a parceria entre emissoras públicas e produção independente. Nosso objetivo é que o modelo sirva também para a televisão comercial.

Uma das preocupações que tivemos desde o início foi pensar as séries como conteúdos adequados a um determinado público alvo. O projeto foi financiado pelo Mais Cultura, programa do BNDES voltado para a inserção de jovens no mercado de trabalho e na representação audiovisual. As séries realizadas devem, portanto, ter estratégias para dialogar com os jovens das classes C, D e E. Ou seja, o FICTV não é uma política setorial, que o Estado aplica para incentivar a produção independente de televisão. Isso é consequência. O edital visa atingir o público alvo das séries, o espectador, e não a produtora audiovisual. Os artistas e a produtora colocam-se a serviço do público. Isso muda tudo e faz toda a diferença na hora de criar um projeto audiovisual.

A elaboração do projeto nasceu de um seminário que reuniu representantes de todas as emissoras públicas e especialistas para discutir a ficção televisiva em rede pública. Um dos pontos que fizemos questão de deixar claro foi que as séries não precisavam ser "construtivas", educativas ou presas ao "politicamente correto", que muitos ainda julgavam ser as demandas da TV pública. Discutimos como a ficção serve muitas vezes como laboratório de experiência existencial, podendo, como toda forma de arte, trabalhar na fronteira do que é socialmente aceito. O paradigma deve ser a inovação e a construção da tolerância por meio da exposição sem firulas da real diversidade cultural. Com base nos debates do seminário, elaboramos também um modelo de como apresentar projetos de séries de ficção. Esse modelo redefine conceitos e faz perguntas inovadoras em projetos de ficção. Uma dessas questões leva o autor a discutir a relação de sua história com os gêneros dramáticos (comédia, melodrama, farsa e tragédia) e com os subgêneros (suspense, terror, *sci fi* etc.). Percebemos que no audiovisual brasileiro há uma grande resistência a criar de acordo com os gêneros, considerados formatos rígidos que limitariam a expressão da autoria. Nós, ao contrário, acreditamos que não existe oposição entre autoria e gênero, sendo possível e desejável que a criação se defina em relação a isso, uma vez que assim se estará levando em consideração o público. E, como já afirmamos, o objetivo do edital é criar séries que saibam dialogar com o público. Obviamente, isso não significa seguir as regras de um único e determinado gênero, e sim as de vários, para recombiná-las e fazer algo novo. A pergunta que fazemos no formulário de apresentação é justamente como a obra dialoga e mistura os gêneros.

O edital também tem outras inovações que dialogam com os princípios que expus no transcorrer deste anexo. Entre elas:

a) Garantimos a valorização do autor-roteirista. O projeto é apresentando em conjunto por um autor e pela produtora. Muitos projetos foram elaborados por autores que conseguiram apoio das produtoras. Essa política de valoração dos autores ainda pode ser ampliada em próximos editais.

b) Perguntamos sobre as ações transmidiáticas que a série permite realizar.

b) Criamos uma supervisão artística, ligada à coordenação executiva do projeto e gerida pela FICs (Fábrica de Ideias Cinemáticas), sob coordenação minha, de Roberto D'Ávila e do sociólogo Carlos Novaes. Essa supervisão teve mais de 60 horas de consultoria com cada projeto selecionado, refazendo o roteiro do piloto, dos episódios, da bíblia etc. Além disso, fizemos consultorias de *casting*, direção, produção e montagem. O aperfeiçoamento dos roteiros é notável, podendo ser verificado na comparação entre os aprovados inicialmente e o resultado final. A presença de consultores externos ao projeto garante isenção e distanciamento difíceis para o autor da obra conquistar sozinho. Eu tive o privilégio de estar dos dois lados desse balcão. Na série que fiz para a Fox (*9mm: São Paulo*), fui o autor que recebia a supervisão dos consultores. No FICTV, fui o consultor artístico de oito séries. Em todos os casos, a relação entre a consultoria externa e os autores mostrou-se fantástica. Mais que um suposto "controle da obra", o que houve foi uma parceria artística em que todos criaram juntos, surgindo uma inteligência coletiva que em muito melhorou a obra.

Do ponto de vista do Estado, é uma mudança completa de paradigma. O Estado sai da lógica da esmola e entra na do investimento. No modelo tradicional, o Estado financia a produção e depois "lava as mãos", não se preocupa com a qualidade da obra que está sendo produzida. Tal como um playboy que dá esmola num farol para que o mendigo se afaste e pare de incomodá-lo, o Estado dá grana aos cineastas para que eles parem de "encher o saco". Depois da dar o dinheiro, não se preocupa com o que é feito com ele. Nesse novo modelo, que inclui a supervisão artística, o Estado se considera investidor e cria mecanismos para acompanhar o desenvolvimento da obra, participando de todo o processo e buscando a qualidade. É um modelo que pode ser aplicado em várias outras políticas públicas de incentivo à produção, inclusive de cinema.

Além disso, o tipo de supervisão artística que criamos para o FICTV pode servir de modelo para TVs comerciais, pois mostra como é possível um diálogo entre a produção independente e consultores indicados pelas emissoras, garantindo que os conteúdos produzidos sejam adequados à grade de programação.

c) Por fim, desenvolvemos no edital do FICTV uma pesquisa qualitativa para aferir os resultados das séries produzidas. Coordenada pelo sociólogo Carlos Novaes (um dos maiores especialistas em pesquisa de audiência do Brasil), as séries foram todas submetidas a pesquisas qualitativas, que medem o impacto da exibição no público alvo. Muito além da medição de audiência instantânea e em índices absolutos, a pesquisa de Carlos Novaes mede a relação cognitiva e emocional dos espectadores com o produto exibido, elaborando um relatório que poderá dar subsídios ao júri para escolher qual dos oito pilotos tem potencial de se tornar uma série de sucesso, para, aí sim, ser financiados os treze episódios. O próprio fato de medir o sucesso de uma obra produzida por edital público já é uma inovação, mais interessante ainda por usar critérios inéditos.

O FICTV ainda está em andamento. A partir de 2010 serão exibidos os oito episódios pilotos e serão produzidas as duas séries completas, com treze episódios cada uma. O que percebemos é que ainda há muita coisa a ser feita para que a parceria entre produtoras independentes e emissoras realmente se efetive, mas com o FICTV demos alguns passos importantes.

TV e políticas culturais

A televisão, como já dissemos, é um meio de expressão cultural e artística. Cabe, portanto, às políticas públicas aplicar a ela critérios típicos da produção artística. Entre eles: garantir o direito do cidadão de fazer a própria arte (da mesma maneira que acontece em qualquer outro meio, como teatro, artes plásticas etc.) e valorizar o repertório estético.

Infelizmente, os aparelhos culturais do Estado e da sociedade brasileira ainda não preveem a realização de produtos para televisão, o que inviabiliza a atuação do cidadão comum.

Os canais comunitários podem ajudar a suprir essa carência, como revela o exemplo da TV Comunitária de Berlim, que utiliza equipamentos de segunda linha doados pelas grandes redes e cede-os para a realização de projetos propostos por qualquer cidadão. Entretanto, no Brasil os canais comunitários são apenas um espaço de transmissão e não dispõem de equipamentos garantidos pelo poder público. Sem estes, os "cidadãos pobres" (e mesmo as organizações de cidadãos pobres) são impedidos de realizar seus programas, e mais uma vez a produção acaba restrita a quem pode financiá-la do próprio bolso. Algumas políticas recentes, como as Oficinas Kinoforum e o Fepa (Fórum de Experiências Populares em Audiovisual), têm contribuído para suprir essa carência. Muitos ainda permanecem presos à ideia de estar fazendo "cinema", arte que tem mais glamour e é mais cara. Porém, na prática, ao ver a produção realizada, percebe-se que eles estão mesmo é exercitando a prática da arte televisiva, produção que pode ser mais rápida, mais barata e mais popular. É importante aproximar esses realizadores das televisões comunitárias a fim de que escoem tal produção e contribuam para o revigoramento da televisão brasileira.

A democratização da produção televisiva deveria ainda ser acompanhada da realização extensiva de oficinas de formação e de concursos específicos para iniciantes. Algumas iniciativas da Secretaria do Audiovisual já vão nesse sentido e devem ser ampliadas.

Por fim, é necessária uma urgente atuação na consolidação de uma *cultura televisiva*. A cultura não se realiza apenas na exibição das obras. As políticas culturais devem atuar também pela garantia de recepção, criando a possibilidade de o público interagir com elas, fazer interpretações e aperfeiçoar seu repertório estético.

Ainda hoje algumas pessoas acreditam que a televisão é inevitavelmente consumida de forma passiva pelo espectador, sendo, portanto, um meio inadequado para a exibição e fruição artística (preconceito que o cinema também sofreu, em outro momento histórico). Contrapondo-se a essa ideia, pesquisas de recepção já mostraram que o espectador-padrão interage com a programação e entende a televisão como catalisadora de discussões.

Uma política cultural eficaz deveria, tal como acontece com todas as outras artes, estimular o espectador a interagir com a televisão, ensinando-o a "ler" os discursos produzidos e treinando sua sensibilidade. A consolidação de uma cultura televisiva deveria começar pela pesquisa de sua história. Mostras retrospectivas de clássicos da televisão brasileira e internacional, criação de um Museu da Televisão, recuperação de programas clássicos e cursos de recepção são algumas iniciativas importantes.

Conclusão cultural: encarar a diversidade!

O principal valor de uma cultura democrática é a diversidade que promova no cidadão a capacidade de conviver com culturas diferentes. Esse valor é propagado quando se fala da produção de meios artísticos mais legitimados (como o teatro e a literatura), mas é esquecido quando se fala de televisão.

O fato é que no Brasil a televisão torna mais visível o caráter diversificado da sociedade. As mudanças de gêneros dramáticos da literatura ou do teatro brasileiros não conseguem alterar um fato básico: o de que as obras são produzidas apenas para o restrito circuito da elite cultural, que define ela mesma os critérios de sucesso. Quando na literatura brasileira surge algum produto diferenciado (de "baixo nível" ou mais próximo do gosto das classes populares), ou é simplesmente um fracasso (em muitos casos, não consegue sequer ser publicado), ou é recebido como um exemplo de radicalismo inofensivo. Literatura, teatro e cinema *cult* brasileiros inserem-se hoje em um sistema autista de sucesso, baseado na opinião de dois ou três jornais e na premiação de festivais que se repetem e fazem parte do mesmo circuito. Esse sistema cultural autista não consegue expandir seu público, permanecendo eternamente preso aos parcos recursos e às críticas bem-intencionadas e otimistas dos cadernos culturais.

A televisão, ao contrário, é consumida por todos, pobres e ricos. É diante da telinha da TV que a elite cultural é obrigada a conviver com programas que considera de mau gosto mas que, para seu desespero, alcançam imenso sucesso e influenciam os valores da sociedade como um todo (inclusive os de seus filhos). É diante da telinha que os conflitos culturais se evidenciam, e é no debate sobre televisão que nossas elites acabam revelando suas fantasias autoritárias e seus mais secretos desejos de impor um padrão cultural. É ao tratar de televisão que a elite fala abertamente de "impor qualidade à programação", de censura.

A televisão na era digital   249

Historiadores da cultura já demonstraram que em outros contextos históricos grupos sociais dominantes quiseram controlar os meios de comunicação popular, à época os livros ou as montagens de teatro[20].

Como eu já disse antes, não podemos confundir censura com controle social. O controle social atua sobre o conjunto da programação e toma medidas para assegurar a diversidade. A censura, ao contrário, proíbe a veiculação de programas específicos, tentando homogeneizar a programação.

Os poucos grupos da sociedade civil que hoje defendem o controle da televisão baseiam-se em argumentos morais. Dizendo-se preocupados com a "formação de nossas crianças", defendem uma televisão de "qualidade", o que, para a maioria desses grupos, significa televisão educativa que não exiba sexo e violência[21].

A fim de que se efetivem políticas culturais democráticas para a televisão é necessária a desconstrução desses argumentos aparentemente bem-intencionados. Na maioria dos casos, a "proteção às crianças" e a "televisão educativa" são escudos que escondem as tendências autoritárias daqueles que querem impor seus padrões culturais ao conjunto da programação.

Se fizermos o exercício de aplicar esses mesmos valores ao cinema (ou a qualquer outro meio de expressão, seja literatura, teatro, artes plásticas etc.), fica evidente o absurdo de tais afirmações. Imagine alguém defendendo que o cinema de qualidade não pode exibir sexo nem violência e que deve ser educativo. Esse conceito de qualidade excluirá a maioria das grandes obras cinematográficas. O conceito de que o cinema deve ser educativo já foi aplicado pelo Ince – Instituto Nacional de Cinema Educativo), no regime autoritário do Estado Novo, que tentou reduzir o cinema à propaganda dos "valores nacionais".

O próprio conceito de qualidade na programação costuma ser autoritário e sinaliza, na maioria dos casos, uma tentativa de impor um padrão único. O fato é que, no limite, cada pessoa tem o próprio conceito de qualidade da programação, e é saudável que seja assim. Já é hora de entendermos que só existe diversidade numa cultura quando algo nos incomoda. Se toda a programação agradar você, fique atento: isso significa que ela não é suficientemente diversificada.

As políticas públicas devem garantir que os vários padrões convivam dentro da programação. Se qualquer padrão for imposto, o conjunto da televisão brasileira deixa de ter qualidade. Para uma política pública, a definição de qualidade na tele-

---

20. Para citar apenas um exemplo, lembro o livro *Os best-sellers proibidos da França pré-revolucionária* (Darnton, 1998), que analisa os livros proibidos durante o absolutismo francês e discute como tais obras prepararam o imaginário popular para a Revolução Francesa.

21. Um bom exemplo dessa tendência pode ser encontrado no livro *Manual do telespectador insatisfeito*, de Wagner Bezerra (1999).

visão deve ser apenas uma: a "diversificação da programação", para atender aos diversos padrões de qualidade.

Dessa forma, uma política cultural para a televisão deve intervir no sentido de aumentar a diversidade da oferta. Para isso deve incentivar a multiplicação do número de produtores, garantir espaço para a programação regional e criar condições para a formação de ambientes competitivos, onde sejam valorizados o empreendedorismo e a inovação.

Devemos discutir o conteúdo da televisão como se discute o de cinema ou literatura, baseando-nos prioritariamente em critérios estéticos, e não apenas em critérios éticos, políticos ou econômicos.

Pesquisa e inovação como paradigmas para a TV digital

Estamos em um momento chave da história, vivendo uma grandiosa revolução tecnológica e cultural. As formas de as pessoas se comunicarem estão em transformação e há perspectivas reais de democratização e maior diversidade cultural.

O Brasil tem um papel fundamental nesse processo. Como um imenso país emergente, sua entrada na disputa pode revolucionar um jogo de cartas aparentemente marcadas entre Europa, Estados Unidos e Japão. Como país acostumado ao diálogo com várias etnias e culturas, o Brasil pode desenvolver tecnologia e formatos para conteúdos que exprimam tal diálogo. Temos condições reais de nos destacar no mercado internacional e contribuir para a maior diversidade da cultura mundial. Mas para isso temos de, antes de tudo, pensar com grandeza.

Como exemplo, temos os ótimos resultados das pesquisas do Sistema Brasileiro de TV Digital. Os cientistas brasileiros mostraram seu talento e criatividade e conseguiram inserir inúmeras inovações no sistema japonês, criando um sistema nipo-brasileiro. Muitas dessas inovações tecnológicas foram resultado de maior sensibilidade social. Um dos aplicativos permite que o espectador crie uma sala virtual para conversar com seu amigo (também espectador) durante uma partida de futebol. Outra inovação foi a possibilidade de vários espectadores interagirem com o mesmo aparelho de televisão (pelo celular), superando a limitação de apenas o "dono do controle remoto" interagir. São inovações tecnológicas que vieram da melhor percepção das necessidades culturais do espectador. Enquanto outros países desenvolveram tecnologias que não estão prosperando, o Brasil tem desenvolvido as suas com base na necessidade das pessoas. A criatividade e a tecnologia estão a serviço do homem.

Mas, para que o sistema nipo-brasileiro se afirme internacionalmente, há ainda muitas lutas pela frente, sendo necessários novos investimentos, tanto em desenvolvimento tecnológico quanto em comércio exterior. Há problemas de adequação entre o sistema brasileiro e os padrões de internet e telefonia celular, que dificultam a convergência completa. Isso tem de ser rapidamente resolvido para que o sistema nipo-brasileiro possa realmente se tornar uma referência internacional de sucesso, o que é perfeitamente possível desde que haja continuidade e ampliação dos investimentos em pesquisa no setor. E é necessário que o novo governo brasileiro, pós governo Lula, mantenha a política conquistada nos últimos anos e redobre seus esforços em comércio exterior, para que mais países adotem nosso sistema, garantindo uma economia de escala para nossa tecnologia. Essa é uma luta que continuará nos próximos anos, mas que tem tudo para ser bem-sucedida e poderá transformar o Brasil de mero importador em exportador de tecnologia (e, consequentemente, de equipamentos). É a ultima etapa de nossa independência.

Além disso, a intervenção brasileira no mercado internacional pode contribuir para um novo padrão civilizatório, menos imperialista, mais baseado em cooperação entre povos e diversidade cultural. Nossos esforços tecnológicos podem ser diferenciados se, em vez de querermos controlar tudo, soubermos aceitar e inserir em "nosso" sistema as inovações tecnológicas que surjam em outros países. Ao contrário dos sistemas que já vêm prontos e devem ser comprados por inteiro, o sistema brasileiro pode incentivar a criatividade e inovação em países irmãos e, dessa forma, romper a tradição de dominação tecnológica. A tradição brasileira mostra que isso é possível. Nosso sistema vem sendo criado num esforço de cooperação entre universidades de vários estados, organizadas por grandes consórcios colaborativos de pesquisa. O país também tem destaque em debates similares, como no que trata do software livre, que prevê um futuro em que o código seja aberto e aperfeiçoado por usuários. Mesmo sem o saudável radicalismo do software livre, os sistemas de TV digital podem aprender a ter diálogo com inovações surgidas em vários centros de pesquisa. O Brasil pode liderar um novo processo de criação de tecnologia, mais dialógico e menos centralizado, que revolucione o modo como se produz tecnologia e apresente as melhores soluções, justamente por ouvir a todos e saber se adequar ao público. Temos uma grande tarefa em mãos.

O poder estará nos conteúdos

Passado o momento de transformações tecnológicas, o diferencial estará nos conteúdos. Para crescer no mundo digital as empresas e os criadores têm de ter em vista que os tipos variados de tecnologia – e mesmo de aparelhos – não terão significado aos olhos dos consumidores. Para estes, o ideal é que a tecnologia seja invisível, e sua motivação estará no conteúdo e nos serviços (aplicativos) oferecidos.

Na era digital, o conteúdo é tão fundamental que abarca muito mais que o próprio mundo digital. A cultura digital é multiplataforma por definição, daí as mídias não digitais também serem importantes. "Pensar digital" não é ser "moderninho" e só gostar de microcomputadores e novas mídias. Pensar digital é superar fronteiras e ter em mente uma cultura que atue também em mídias tradicionais.

Na década de 1970, o padrão Globo de qualidade, que sedimentou um modelo vencedor de televisão, era baseado na qualidade tecnológica e na excelência de seus criadores. Hoje, no entanto, a tecnologia não é mais um ponto relevante e, em poucos anos, se tornará uma *commodity*. A democratização e o baixo custo permitem e continuarão a permitir que muitos produtores alcancem a qualidade técnica. A câmera digital em alta definição torna-se a cada dia mais barata e, hoje, mesmo pequenos produtores conseguem produzir em qualidade de *broadcast*. Novos aplicativos permitirão que o público encontre os produtos de seu gosto e forme o próprio menu de programação. O diferencial agora é, mais do que nunca, a excelência dos criadores.

Serão os talentos criativos, o potencial especificamente humano, que determinarão o sucesso ou o fracasso dos investimentos. Para se tornarem altamente competitivas, as empresas de televisão e comunicação deverão ter grande capital criativo. Apenas quem conseguir reunir os melhores talentos e criar o ambiente mais propício à criação e inovação alcançará sucesso.

Algumas empresas internacionais da área consolidaram-se sem ao menos comprar equipamentos de vídeo nem ter um único estúdio, pois se posicionaram como empresas de alto conteúdo criativo, que elaboram formatos posteriormente vendidos para centenas de países. O exemplo mais famoso é a Endemol, que tem em seu catálogo quase duzentos formatos, entre *realities*, telenovelas, seriados e outros. Além dela, há inúmeras outras empresas que se destacaram pelo investimento em inovação e criação.

Mas, para que isso ocorra, é fundamental um investimento imediato e grandioso em conteúdo cultural, especialmente em conteúdo audiovisual. O bem-sucedido exemplo da área tecnológica brasileira deveria ser transportado para a área do conteúdo, que é tão ou mais importante. Os Estados Unidos, por exemplo, mesmo perdendo parte da batalha tecnológica, continuam firmes no controle da indústria, pois dominam a criação de conteúdos. O Japão tem começado a expor suas obras, filmes e mangás de alta qualidade, pois vem de uma grande tradição cultural e de um bom ambiente criativo. A Coreia igualmente tem ganhado destaque nesse setor. O Brasil precisa pensar grande também nessa área. A criação de conteúdos audiovisuais (filmes, séries, conteúdo televisivo, para web) é, além de uma questão cultural, uma questão econômica fundamental para a manutenção da soberania nacional.

No entanto, nossa política na área de conteúdos está muito aquém do que deveria. No Brasil, as dificuldades para realizar produção independente para a TV são imensas. Provavelmente, esse é o único setor da produção cultural para o qual ainda não foi definida uma legislação de incentivo. A Lei do Audiovisual é mais adequada à produção de longas-metragens, com orçamento médio ou alto. Ela não atende aos outros tipos de produtores audiovisuais independentes, como o produtor de curtas-metragens, de vídeo e de formatos para a televisão. Essa lei foi pensada para a realização de filmes, "produtos unitários". A televisão, ao contrário, deve realizar produtos em série e por um período indefinido de tempo. É por isso que, para fortalecer a produção independente para TV, a política cultural deveria, em vez de favorecer um único produto, favorecer o processo de realização.

Ainda pensamos a criação de conteúdos num modelo de financiamento mais próximo do artesanato do que da indústria cultural. É necessária uma urgente revisão desse paradigma, e o exemplo da área de tecnologia pode ser inspirador. Na verdade, uma política de apoio à produção de televisão está na interface entre políticas científicas, industriais e culturais O conteúdo audiovisual é uma das maiores indústrias do mundo contemporâneo e tem uma produção pautada pela inovação.

É necessária a promoção de diálogo. Os *players* de criação e os criadores não conversam entre si e, ainda presos a uma cultura de produção individual e mesquinha, têm dificuldade em construir conhecimento colaborativo. A produção é toda atomizada em pequenas empresas (em muitos casos baseadas em um ou dois artistas), quando deveria ser concentrada em empresas criativas maiores (e socializadas, com todo o poder para os criativos). O longo período de escassez de verba no setor de conteúdo audiovisual levou os realizadores a uma posição de defesa de suas pequenas empresas de subsistência, impedindo-os de se lançar em projetos mais ambiciosos, como o de criar coletivamente grandes empresas de conteúdo que pudesse ser exportado. A excessiva burocratização encarece e dificulta a produção, expulsando da atividade ou sufocando os melhores talentos. Tudo isso tem de mudar para que ocorra um real renascimento criativo. E, para que essa mudança aconteça, o paradigma da pesquisa científica deve ser levado para a área de conteúdos audiovisuais.

A política de incentivo à produção audiovisual (política cultural e industrial) poderia favorecer o surgimento de produtoras audiovisuais por meio de financiamentos e subsídios (em formatos similares aos programas de incentivo a pequenas empresas). Poderia também fortalecer o surgimento e a consolidação de empresas inovadoras por meio de incubadoras de inovação criativa (no mesmo formato das incubadoras de inovação tecnológica) e de projetos de incentivo à pesquisa (em formatos similares a vários programas realizados por órgãos de pesquisa, como a Fundação de Amparo à Pesquisa de São Paulo, Fapesp, um modelo de instituição).

A criação audiovisual é uma atividade de alto risco e que demanda muita pesquisa. A grande maioria das obras simplesmente não faz sucesso (ou "não cola", nos termos de Gladwell), mesmo quando segue à risca todas as "fórmulas" de sucesso. Mas uma única obra de sucesso internacional pode sustentar uma indústria inteira de conteúdo por décadas (veja o exemplo de *Os Simpsons*). Para alcançar sucesso, portanto, é necessário experimentar muito e correr riscos. O que falta para que o Brasil acerte o passo no campo da criação audiovisual é pesquisa de ponta. É pensar a criação também na lógica de P&D (Pesquisa e Desenvolvimento). Toda e qualquer indústria inovadora deve investir muito em P&D, e o audiovisual não é exceção. Mas P&D de narrativas, de criação de história. Para isso é necessário investir *pesado* na etapa de desenvolvimento, que inclui pesquisa e roteirização. É aí que se definem os universos que serão retratados. Entretanto, essa etapa é hoje praticamente ignorada na cadeia de produção audiovisual. Ainda contaminadas pelo mito do artista-gênio-inspirado, as políticas de audiovisual ignoram o investimento necessário para que surja uma boa ideia e um bom roteiro. A produção audiovisual brasileira permanece numa lógica fordista, quando devia estar na lógica das economias criativas. Todos os recursos são usados na "produção" do filme, e poucos ou nenhum em sua criação. Precisamos mudar, com urgência, esse paradigma e criar uma Fapesp das artes, em especial das artes narrativas. Incluindo-se aí a importante indústria de história em quadrinhos, que tem sido a base do renascimento do cinema japonês e coreano e é totalmente ignorada no Brasil.

Para que tudo isso ocorra, é necessário pensar no criador audiovisual como se pensa num inventor/pesquisador. Alguém que tem de ser subsidiado para pesquisar por bastante tempo, em um ambiente com outros pesquisadores, com atividades práticas (no caso de roteiro, pesquisa de campo), para então ter as grandes ideias.

No terreno mais propriamente "cultural", também é possível pensar políticas que priorizem o processo em vez de o produto. Basta seguir o modelo de produção e financiamento de alguns grupos teatrais que não ganham por "peça produzida" e sim por temporada de pesquisa e criação. Essas novas formas de produção e financiamento gerariam práticas culturais mais efetivas e, posteriormente, produtos audiovisuais inovadores.

E é necessário pensar também no ambiente de criação. É num ambiente criativo, em que vários agentes compartilham ideias, que surgem as grandes obras. Muitos se impressionam com o talento da geração baiana composta por Gilberto Gil, Caetano Veloso, Glauber Rocha, Raul Seixas, entre dezenas de outros artistas. Mas poucos se lembram que todos surgiram juntos num ambiente cultural de vasta liberdade criativa, criado a partir do trabalho do reitor da Universidade Federal da Bahia nos anos 1950. Esse exemplo é uma grande prova do que estou dizendo: organize um ambiente criativo e os artistas surgirão. Financiados por bolsas de pesquisa, trabalhando em grupos, fazendo exercícios (*promos* a serem testados no mercado, tal como os protótipos dos engenheiros) e, principalmente, brincando, curtindo e amando, os artistas brasileiros podem criar obras inovadoras e revolucionárias, que conquistem o mercado nacional e internacional. No entanto, enquanto continuarmos presos à atual lógica da produção audiovisual, nada de novo surgirá. É o ambiente de fato colaborativo e criativo e o vasto investimento em pesquisa que permitirão que os gênios de um lugar aflorem e prosperem. A indústria de software revolucionou o mundo a partir do Vale do Silício e do ambiente cultural de pesquisa gerado em torno de algumas universidades americanas. Esse ambiente é que possibilitou o surgimento das grandes revoluções da computação que mudaram nossa vida. A criação audiovisual e artística, da mesma forma, também floresce melhor em ambientes culturais criativos e libertários. Temos de pensar urgentemente nisso para que nossa produção audiovisual esteja à altura da imensa criatividade que o povo brasileiro pode expor ao mundo.

▶ CONCLUSÃO

Estamos bem no ponto de virada, no meio da maior revolução da história das mídias. Além de questão cultural, a TV é também uma questão econômica vital para a soberania do país. Temos possibilidades reais de desenvolver uma televisão soberana, que atraia o interesse do povo e conquiste plateias internacionais, trazendo divisas e divulgando ao mundo nossos valores multiculturais, contribuindo para a construção de uma nova civilização com mais tolerância e menos conflito.

Mas para que isso ocorra temos de deixar de ser mesquinhos e pensar grande. Temos de ter a consciência de que podemos crescer muito mais. De que não precisamos perder tempo combatendo a Globo, mas sim expandir as outras emissoras e a própria produção independente. De que não precisamos destruir a televisão para que a internet cresça. Ao contrário: precisamos permitir que a televisão cresça ainda mais, mas desta vez de forma mais diversificada. Temos de pensar grande e atuar no apaziguamento dos conflitos entre os agentes do sistema audiovisual brasileiro. Já conseguimos isso no Brasil recentemente, no Terceiro Congresso Brasileiro de Cinema (CBC). Precisamos retomar o diálogo e aceitar que todos têm de abrir mão de algo agora para ganhar mais no futuro. Se entendermos a grandiosidade do momento e do projeto cultural que podemos realizar, será possível nos desapegar dos interesses mais imediatos e pensar um projeto em que todos os criadores brasileiros (artistas, produtores, empresários etc.) tenham uma pauta comum de atuação que possa realmente desenvolver nossa indústria e conquistar nosso público.

BIBLIOGRAFIA

ALLEN, Robert C. "O trabalho em e sobre 'Dancing with the Stars'". *Cadernos de Televisão*, Rio de Janeiro, n. 2, 2008.

_____. "Reflexões sobre estudos de televisão do meu local de observação". *Cadernos de Televisão*, Rio de Janeiro, n. 1, 2007.

AMIN, Tatiana. "Confira! Algumas curiosidades e números do *Big Brother* pelo mundo". *Ofuxico*, 8 jan. 2008. Disponível em: <http://ofuxico.terra.com.br/materia/noticia/2008/01/07/confira-algumas-curiosidades-e-numeros-do-big-brother-pelo mundo-68618.htm>. Acesso em: 28 nov. 2008.

ANATEL. "Brasil tem 7,16 milhões de domicílios com TV por assinatura". 8 dez. 2009. Disponível em: <www.anatel.gov.br/Portal/exibirPortalInternet.do>. Acesso em: 15 dez. 2009.

Ars, São Paulo, n. 2, ano 1, 2003.

BAKHTIN, Mikhail. *Problemas da poética de Dostoiévski*. 3. ed. São Paulo: Forense Universitária, 2002.

BARTOLOMEI, Marcelo. "Boninho se gaba do poder de *Big Brother* para hipnotizar plateias". *Folha Online*, 12 mar. 2002. Disponível em: <www1.folha.uol.com.br/folha/ilustrada/ult90u22033.shtml>. Acesso em: 28 nov. 2008.

BECKER, Valdecir; MONTEZ, Carlos. *TV digital interativa: conceitos, desafios e perspectivas para o Brasil*. Florianópolis: I2TV, 2004.

BEZERRA, Wagner. *Manual do telespectador insatisfeito*. São Paulo: Summus, 1999.

BONGIOVANNI, Pierre. "Eisenstein y digital". In: LA FERLA, J. (org.). *El medio es el diseñõ*. Buenos Aires: Editora de la Universidad de Buenos Aires, 1996.

BOTTA, Marcelo. *Sr. Noir: a construção de um personagem em um novo ambiente*. Trabalho de conclusão de curso. São Paulo: ECA/USP, 2008.

BRASIL, Antônio. "Nova Guerra no Iraque: TV enfrenta internet". *Observatório da Imprensa*, 25 set. 2002. Disponível em: <www.observatoriodaimprensa.com.br/artigos/qtv250920021.htm>. Acesso em: 20 jun. 2008.

_____. *A revolução das imagens: uma nova proposta para o telejornalismo na era digital.* Rio de Janeiro: Ciência Moderna, 2005.

BRASIL. Decreto 5.820, 29 jun. 2006. Dispõe sobre a implantação do SBTVD-T, estabelece diretrizes para a transição do sistema de transmissão analógica para o sistema de transmissão digital do serviço de radiodifusão de sons e imagens e do serviço de retransmissão de televisão, e dá outras providências. D.O.U. de 30.6.2006.

BRAVO, Zean. "Animações de Maurício Ricardo são sucesso no 'BBB8'". *Revista da TV*, 2 jan. 2008. Disponível em: <http://oglobo.globo.com/cultura/revistadatv/mat/2008/02/01/animacoes_de_mauricio_ricardo_sao_sucesso_no_bbb_8_-384249864.asp >. Acesso em: 28 nov. 2008.

BUCCI, Eugênio (org.). *A TV aos 50.* São Paulo: Fundação Perseu Abramo, 2000.

BUCCI, Eugênio; KEHL, Maria Rita. *Videologias.* São Paulo: Boitempo, 2004.

CADERNOS *de televisão: revista quadrimestral de estudos avançados de televisão,* Rio de Janeiro, n. 1, abr. 2008.

_____, Rio de Janeiro, n. 2, ago. 2008.

CALABRESE, Omar. *A idade neobarroca.* Lisboa: Edições 70, 1987.

CANAL*MOTOBOY. Disponível em: <www.zexe.net/SAOPAULO/intro.php?qt=0>. Acesso em: 7 maio 2008.

CANCLINI, Néstor García. *Consumidores e cidadãos.* Tradução de Maurício Santana Dias. Rio de Janeiro: Editora da UFRJ, 1997.

CANNITO, Newton. *Eiseinstein, Vertov e o digital.* Dissertação de Mestrado. São Paulo: ECA/USP, 2005.

_____. "Financiamento de empresas inovadoras de software". In: MARTINEZ, André. *Democracia audiovisual.* São Paulo: Escrituras, 2005.

CASTRO, Daniel. "Globo vai produzir conteúdo para celular". *Observatório da Imprensa*, mar. 2008. Disponível em: <www.observatoriodaimprensa.com.br/artigos. asp?cod=478ASP016>. Acesso em: 5 abr. 2008.

CARTACAPITAL. "Preparem os ouvidos". Disponível em: <http://cartacapital.com. br/2007/02/preparem-os-ouvidos>. Acesso em: 22 maio 2008.

CHIPP, Herschel B. *Teorias da arte moderna.* São Paulo: Martins Fontes, 1999.

CHARAUDEAU, Patrick. *Discurso das mídias.* São Paulo: Contexto, 2006.

CLARK, Walter; LIMA, Fernando Barbosa. "Um pouco de história e de reflexão sobre a televisão brasileira". In: MACEDO, Cláudia; FALCÃO, Angela; ALMEIDA, Candido José Mendes de. *TV ao vivo: depoimentos.* São Paulo: Brasiliense, 1988.

COSTA, Rogério da. *A cultura digital.* São Paulo: Publifolha, 2002.

CROCOMO, Fernando Antônio. *TV digital e produção interativa: a comunidade manda notícias.* Florianópolis: Editora da UFSC, 2007.

"DANIEL Filho, Marcelo Tas, Eugênio Bucci e Roberto Moreira". In *"Reality show em questão"*, *Trópico*, 2 maio 2002. Disponível em: <http://www.observatoriodaimprensa.com.br/artigos/asp080520023.htm> e <www.uol.com.br/tropico>. Acesso em: 30 nov. 2008.

DARNTON, Robert. *Os best-sellers proibidos da França pré-revolucionária.* São Paulo: Companhia das Letras, 1998.

DERTOUZOS, Michael. *O que será. Como o novo mundo da informação transformará nossas vidas.* São Paulo: Companhia das Letras, 1997.

DITOLVO, Mariana. "O que o Google viu no YouTube". *Istoé Dinheiro* (SP), 14 out. 2006. Disponível em:<www.cultura.gov.br/site/2006/10/14/o-que-o-google-viu-no-you-tube/>. Acesso em: 15 dez. 2009.

DIZZARD JR., Wilson. *A nova mídia.* Rio de Janeiro: Zahar, 1998.

DOWNING, John D. H. *Mídia radical: rebeldia nas comunicações e movimentos sociais.* São Paulo: Senac, 2002.

DUARTE, Elizabeth Bastos. *Televisão: ensaios metodológicos.* Porto Alegre: Sulina, 2004.

DUARTE, Elizabeth Bastos; CASTRO, Maria Lília Dias de (orgs.). *Televisão: entre o mercado e a academia.* Porto Alegre: Sulina, 2006.

DUARTE, Elizabeth Bastos; CASTRO, Maria Lília Dias de (orgs.). *Televisão: entre o mercado e a academia II.* Porto Alegre: Sulina, 2007.

ECO, Umberto. *Viagem na irrealidade cotidiana.* Rio de Janeiro: Nova Fronteira, 1984.

EISENSTEIN, Sergei. *A forma do filme.* Rio de Janeiro: Jorge Zahar Editor, 1990.

ENZENSBERGER, Hans Magnus. *Mediocridade e loucura e outros ensaios.* São Paulo: Ática, 1995.

EQUIPE THESIS. "Ericsson e Endemol: TV interativa". *e-thesis, tecnologia e negócios*, 6 set. 2007. Disponível em: <www.e-thesis.inf.br/index.php?option=com_content&task=view&id=1879&Itemid=152>. Acesso em: 17 jan. 2008.

FERRARI, Bruno. "Fox e Claro fecham acordo para TV no celular". *Plantão Info*, 6 mar. 2007. Disponível em: <http://info.abril.com.br/aberto/infonews/032007/06032007-15. shl>. Acesso em: 20 fev. 2008.

FIRST PARTNER STRATEGIC MARKETING & RESEARCH. *Interactive TV 2004 Market Survey.* No prelo.

FLINT, Joe; STEINBERG, Brian. "Uma ameaça para o comercial: P6G deve cortar verba para TV". *The Wall Street Journal* (versão em português), 13 jun. 2005. Disponível em: <http://online.wsj.com/article/sb11186470830357424.htm>. Acesso em: 13 jun. 2005.

FOUCAULT, Michel. "Of other spaces (1967), Heterotopias". *Foucault.Info*. Disponível em: <www.foucault.info/documents/heteroTopia/foucault.heteroTopia.en.html>. Acesso em: 7 jan. 2008.

FRANCO, Roberto. "TV digital". III Seminário de Cultura e Extensão Universitária da USP, 2002. (conferência)

GIDDENS, Anthony (org.). *O debate global sobre a terceira via*. São Paulo: Editora da Unesp, 2006.

GILDER, George. *A vida após a televisão*. Rio de Janeiro: Ediouro, 1996; São Paulo: Senac, 2004.

GLADWELL, Malcolm. *O ponto de desequilíbrio: pequenas coisas fazem grande diferença*. Rio de Janeiro: Rocco, 2002.

GLOBO.COM. "Rafinha é o vencedor do BBB8". *Big Brother Brasil*, 26 mar. 2008. Disponível em: <http://bbb.globo.com/BBB8/Noticias/0,,MUL363607-9451,00--RAFINHA+E+O+VENCEDOR+DO+BBB.html>. Acesso em: 28 nov. 2008.

GONDIM, Nailson. "A allTV é assim. Assim é a allTV". *NorthBrasil*. Disponível em: <www.northbrasil.com.br/northbrasil/NoticiaVisualizar.aspx?id=553&tipo=1>. Acesso em: 15 dez. 2009.

GOSCIOLA, Vicente. *Roteiro para novas mídias*. São Paulo: Senac, 2003.

GOSNEY, John. *Beyond reality: a guide to alternate reality gaming*. Boston: Course Technology, 2005.

GOULART, Cláudio de Barros. "Como ficam os direitos autorais com o ringtones?". *Operadores do Direito*, 10 abr. 2008. Disponível em: <http://lawyer48.wordpress.com/2008/04/10/downloads-de-musicas>. Acesso em: 22 maio 2008.

HEWITT, Hugh. *Blog: entenda a revolução que vai mudar seu mundo*. Rio de Janeiro: Thomas Nelson, 2007.

HILL, Annette. "Reestilização da factualidade: a recepção dos gêneros de notícias, documentários e realidade". *Cadernos de Televisão*, Rio de Janeiro, n. 2, 2008.

HOINEFF, Nelson. "É bom a TV estar tímida". *Jornal do Brasil*, Caderno B, 9 fev. 2009. Disponível em: <www.direitoacomunicacao.org.br/novo/noticias.php?id=4683>. Acesso em: 27 jan. 2009.

_____. *A nova televisão*. Rio de Janeiro: Relume Dumará, 1996.

_____. *TV em expansão*. Rio de Janeiro: Record, 1991.

HUIZINGA, Johan. *Homo ludens: o jogo como elemento da cultura*. 5. ed. Tradução de João Paulo Monteiro. São Paulo: Perspectiva, 2008.

JENKINS, Henry. *Cultura da convergência*. São Paulo: Aleph, 2008.

JOHNSON, Steven. *Cultura da interface*. Rio de Janeiro: Jorge Zahar, 2001.

JOLY, Ana Vitória. *A interatividade na televisão digital: um estudo preliminar*. Trabalho de conclusão de curso. São Carlos: UFSCar, 2002.

JOST, François. "As metamorfoses da criação televisiva". *Cadernos de Televisão*, Rio de Janeiro, n. 1, 2007.

_____. *Seis lições sobre televisão.* Porto Alegre: Sulina, 2004.

LEAL FILHO, Laurindo. *A melhor TV do mundo.* São Paulo: Summus, 1997.

LEONE, Eduardo; MOURÃO, Maria. *Cinema e montagem.* São Paulo: Ática, 1987.

LÉVY, Pierre. *Cibercultura.* São Paulo: Editora 34, 1999.

_____. *O que é o virtual?* São Paulo: Editora 34, 1996.

LIVINGSTON, Vicki. "Família GSM de tecnologias com 64% de participação de mercado no Ocidente". *3G Americas*, 6 mar. 2009. Disponível em: <www.3gamericas.org/index.cfm?fuseaction=pressreleasedisplay&pressreleaseid=2016>. Acesso em: 26 jan. 2009.

LOOMS, Peter. "Televisão digital na Europa: qual a importância da interactividade?" In: *Televisão interactiva: avanços e impactos.* Lisboa: Obercom, 2004.

LOPES, Orlando. Entrevista concedida ao autor. São Paulo: 2002.

LOPES, Vera Nusdeo. "A lei da selva". In: BUCCI, Eugenio (org.). *A televisão aos 50.* São Paulo: Fundação Perseu Abramo, 2000.

LYOTARD, Jean-François. *O pós-moderno.* Rio de Janeiro: José Olympio, 1986.

MACEDO, Claudia; FALCÃO, Angela; ALMEIDA, Candido José Mendes (orgs.). *TV ao vivo: depoimentos.* São Paulo: Brasiliense, 1988.

MACHADO, Arlindo. *A arte do vídeo.* São Paulo: Brasiliense, 1988.

_____. "Hipermídia: o labirinto como metáfora". In DOMINGUES, Diana. *A arte no século XXI.* São Paulo: Editora da Unesp, 1997.

_____. *A televisão levada a sério.* São Paulo: Senac, 2000.

MANOVICH, Lev. *The language of new media.* Massachussetts: Institute of Technology, 2001.

MARSDEN, Christopher; ARINO, Monica. "From analogue to digital". In: BROWN, Allan; PICARD, Robert G. *Digital terrestrial television in Europe.* Nova Jersey: Lawrence Erlbaum, 2005.

MARTINEZ, André. *Democracia audiovisual.* São Paulo: Escrituras, 2005.

MASSAROLO, João Carlos. *Caminhos cruzados: a narrativa digital.* Tese (doutorado). São Paulo: ECA/USP, 1999.

MATUCK, Artur. *O potencial dialógico da televisão.* São Paulo: Annablume, 1995.

MCLUHAN, Marshall. *Os meios de comunicação como extensões do homem (understanding media).* São Paulo: Cultrix, 1964.

MELLO, Paulo Roberto de Sousa; RIOS, Evaristo Carlos Silva Duarte; GUTIERREZ, Regina Maria Vinhais. "TV digital: desafio ou oportunidade?" *Complexo eletrônico*, nov. 2000. Disponível em: <www.bndes.gov.br/conhecimento/relato/tv_digit.pdf>. Acesso em: 9 nov. 2005.

MEMÓRIA, Felipe. *Design para a internet: projetando a experiência perfeita*. Rio de Janeiro: Elsevier, 2005.

MICHAELIS *Moderno Dicionário da Língua Portuguesa*. São Paulo: Melhoramentos, 2008.

MIRANDA, Ricardo; PEREIRA, Carlos Alberto M. *Televisão*. São Paulo: Brasiliense, 1983.

MURRAY, Janet. *Hamlet no holodeck: o futuro da narrativa no ciberespaço*. São Paulo: Itaú Cultural/Unesp, 2003.

NEGROPONTE, Nicholas. *A vida digital*. São Paulo: Companhia das Letras, 1995.

O ESTADO de S. Paulo, Caderno Economia, 9 mar. 2006.

OLIVEIRA, Etienne César Ribeiro de; ALBUQUERQUE, Célio Vinícius Neves de. *TV digital interativa: padrões para uma nova era*. Niterói: Instituto de Computação/Universidade Federal Fluminense (UFF), 2005.

O'REILLY, Tim. "Web 2.0 Compact Definition: Trying again". *O'Reilly Radar*, 12 jun. 2006. Disponível em: <http://radar.oreilly.com/archives/2006/12/web_20_compact.html>. Acesso em: 30 jan. 2008.

PAVLIK, John V. "Televisão na era digital: uma metamorfose habilitada pela tecnologia". *Cadernos de Televisão*, Rio de Janeiro, n. 1, 2007.

PELLINI, Xerxes dos Santos. *Modelos de negócios em TV digital no Brasil*. Dissertação (Mestrado) em Ciências da Comunicação – ECA/USP, 2006.

PERES, MARCELO. "Big Brother – Aspectos técnicos do programa". *Guia do CFTV*, 8 jan. 2008. Disponível em: <www.guiadocfTV.com.br/modules/smartsection/item.php?itemid=31>. Acesso em: 28 nov. 2008.

PLAZA, Julio. "Arte e interatividade: autor-obra-recepção". *Ars*, São Paulo, n. 2, ano 1, 2003.

PROJECT for excellence in journalism. "Audience". *Journalism.org*. Disponível em: <www.stateofthenewsmedia.org/2006/narrative_cableTV_audience.asp?cat=3&media=6>. Acesso em: 6 abril 2008.

QUADERNI di film critica, Roma, n. 9, 1980.

REUTERS. "Comissão Europeia lança plano de comunicações". *Terra Informática*, 30 jun. 2004. Disponível em: <http://informatica.terra.com.br/interna/0,,OI334921-EI553,00.html>. Acesso em: 4 jul. 2007.

RICHERI, Giuseppe. "La programación de las plataformas digitales y las perspectivas de la industria audiovisual". *Diálogos de la Comunicación*, Lima, n. 57, mar. 2000.

SADOUL, Georges. *El cine de Dziga Vertov*. Cidade do México: Ediciones Era, 1974.

SÁNCHEZ, Homero Icaza. "Análise e pesquisa: fatores determinantes num conceito de televisão". In: MACEDO, Cláudia; FALCÃO, Angela; ALMEIDA, Candido José Mendes de. *TV ao vivo: depoimentos*. São Paulo: Brasiliense, 1988.

SANTOS, Gerson Tenório dos. *Orientações metodológicas para elaboração de trabalhos acadêmicos.* São Paulo: Gion Editora e Publicidade, 2000.

SANTOS, Laymert Garcia dos. *Politizar as novas tecnologias.* São Paulo: Editora 34, 2003.

SARAIVA, Leandro. Entrevista concedida ao autor.

SIQUEIRA, Ethevaldo. *Para compreender o mundo digital.* São Paulo: Globo, 2008.

SINGER, Paul. *Uma utopia militante: repensando o socialismo.* 2. ed. Petrópolis: Vozes, 1999.

SINOPSE, São Paulo, n. 7, ano III, 2001.

SOUZA, Frederico Borelli; ELIAS, Gledson. "Uma arquitetura de *middleware* para sistemas de televisão interativa". Terceiro workshop de desenvolvimento baseado em componentes. Universidade Federal de São Carlos, 10-12 set. 2003. Disponível em: <www.wdbc.dc.ufscar.br/artigosaceitos/frederico-middleware.pdf>. Acesso em: 10 nov. 2005.

TANCER, Bill. *Click: o que milhões de pessoas estão fazendo on-line e por que isso é importante.* São Paulo: Globo, 2009.

TELECO. "Lançamento da TV digital no Brasil". *Seção: TV Digital.* Disponível em: <www.teleco.com.br/TVdigital_cronog.asp>. Acesso em: 30 abr. 2009.

TELECOM ONLINE. "TV móvel pode alcançar 500 milhões de usuários até 2013". 10 fev. 2009. Disponível em: <www.telecomonline.com.br/noticias/tv-movel-tem-potencial-para-alcancar-500-milhoes-de-usuarios-ate-2013>. Acesso em: 5 mar. 2009.

TELE.SÍNTESE. "TIM quer 3G no Brasil até o final do ano, diz Araújo". 23 jul. 2007. Disponível em: <www.telesintese.com.br/index.php?option=content&task=view &id=6736&Itemid=10>. Acesso em: 18 jan. 2008.

TESCHE, Adayr. "Gênero e regime escópico na ficção seriada televisual". In: DUARTE, Elizabeth Bastos; CASTRO, Maria Lília Dias de (orgs.). *Televisão: entre o mercado e a academia.* Porto Alegre: Meridional, 2006.

THOMPSON, John B. *A mídia e a modernidade: uma teoria social da mídia.* Petrópolis: Vozes, 1998.

TREVISANI JR., Paulo. "Bananas de Pijamas vendem até caderno". Disponível em: <http://indexet.gazetamercantil.com.br/arquivo/1998/01/08/157/Bananas-de-Pijamas-vendem-ate-caderno.html>. Acesso em: 5 fev. 2008.

"UMA ameaça para o comercial tradicional: P&G deve cortar verba para TV". *O Estado de S. Paulo,* 13 jun. 2005.

VALLADARES, Ricardo. "Supla e Bárbara ficaram longe das câmaras por três horas. Teve sexo?" *Veja on-line,* 5 dez. 2001. Disponível em: <http://veja.abril.com. br/051201/p_158.html>. Acesso em: 20 nov. 2008.

VEJA, São Paulo, 13 set. 2006.

XAVIER, Ismail. *O discurso cinematográfico: a opacidade e a transparência.* Rio de Janeiro: Paz e Terra, 1984.

WIKIPÉDIA. "Pixel". Disponível em: <http://pt.wikipedia.org/wiki/Pixel>. Acesso em: 16 out. 2008.

WINN, Phillip. "State of the blogosphere: introduction". *Technorati state of the blogosphere 2008.* Disponível em: <http://technorati.com/blogging/state-of-the-blogosphere/>. Acesso em: 5 nov. 2008.

www.gruposummus.com.br

IMPRESSO NA
sumago gráfica editorial ltda
rua itauna, 789   vila maria
02111-031   são paulo   sp
tel e fax 11 **2955 5636**
sumago@sumago.com.br